高等院校工商管理类系列教材

现代管理理论与实务

主　编　赵　晖　汪　洋
副主编　王龙祥　赵金凤

南京大学出版社

图书在版编目(CIP)数据

现代管理理论与实务 / 赵晖,汪洋主编. —— 南京:南京大学出版社,2020.7(2022.2 重印)
ISBN 978-7-305-23447-7

Ⅰ.①现… Ⅱ.①赵…②汪… Ⅲ.①管理学 Ⅳ.①C93

中国版本图书馆 CIP 数据核字(2020)第 109139 号

出版发行	南京大学出版社
社　　址	南京市汉口路 22 号　　邮　编　210093
出 版 人	金鑫荣
书　　名	现代管理理论与实务
主　　编	赵晖 汪洋
责任编辑	尤 佳　　编辑热线　025-83592315
照　　排	南京南琳图文制作有限公司
印　　刷	南京人民印刷厂有限责任公司
开　　本	787×1092 1/16 印张 13.5 字数 312 千
版　　次	2020 年 7 月第 1 版　2022 年 2 月第 2 次印刷
ISBN	978-7-305-23447-7
定　　价	39.00 元

网址:http://www.njupco.com
官方微博:http://weibo.com/njupco
官方微信号:njupress
销售咨询热线:(025) 83594756

* 版权所有,侵权必究
* 凡购买南大版图书,如有印装质量问题,请与所购图书销售部门联系调换

前 言

现代社会瞬息万变,管理作为组织实现目标的一种手段,可以说无时不在、无处不在。任何组织,小至企业,大至国家,都需要管理活动。人们不管从事何种工作,都在参与管理活动,要么管理国家、要么管理组织、要么管理业务、要么管理家庭、要么管理子女。可以说,国家的兴衰、组织的成败、家庭的贫富,无不与管理工作是否得当有关。

当今时代,社会环境变化迅速,管理者面对的管理实践也随之改变,管理活动随着组织规模的扩大和作业活动的复杂化而日益重要。人们把先进的管理和先进的科学技术比喻成推动现代社会经济发展的"两个车轮"。如果没有先进的科学技术,现代化的作业活动乃至管理活动就无法有效地开展;同样,如果没有有效的管理活动,先进的科学技术也难以充分地被利用或发挥作用。所以,管理理论的研究在当今世界的所有领域和层面都受到重视,推进管理学以及管理教育的发展也因此变得更加迫切。

《现代管理理论与实务》教材的编写指导思想是突出"能力本位",强调理论与实践相结合,重视学习者的可持续发展。出于以上考虑,本书在体系安排上分为上下两篇,既保证了体系的完整性,又突出了内容的重点性。上篇为管理职能篇,以管理职能为线索,重点介绍了管理理论的基础知识和基本原理,是全书的核心;下篇为管理实务篇,将管理职能进行分解,梳理出管理者所应具备的管理能力以及管理理论在实践中的应用方法,突出实用性和可操作性。

本书借鉴了很多流行经典教材的编排体例,在每章的开始以"重点知识要求"的形式,给读者一个清晰的思路,能够把握全章的重点;"重点能力要求"则凸显高职院校能力本位的特点,更加注重实践能力的培养;课后的"复习思考题"供读者课后练习。作为一门实践性很强的课程,我们在每章开篇加入了"案例导入",在每章后又加入了"案例分析",既可以帮助读者深入理解所学内容,又能使读者在分析具体案例时提高认识;课后的"延伸阅读"材料是可以帮助读者开阔视野,随时补充新知识;最后的"实训"项目则辅导读者将理论知识应用于实践,实现理论与应用相结合的目标。

本教材由南京师范大学赵晖教授负责内容策划,江苏开放大学汪洋老师承担课程设计、教材设计等工作,王龙祥、赵金凤进行了统稿修订,最后由赵晖教授进行书稿终审。

本教材编写过程中,除参考、选取了列举于书后的"参考文献"外,还参考和引用了其他的著述、书报刊物和来自于网上的文章、案例等,由于篇幅所限,未能一一注明,在此向已注明和未注明的作者一并表示诚挚的感谢。

由于我们编写水平有限,书中缺点、疏漏甚至错误在所难免,恳请同行专家及读者批评指正,以便我们在今后的教学过程中不断改进。

编 者
2020 年 5 月

目 录

上 篇 管理理论篇

第一章 管理学概论 ………………………………………………… 3
  第一节 管理的定义 ………………………………………………… 4
  第二节 管理的职能与性质 ………………………………………… 7
  第三节 管理学的特点与研究对象 ………………………………… 11
  第四节 管理者概述 ………………………………………………… 13

第二章 管理理论的形成和发展 …………………………………… 23
  第一节 管理理论的形成与发展 …………………………………… 23
  第二节 古典管理理论 ……………………………………………… 27
  第三节 行为科学管理理论 ………………………………………… 34
  第四节 现代管理理论的主要学派及其发展 ……………………… 39

第三章 计划职能 …………………………………………………… 53
  第一节 计划职能概述 ……………………………………………… 53
  第二节 计划的分类 ………………………………………………… 56
  第三节 计划编制的程序 …………………………………………… 58
  第四节 计划编制的方法 …………………………………………… 61
  第五节 目标管理 …………………………………………………… 65

第四章 组织职能 …………………………………………………… 73
  第一节 组织职能概述 ……………………………………………… 74
  第二节 组织结构设计 ……………………………………………… 76
  第三节 组织结构的基本类型 ……………………………………… 82
  第四节 人员组合与团队建设 ……………………………………… 86

第五章 领导职能 …………………………………………………… 95
  第一节 领导职能概述 ……………………………………………… 96
  第二节 领导方式及其理论 ………………………………………… 101
  第三节 激 励 ……………………………………………………… 107

第四节　沟　通··114
第六章　控制职能···125
　　第一节　控制职能概述···126
　　第二节　控制过程···129
　　第三节　控制的类型··135
　　第四节　控制的方法··139

下　篇　管理实务篇

第七章　团队建设能力··147
　　第一节　团队概述···148
　　第二节　影响团队建设的障碍···154
　　第三节　团队建设能力的培养···157
第八章　目标管理能力··179
　　第一节　目标管理概述···180
　　第二节　目标的制定和分解··183
　　第三节　目标管理的实施··190
　　第四节　目标管理的反馈控制与绩效考核···193

参考文献··208

上 篇
管理理论篇

富士
山岳四季會

第一章　管理学概论

重点知识要求

- 了解管理的二重性
- 熟悉管理的概念
- 理解管理的科学性与艺术性
- 掌握管理学的特点与内容

重点能力要求

- 初步具有承担管理职能的能力
- 初步具有应用管理理论分析与处理实际管理问题的能力

导入案例

　　美国福特公司的创始人亨利·福特有着精明强干的头脑和丰富的实践经验，于1896年制造出第一辆福特汽车，1903年成立福特汽车公司，开始生产"A"型到"R"和"S"型汽车。从1908年开始生产"T"型车，"T"型车的特点是结构紧凑、设计简单、坚固、驾驶容易、价格较低。1913年，福特采用了汽车装配的流水生产法并实现汽车零件的标准化，形成了大量生产的体制，当年产量增加到13万辆，1914年增加到26万辆，1923年增加到204万辆，在美国汽车生产中形成垄断的地位。

　　福特建立起一个世界最大和盈利最多的制造业企业，它从利润中积累了10亿美元的现金储备。可是，福特坚信企业所需要只是所有的主管和一些"助手"，只需"主管""助手"的汇报由他发号施令即可运行。他认为公司组织只是一种"形式"，企业无须管理人员和管理。随着环境变化，其他竞争者兴起，汽车有着不同档次的需要，科技、产供销、财务、人事等管理日趋复杂，个人管理难以适应这种要求。只过了几年，到了1927年，福特已丧失了市场领先的地位，以后20年逐年亏本。

　　到1944年，福特的孙子——福特二世接管公司时，福特公司已濒于破产。当时26岁的福特二世一方面向他的对手"通用汽车"学习，另一方面创建了一套福特的管理组织和领导班子，强化管理职能，五年后重新获得了发展和获利的力量，成为通用汽车公司的主要竞争者。

(http://www.docin.com/p-3066127.html)

思考题：通过上述案例，你认为管理职能在组织中具有什么样的地位？

第一节 管理的定义

一、管理的概念

管理活动自古即有,但什么是"管理",从不同的角度出发,可以有不同的理解。从字面上看,管理有"管辖""处理""管人""理事"等意,即对一定范围的人员及事务进行安排和处理。但是这种字面的解释是没有严格地表达出管理本身所具有的完整含义的。能够全面概括"管理"这个概念的内涵和外延的定义是:管理就是通过计划、组织、领导和控制,协调以人为中心的组织资源与职能活动,以有效实现既定目标的社会活动。

由以上对管理概念的界定,可以分析出管理的如下观点:

(1) 管理是共同劳动的产物。没有共同劳动,人们就不会结成配合与协作关系,管理工作就成为多余。有了共同劳动,就必然存在着从事共同劳动的人员之间的分工、协作问题,管理人员及其管理活动就有存在的必要。

(2) 管理的目的是有效地实现目标。所有的管理行为都是为实现目标服务的。没有共同的目标,就没有共同劳动,也就不需要管理。目标不明朗,管理就会无的放矢。

(3) 管理实现目标的手段是计划、组织、领导和控制。任何管理者,要实现管理目标就必须实施计划、组织、领导、控制等管理行为与过程,这些是管理者在任何管理实践中都要履行的管理职能。

(4) 管理的本质是协调。要实现目标,就必须使资源与职能活动协调,所有的管理行为在本质上都是协调问题。

(5) 管理的对象是以人为中心的组织资源与职能活动。它强调了人是管理的核心要素,所有的资源与活动都是以人为中心的。管理,最主要的是对人的管理。

二、管理的基本特征

为了更全面地理解管理的概念,理解管理学研究的特点、范围和内容,我们还可以从以下几方面来进一步把握管理的一些基本特征。

1. 管理是一种社会现象或文化现象

自从有了人类社会,就有管理活动,管理存在于人类社会的各个时期,因此,管理是一种社会现象或称为文化现象。从科学的定义上讲,存在管理必须同时具备两个必要条件:① 必须是两个人以上的集体活动,包括生产的、行政的等活动。② 有一致认可的、自觉的目标。

2. 管理的"载体"——组织

管理活动在人类现实的社会生活中广泛存在,而管理总是存在于一定的组织之中。正因为我们这个现实世界中普遍存在着组织,管理也才存在和有必要。两个或两个以上的人组成的,为一定目标而进行协作活动的集体就形成了组织。"许多人在同一生产过程中,或在不同的但互相联系的生产过程中,有计划地一起协同劳动,这种劳动形式叫作协作。"有效的协作需要有组织,需要在组织中实施管理。社会生活中各种组织的具体形式虽因其社会功能的不同而会有差异,但构成组织的基本要素是相同的。

在组织内部,一般包括五个要素,即:人——包括管理的主体和客体;物和技术——管理的客体、手段和条件;机构——实质反映管理的分工关系和管理方式;信息——管理的媒介、依据,同时也是管理的客体;目的——宗旨,表明为什么要有这个组织,它的含义比目标更广泛。

组织作为社会系统中的一个子系统,其活动必然要受周围环境的影响,因此组织还包括九个外部要素:① 行业,包括同行业的竞争对手和相关行业的状况;② 原材料供应基地;③ 人力资源;④ 资金资源;⑤ 市场;⑥ 技术;⑦ 政治经济形势;⑧ 政府;⑨ 社会文化。

因此,一个组织的建立和发展,既要具备五个基本的内部要素,又要受到一系列外部环境因素的影响和制约。管理就是在这样的组织中,由一个或者若干人通过行使各种管理职能,使组织中以人为主体的各种要素达到合理配置,从而实现组织目标而进行的活动。这一点对于任何性质、任何类型的组织都是具有普遍意义的。

3. 管理的职能、层次

管理作为一个过程,管理者在其中要发挥的作用,就是管理者的职能,也就是通常说的管理职能。对管理的职能,早期的管理理论一般认为,管理有计划、执行、控制三大基本职能。法国的法约尔认为,管理有五大职能:计划、组织、指挥、协调和控制。美国的古利克提出,管理有七项职能,即计划、组织、人事、指挥、协调、报告、预算。美国管理学家孔茨的观点,即管理包括计划、组织、人员配备、指导和领导、控制五项职能。

表1-1 管理职能表

管理职能	古典的提法	常见的提法	现在的提法
决策 decision making			决策
计划 planning	●	●	
组织 organizing	●	●	组织
用人 staffing			
指导 directing			
指挥 commanding	●		
领导 leading			
协调 coordinating	●		领导
沟通 communicating			
激励 motivating			
代表 representing			
监督 supervising			
检查 checking			控制
控制 controlling	●	●	
创新 innovating			创新

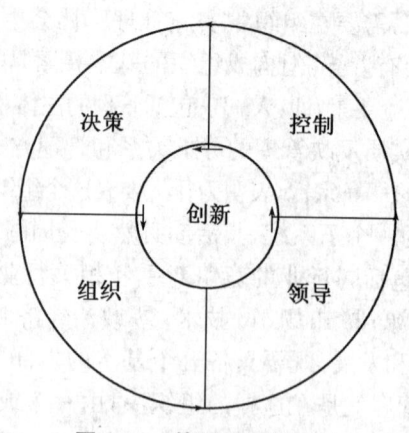

图1-1 管理职能循环图

管理和管理人员的基本职能是相同的,即包括计划、组织、人员配备、指导与领导、控制、创新。但由于主管人员在组织中所处的层次不同,他们在执行这些职能时也就各有侧重。组织中的主管人员一般分为三个层次,即上层主管(top manager)、中层主管(middle manager)和基层主管(first line manager 或 supervisor),如图1-2所示,根据所处的不同层次,他们将各有侧重地执行其职能。

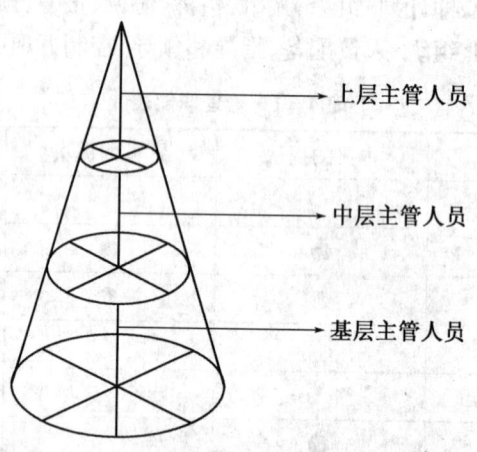

图1-2 一个组织中主管人员的三个层次

4. 管理的核心是处理各种人际关系

管理不是个人的活动,它是在一定的组织中实施的。对主管人员来讲,管理是要在其职责范围内协调下属人员的行为,是要让别人同自己一道去完成组织目标的活动。组织中的任何事都是由人来传达和处理的,所以主管人员既管人又管事,而管事实际上也是管人,管理活动自始至终,在每一个环节上都是与人打交道的。因此,管理的核心是处理组织中的各种人际关系,包括:主管人员与下属之间的关系,这是各种人际关系的主导与核心;组织内的一般成员之间的关系,即不存在管理与被管理关系的人与人之间的关系,这种关系在组织中大量存在,它直接表现为组织的社会气氛;群体之间的关系,群体是组织内部的团体,有正式与非正式之分,正式团体是指组织内按专业分工所划分的各个部门,而非正式团体则是指正式团体的一些成员为某种共同的感情或需要而形成的一种无形的团体,要重视非正式团体的作用,处理好它们之间及其与正式团体之间的关系。

5. 管理的主题是管理者

一个组织内部的管理者分为不同层次、不同部门,但各种不同的管理者都要执行管理职能,都要承担组织、管理工作和人三方面的管理责任。

【案例1-1】 处理好人际关系

美国一家著名汽车公司的位于新泽西州的分工厂,曾一度因为管理混乱而差点倒闭。后来总公司派去了一位很能干的管理者,在他到任后很快就发现了问题的症结:宽大的厂房里,一道道流水线仿佛一道道屏障隔断了工人之间的直接交流;机器的轰鸣声更使工人之间难以进行工作交流。由于工厂濒临倒闭,过去的领导强调生产任务,而极大压缩了工人们聚餐、厂外娱乐的时间。所有这些,使得员工们几乎没有了彼此谈心、交往的机会,工厂的凄凉状况及冷漠的人际关系极大地降低了员工们的工作热情。工厂组织内出现了混乱,员工之间口角不断、争议增多,工厂情势每况愈下。这位新任的管理者觉察到这一问题的根本之后,果断地决定以后员工的午餐费由厂里负担,所有工人都可以留下来聚餐,共渡难关。在员工看来,工厂可能到了最后关头,需要大干一番了,所以心甘情愿地努力工作,其实这位管理者的目的就是想给员工们一个互相沟通和了解的机会,以建立信任空间,使组织的人际关系有所改观。在每天中午工人们聚餐时,这位管理者还亲自在食堂的一角架起了烤肉架,免费为员工烤肉。经过一番努力,员工们餐桌上谈论的话题都是有关工厂未来的走向,大家纷纷献计献策,并主动讨论工作中的问题,寻求最佳的解决途径。这位管理者的做法虽然有一定的风险,但最终改善了企业内部不良的人际关系,使工人们工作在一个和谐美好的环境中。

https://wenku.baidu.com/view/42a45d546037ee06eff9aef8941ea76e59fa4a6c.html?fr=search

思考题:管理者处理好人际关系的重要性。

第二节 管理的职能与性质

一、管理职能

管理职能是指管理过程中各项活动的基本功能。管理职能是人们对管理及其规律性认识程度的表象。管理本来是一种综合的、动态的系统活动,划分管理的职能只是为了从理论研究上更清楚地描述管理活动的整个过程,也便于使管理人员更容易接受这些概念。一般来说,考察管理过程职能的目的有两个:一是要回答管理是要干什么;二是要回答管理的既定目标是如何达成的。

最早系统提出管理各种具体职能的是法国著名管理学家亨利·法约尔。他认为管理具有计划、组织、指挥、协调和控制五种职能,他为后人的研究奠定了基础。一般来讲,管理职能的划分应当考虑管理实践的特征及理论研究的需要,以利于认识问题和分析问题。

因此，我们将管理职能划分为计划、组织、领导、控制四种职能。

（一）计划职能

计划职能是指管理者为适应社会需要，通过组织外部环境和内部条件的调研、预测，对组织的目标、经营方针和战略做出决策，制定长期和短期计划，确定实现计划的措施和方法，并将计划指标层层分解以落实到各个部门和各个环节的职能。

计划是组织管理的首要职能，是实现组织、领导、控制职能的前提，它使组织的活动具有方向性、目的性和自觉性。没有计划的管理是无序的、盲目的管理。计划职能运用得当可以获得最大的成效；运用不当，则会导致极大的浪费和损失。

计划职能有以下四个方面的作用：① 在组织的诸多管理职能中处于主导地位，为组织、领导、控制职能提供目标、要求和标准。② 使组织成员明确奋斗目标，起到统一人心的作用。③ 正确地把握未来，使组织的目标与整个社会的目标协调一致。④ 有利于组织合理地开展各项活动。

（二）组织职能

组织职能是指管理者为实现组织的目标，把组织的各个要素从劳动的分工和协作上、从纵横交错的相互关系上、从时间和空间的相互衔接上，合理地组织起来，以形成一个有机整体，从而有效地开展实现组织目标的各项活动。

组织职能属于执行性职能，它是完成计划目标的手段，是实现计划目标的组织保证，并为领导、控制职能的实施创造条件。

组织职能有以下四个方面的作用：① 根据组织的基本任务和计划目标，确定组织管理体制，建立合适的组织结构，设置和完善相应的经营管理机构。② 确定全体组织的职务、职责、职权及其相互间的协作关系，从而使组织群体具有较高的生产力和工作效率。③ 把基本任务及各种物质要素具体落实到不同的部门和个人，保证组织目标的实现。④ 根据计划职能所形成的目标和方案建立相应的规章制度，使组织管理有章可循。

（三）领导职能

领导职能又称为指挥职能，是指带领和指导组织成员去实现组织共同目标的各种活动的整个过程。领导职能有两个要点：一是对组织各层次、各类人员的领导、沟通或指导，二是协调组织内部各部门、组织成员，以及组织同外部各类利害关系集团之间的关系。

领导工作的核心和难点是调动组织成员的积极性，这就需要领导者学会运用科学的激励理论和领导方式。

领导职能属于执行性职能，它是实现组织目标和计划的必要条件。因为计划职能为组织活动确定了目标和实现目标的途径，组织职能为实现计划目标建立了有机联系的整体结构，这些都是组织管理活动的必要前提。但是，如果没有集中的指挥，没有一个统一的意志，即使有周密的计划、完善的组织，也不能使组织按照既定目标良性运行。

领导职能有以下三个方面的作用：① 传递信息。领导者通过传达各种信息，有效地引导被领导者实现目标计划。② 提供动力。领导者运用多种领导方式，使组织上下团结一致，人际关系和谐，组织内部成员心情舒畅。③ 排除故障。领导者对组织在活动过程中出现的困难、矛盾及问题予以及时的指导、处理和解决。

(四) 控制职能

控制职能是指检查、监督、确定组织管理活动的进展情况，纠正偏差，从而确保总的计划及目标得以实现的过程。控制工作一般涉及三个基本问题：确定目标、衡量业绩和纠正偏差。控制职能属于保障性职能。没有计划、组织、领导，也就无从实行控制；没有控制，则无法保障计划、组织、领导职能的实施。

因为实现控制的前提是要有明确、完整的计划，否则就没有衡量的标准；要有组织机构，即确定由哪个部门或哪个人来采取检查、监督和调节措施，由谁来承担产生偏差的责任，否则就没有人履行控制职能；要有关于控制对象的及时而准确的信息，否则就无从控制。同时，实施控制职能，可以纠正计划、组织、领导职能在实践工作中的偏差，从而确保管理职能的实施及其成果与预期目标一致。

控制职能有以下三个方面的作用：

(1) 反馈信息。通过控制系统的信息反馈，不断接受组织内外部各方面的信息，使组织同社会环境相适应。

(2) 纠正偏差。综合性的管理控制，可以随时发现决策与计划中存在的问题，以便采取补救措施或进行必要的调整，从而可能减少损失，并为新决策与计划提供资料和依据，最终实现组织的既定目标。

(3) 提高效益。通过各种专项控制，使组织管理成本降低、质量改善，从而提高组织的整体效益。

二、管理的性质

(一) 管理的两重性

1. 管理的自然属性

(1) 管理的出现是由人类活动的特点决定的。人类的任何社会活动都必定具有各种管理职能。如果没有管理，一切生产、交换、分配活动都不可能正常进行，社会劳动过程就要发生混乱和中断，社会文明就不能继续。这一点马克思在一百多年前就做了有力的论述："一切规模较大的直接社会劳动或共同劳动，都或多或少地需要指挥，以协调个人的活动，并执行生产总体的运动——不同于这一总体的独立器官的运动——所产生的各种一般职能。一个单独的提琴手是自己指挥自己，一个乐队就需要一个乐队指挥。"可见，管理是人类社会活动的客观需要。

(2) 管理是社会劳动过程中的一种特殊职能。管理寓于各种社会活动之中，所以说它是一般职能，但就管理职能本身而言，由于社会的进化，人类分工的发展，早在原始社会就已经有了专门从事管理职能的人从一般社会劳动过程中分离出来，就如同有人专门从事围猎，有人专门从事捕鱼，有人专门从事耕种一样。人类社会经过几千年的演变发展，出现了许多政治家和行政官员，专门从事国家的管理，出现了许多军事家和军官，专门从事军队的管理，出现了许多社会活动家专门从事各种社会团体的管理，出现了许多店主、厂长、企业家、银行家，专门从事商店、工厂、企业、银行的管理。还有许多人专门从事学校、医院、交通运输和人事的管理等等。据保守估计，全体就业人员中，至少有30%～40%的人专门从事各类管理工作，他们的职能就是协调人们的活动，而不是直接从事物质、服务产品或精神产品的生产。因此,管理职能早已成为社会劳动过程中不可或缺的一种职能。

(3) 管理是生产力。任何社会、任何职业,其生产力发达与否,都取决于它所拥有的各种经济资源、各种生产要素是否得到有效的利用,取决于从事社会劳动的人的积极性是否得到充分发挥,而这两者都依赖于管理。在同样的社会制度下,企业外部环境基本相同,有不少企业,其内部条件如资金、设备、能源、原材料、产品及人员素质和技术水平基本相同,但经营结果、所达到的生产水平却相差悬殊。同一个企业有时只是更换了企业的主要领导,企业就可能出现新的面貌。其他社会组织也有类似的情况,其原因也在于管理,由于不同的领导人采用了不同的管理理念、管理制度和管理方法,就会产生完全不一样的效果。这样的事例不胜枚举,事实可以证明管理也是生产力。科学技术是生产力,但科学技术的发展本身需要有效的管理,并且也只有通过有效的管理,才能转化为生产力。

管理的上述性质并不以人的意志为转移,也不因社会制度、意识形态的不同而有所改变,这完全是一种客观存在,所以,我们称之为管理的自然属性。

2. 管理的社会属性

管理是为了达到预期目的而进行的具有特殊职能的活动。谁的预期目的?什么样的预期目的?实质就是"为谁管理"的问题。在人类漫长的历史中,管理从来就是为生产资料的所有者服务的,它是一定社会生产关系的反映。国家的管理、企业的管理,以至于各种社会组织的管理概莫能外。

世界在变化、企业在变化、人的管理理念也在变化。昔日马克思、恩格斯等曾经剖析的企业,今天已经面目皆非。现实世界所发生的变化,深刻地影响到管理的社会属性。在现代企业中,已不能简单地说管理只是资本家剥削工人的工具。作为企业的职业管理者在行使管理职能时,既要满足资本家及所有股东对股息和红利的要求,又要保证扩展企业实力的需要;既要尽可能满足本企业职工物质和精神方面的需要,又要考虑到社会公众、广大消费者和用户的利益;既要千方百计追求企业的最大利润,也要处理好企业同政府的关系,遵从政府的种种法规和限制。可以说,企业管理的社会属性已经多元化了。

从总体上看,我国的企业及其他社会组织的管理都是为了建设中国特色社会主义服务的,管理的预期目的都是为了使人与人之间的关系以及国家、集体和个人的关系更加和谐。但是应当把社会主义理解为一种发展过程,当它尚处在初级阶段时,完全有可能出现其他国家在工业化初期资本主义原始积累中常有的血汗工厂,并且受我国几千年封建专制制度遗留下来的意识形态残余的影响,也会在管理实践中不同程度地表现出来。这与中国特色社会主义是极不和谐的,但是管理和整个社会一样,要经过一定的历史发展阶段,才能摆脱不发达的落后状态,逐步走向和谐。

(二) 管理工作既有科学性又有艺术性

管理的科学性是管理作为一个活动过程,其间存在着一系列基本客观规律。人们经过无数次的失败和成功,通过从实践中收集、归纳、检测数据,提出假设,验证假设,从中抽象总结出一系列反映管理活动过程中客观规律的管理理论和一般方法。人们利用这些理论和方法来指导自己的管理实践,又以管理活动的结果来衡量管理过程中所使用的理论和方法是否正确,是否行之有效,从而使管理的科学理论和方法在实践中得到不断的验证和丰富。因此说,管理是一门科学,是指它以反映管理客观规律的管理理论和方法为指导,有一套分析问题、解决问题的科学的方法论。

管理的艺术性就是强调其实践性,没有实践则无所谓艺术。这就是说,仅凭停留在书本上的管理理论,或背诵原理和公式来进行管理活动是不能保证其成功的。主管人员必须在管理实践中发挥积极性、主动性和创造性,因地制宜地将管理知识与具体管理活动相结合,才能进行有效的管理。所以,管理的艺术性,就是强调管理活动除了要掌握一定的理论和方法外,还要有灵活运用这些知识和技能的技巧和诀窍。

从管理的科学性与艺术性可知,卓有成效的管理艺术是以对它所依据的管理理论的理解为基础的。因此,二者之间不是互相排斥,而是互相补充的。没有掌握管理理论和基本知识的主管人员,在进行管理时必然是靠碰运气、靠直觉或过去的经验办事,很难找到对管理问题的可行的、令人满意的解决办法。所以,管理的专业训练不可能培训出"成品"的主管人员,但却是为通过实践进一步培训主管人员的一个良好的开端,它为培养出色的主管人员在理论知识方面打下坚实的基础。当然,仅凭理论也不足以保证管理的成功,人们还必须懂得如何在实践中运用,这一点也是非常重要的。

【案例 1-2】"无所不洗"的海尔洗衣机

1996 年,四川成都一位农民投诉海尔洗衣机排水管老是被堵,售后人员上门检查后发现,该顾客用洗衣机洗红薯,泥太多,自然易堵塞。售后人员加粗了排水管,顾客感激之余,希望能有洗红薯的洗衣机就好了。海尔人记住了农民兄弟的这个小愿望。工厂组织人员认真调研,发现成都平原盛产红薯,农民要将红薯洗净后加工成薯条出售。但红薯上的泥洗起来费时费力,于是就用上了洗衣机。这令海尔集团首席执行官张瑞敏萌生一个大胆的想法:发明一种洗红薯的洗衣机。经过立项攻关,1998 年 4 月,能洗红薯的洗衣机投放市场。这种洗衣机不仅具有一般双桶洗衣机的全部功能,还可洗红薯、水果甚至蛤蜊,售价仅为八百多元。调查中还发现,每年的 6 至 8 月是洗衣机销售的淡季,原因是 5 公斤的洗衣机在夏季不实用,费水电。于是,海尔研发人员很快设计出 1.5 公斤的洗衣机——小小神童。该产品很快风靡全国,并出口到日韩。张瑞敏告诉员工:"只有淡季的思想,没有淡季的市场。"之后,海尔根据市场需求又推出了打酥油机、洗龙虾机、洗荞麦皮枕头机。

https://www.sohu.com/a/70760820_394131

思考题:管理工作的科学性与艺术性在海尔洗衣机的案例中是如何体现的?

第三节 管理学的特点与研究对象

管理学是系统研究管理活动的基本规律和一般方法的科学,是管理实践活动的科学总论和理论提升。虽然管理与人类的历史一样长久,但把管理学作为一门科学来加以研究,是由法国管理学者亨利·法约尔首先提出来的。管理学正式形成于 20 世纪 50 年代。管理学代表作是美国管理学家孔茨和奥唐奈于 1955 年出版的《管理学原理》(Management Principle)或译为《管理原则》,该书于 1976 年第六版时更名为《管理学》

(Management)。20世纪60年代以来,管理学受到各国管理学界的广泛重视,提出了各种各样的观点,从而形成了各种管理理论学派。

一、管理学的研究内容

管理学的研究内容是管理工作的客观规律,它是管理实践在理论上的概括和反映,是人类长期从事管理实践经验的科学总结,它来源于实践,接受管理实践的检验,同时反过来又指导管理实践。

从管理的二重性出发,管理学的研究内容着重从生产力、生产关系、上层建筑三个方面进行研究。在生产力方面,主要是研究生产力的合理组织问题;在生产关系方面,主要是研究如何正确处理国家与企业之间,国家与部门、地区之间,各个部门之间,各个地区之间,各个部门、地区与企业之间,以及各个企业之间和企业内部的经济关系、协作关系和分配关系,建立和完善管理体制;在上层建筑方面,主要是研究如何结合本部门实际贯彻执行国家政策、法令、法规,健全规章制度等。上述三个方面是紧密结合、不可割裂的,对管理学进行研究时不能忽略任何一个方面。

从管理者出发,管理学的研究内容着重研究管理的过程。

(1) 管理原理。现代管理学首先研究管理的基本规律,即研究适用于一切社会和个别社会形态的各种基本规律。

(2) 管理的职能。管理的各种职能既体现管理的基本任务,又反映了管理的全过程。而且管理的原理、原则都是通过管理的职能发挥作用的。

(3) 管理的主要方法、技术和手段。管理功能的执行和完成,是靠管理方法、技术和手段来实现的。因此,管理的方法、技术和手段是现代管理学中引人注目的领域。

(4) 管理者。管理者是管理的主体,能否实施有效的管理,管理者起着关键的作用。所以,管理者个体素质,管理者群体优化结构以及它们之间的关系,是现代管理学的重要课题。

(5) 管理历史。现代管理学要研究管理思想及实践的发展历史,以便更好地继承和发展现代管理理论和方法。

二、管理学的特点和内容

一般说来,管理学具有以下几个特点:

(1) 一般性。管理学作为一般管理学,区别于"宏观管理学"和"微观管理学"。它是研究所有管理活动中的共性原理的基础理论学科,无论是"宏观管理"还是"微观管理",都需要管理学的原理作为基础来加以学习和研究。管理学是各门具体的或专门的管理学科的共同基础。

(2) 多科性,或综合性。管理学的综合性表现为:在内容上,它需要从社会生活的各个领域、各个方面以及各种不同类型组织的管理活动中概括和抽象出对各门具体管理学科都具有普遍指导意义的管理思想、原理和方法;在方法上,它需要综合运用现代社会科学、自然科学和技术科学的成果,来研究管理活动过程中普遍存在的基本规律和一般方法。管理活动是很复杂的活动,影响这一活动的因素是多种多样的。搞好管理工作,必须考虑到组织内部和组织外部的多种错综复杂的因素，利用经济学、数学、生产力经济学、工程技术学、心理学、生理学、仿真学、行为科学等的研究成果，以及运筹学、系统工程、信息论、控制论、电子计算机等最新成就，对管理进行定性的描述和定量的预测，从中研究出行之有效的管理理论，并用以指导管理的实际工作。所以，从管理学与许多学科相互关系来看，可以说，管理学是一门交叉学科或边缘学科，但从它又要综合利用上述多种学科的成果，才能发挥自己的作用来看，它又是一门综合性的学科。

（3）历史性。任何一种理论都是实践和历史的产物，管理学尤其如此。管理学是对前人管理实践、经验和管理思想、理论的总结、扬弃和发展。割断历史，不了解管理历史发展和前人对管理经验的理论总结，不进行历史考察，就很难理解建立管理学的依据。

（4）实用性，或实践性。管理学是为管理者提供从事管理的有用的理论、原则和方法的实用性学科。管理的实践性表现为它具有可行性，而它的可行性标准是通过经济效益和社会效益来加以衡量的。因此，管理学又是一门实用学科，只有把管理理论同管理实践相结合，才能真正发挥这门学科的作用。

第四节　管理者概述

一、管理者的概念与分类

（一）管理者的概念

管理者是从事企业管理活动的人，是全权负责企业或其子机构的人，管理者被授予这个企业的正式权力，在企业中指挥他人完成具体任务。管理者虽然有时也承担一定的具体事务性工作，但他们的主要职责是指挥下属工作，下属向其汇报工作。

（二）管理者的分类

1. 按管理层级划分

按管理者在组织中所处的层级不同，可将管理者分为高层管理者、中层管理者和基层管理者。

高层管理者处于组织的最高层，是对组织的发展负有全面责任的人，主要负责组织的战略管理，制定组织的总目标，掌握组织的大政方针并评价整个组织的绩效。在对外交往中，他们代表组织以"官方"的身份出现。如学校校长、医院院长、公司总裁等。

中层管理者也称"中层干部"，他们是处于高层和基层管理者之间的管理人员，他们的主要职责是贯彻高层管理者制定的大政方针，指挥和协调基层管理者的工作。与高层管理者相比，中层管理者更注重日常的管理事务，在组织中起承上启下的作用。如工厂里的车间主任、大学里的系主任、商店里的部门经理等。

基层管理者也称第一线管理人员，他们的主要职责是管理作业人员及其工作，负责把组织的各项计划和措施准确地传递给下属员工，直接指挥和监督现场作业活动，保证各项任务的顺利完成。如工厂里的班组长、大学里的教研室主任、商店里的柜组长等。

作为管理者，不论他在组织中处于哪一个管理层级，其工作的性质和内容基本上是一样的,都包括计划、组织、领导、控制等几个方面。不同层级管理者工作上的差别,不是管理职能本身不同,而在于各项管理职能履行的程度和重点不同。一般来说,高层管理者花在计划、组织、控制职能上的时间要比基层管理者多,而基层管理者花在领导职能上的时间要比高层管理者多。即使是同一职能,不同层级管理者所从事的具体管理工作的内涵也不完全相同。如计划工作,高层管理者关心的是组织的整体、长远战略规划,中层管理者偏重的是中期、内部的管理性计划,基层管理者则更注重短期的业务和作业计划。

2. 按管理者的职责(权力)划分

按管理者的职责(权力)划分,分为领导者和参谋人员。凡参加管理工作的人员都是管理者,而只有在组织中拥有一定的职务和权力,肩负一定的责任,直接指挥下属,实现既定目标的人才能称作领导者。我们平时所见的董事会主席、首席执行官、总裁、总经理、厂长、部门经理、车间主任等都是领导者。参谋人员是指在管理活动中协助领导者从事管理工作的人员,参谋人员担负着大量的具体管理工作,通过这些具体工作,帮助领导者更加有效地管理组织。

领导者和参谋人员都从事管理工作,他们的差别在于:领导者对下级拥有直接权力,参谋人员只拥有建议权力,领导者对组织目标负有直接责任,而参谋人员一般不负有直接责任。

3. 按管理领域划分

根据管理者管理范围的大小、所处领域和所起作用的不同,可将管理者分为综合管理者和专业管理者两类。

综合管理者是负责管理整个组织或组织中某个部门的全部活动的管理者,如工厂厂长、大型企业的地区经理等。他们是一个组织或部门的主管,对组织中包括生产、营销、人事、财务、研发等活动负有全部管理责任。

专业管理者是组织中只负责管理某一类活动或职能的管理者。如企业的财务处长、营销部主任、人事处长以及研发部门的管理者等,他们只负责单一职能的管理,只在本职能或专业领域内行使职权、指导工作。专业管理者大多具有某种专业或技术专长。

二、管理者应该掌握的技能

管理者技能是指企业管理者根据企业所处环境、企业本身的实际情况,为了达到企业管理的目标而使用的各种管理方法、工具及技巧。企业管理者仅有管理知识还不够,还必须拥有解决管理中出现的实际问题的技能,做到理论与实践相结合,这样才能使管理更加有效,从而更好地实现企业管理的目标。

每个企业都有不同于其他企业的自身特点,这就拓宽了企业对于管理者技能的要求,这些要求既有大部分企业管理者必须掌握的基本技能,又有特殊企业所需要的特殊技能。随着企业的发展、环境的变化,管理技能要求也是变化的。企业管理技能是一种实践性的能力,需要广大管理者在实践中不断创新、不断发展。总体来说,管理者需要具有以下几项基本技能。

1. 计划管理能力

计划管理能力是企业管理者在企业管理中预测未来,设立目标,决定政策、方案,以期能够使现有的资源优化配置,有效地把握未来发展,最大限度地实现企业目标的能力。可以说,计划管理能力是企业管理者需要具备的最基本技能。计划管理关系到企业的发展方向,是一种主动降低风险、提高效益的管理行动。

2. 沟通协调能力

沟通协调能力是指企业管理者在企业管理活动中,对企业成员之间及企业内部与外部之间进行信息传递、交换、控制的能力,以及对其产生的不和谐进行协调的能力。作为企业的管理者,必须在企业管理活动中,建立起正常有效的沟通渠道、信息传播渠道、冲突解决及协调机制,使得企业的经营信息,以及人员思想动态,在企业中及时有效地进行传递。只有建立正常的沟通渠道,才能树立良好的企业风气。在协调好企业内部关系的同时,企业还需要面对外部公共关系,包括顾客、供应商、销售商、政府机关、新闻界、教育科研机构、社区等公共关系对象。企业管理者同样应具备相应的沟通和协调能力,与外部建立起和谐的关系。企业管理者除了应拥有良好的沟通协调能力外,自身还必须起到做好沟通协调的榜样作用,率先在企业中树立信息沟通、人际交往的榜样形象。

3. 激励能力

在企业中,存在着组织利益和员工个人利益。如何正确地处理好两者关系,用各种方式调动人员的积极性,提高劳动生产率,为企业做出更多的贡献,都需要管理者具备激励能力。激励是一门艺术,激励员工发挥潜力,是企业的财富。激励员工的方式有精神激励和物质激励,企业管理者必须有效掌握激励的原则和方法,将物质激励和精神激励、外在激励和内在激励、正激励和负激励有效结合起来,在企业中创造生动活泼的氛围。

4. 组织能力

团队作业已成为当前企业管理者在实践中使用非常广泛的管理方式。当今企业的组织形态中,团队已是一种重要的组织形式。企业管理者在管理中必须掌握团队建立、协调、评价方式,使团队能够提升管理水平和管理效率。每个管理者具有不同的管理风格,有的倾向于集权、专权,要求下属绝对听命、服从;有的愿意倾听下属意见,愿意员工参与管理;有的以专业或知识树立权威,对员工施加影响;有的主动与员工沟通,辅导员工心理或专业知识、技能。优秀管理者的管理风格通常表现为亲和、民主、辅导、权威等特征,而不是命令、强制等。管理者的管理风格直接影响到一个部门或团队的氛围,不同的管理者会形成截然不同的组织氛围,或沉闷、混乱、松散,或活跃、明晰、凝聚,或士气低落、消极,或士气高昂、积极向上,从而最终决定了组织绩效和组织目标的实现。因此,管理者应不断自我修炼,优化自身管理风格,以利于建设和营造良好的组织氛围。

5. 领导能力

领导能力是指企业管理者对企业确立目标和实施目标所进行的活动施加影响的能力。作为企业管理者,必须在管理活动中充分、正确地运用企业所赋予自己的惩罚权、奖赏权、合法权、模范权、专长权,积极地影响下级的管理行动,推进组织目标的实现。有效领导能力来源于企业管理者自身的管理能力、基本素养、人格魅力,企业管理者一定要在强化自身修养的基础上积极地推进企业目标的实现,体现出良好的、有效的领导能力。

6. 创新能力

创新是企业取得竞争优势的基石。企业管理者必须拥有良好的创新意识和创新能力,及时在工作中进行观念创新、管理创新和产品创新。在管理中,企业管理者要不断对前面的工作进行总结,利用获得的管理经验不断进行管理意识、管理观念、管理方式、管理方法的创新,提升管理水平。在面对市场竞争时,企业管理者要正确地分析竞争环境和竞争形势,不断地对产品、服务、企业形象进行创新,使企业借此优势在激烈的竞争中处于不败之地。

7. 危机处理能力

企业管理面临着各种不同的因素,存在着很多不可预测的风险,有风险的存在就会有危机,包括市场、政策、法律、经营、人员等方面的危机。企业管理者在危机管理方面必须拥有两方面的能力:一是处理危机的能力,危机出现后企业管理者必须面对压力,认真分析企业所面对的整体形势,以及危机发生的原因、影响,及时果断地采取措施,及时控制其发展态势,有效地消除危机或最大限度地减少危机的影响。二是企业管理者要善于利用危机方式进行管理。对危机进行预测,并把危机作为一种压力和激励,在危机出现之前便有效地避免危机,促进企业的健康发展。

【案例1-3】"不近人情的"老总

一家公司的销售副总,在外出差时家里失火了,他连夜赶回家。第二天去公司向老总请假,但是老总却不批准假期,并让副总马上出差,不然就免职。这位副总很有情绪,无可奈何地继续出差去了。老总听说副总已走,马上把党、政、工、团负责人都叫了过来,要求他们分头行动,在最短的时间内,不惜一切代价把副总家里的损失弥补回来,把家属安顿好。

https://www.shangxueba.com/ask/6281458.html

思考题:管理者应该掌握哪些技能?

三、管理者的素质

1. 作为管理者应有其特殊的心智模式

所谓心智模式是指由于过去的活动、知识素养、价值观等形成的基本固定的思维方式和行为习惯。管理者的心智模式,一是要有远见卓识,二是要有健全的心理,三是要有优秀的品质。

2. 作为管理者必须具备一定的能力才可能完成管理过程

管理者的能力可分为三个层次:核心能力、必要能力和增效能力。核心能力突出地表现为创新能力;必要能力包括将创意转化为实际操作方式的能力和从事日常管理工作的各种能力;增效能力则是应变能力和控制协调能力。

3. 作为管理者还必须具备必要的管理技能

管理者必要的管理技能主要包括技术技能、人际技能和概念技能。

复习思考题

1. 什么是管理？管理的基本特征有哪些？
2. 管理都有哪些职能？
3. 什么是管理的两重性？
4. 管理学的内容和特点是什么？
5. 管理者应该掌握哪些技能？
6. 你认为应该怎么做才能成为一个优秀的管理者？

【材料一】

企业管理创新的八大趋势

在商业环境的稳定性、确定性、可预测性已经被变革性、不确定性、不可预测性所代替的同时，国内外企业在管理理念的指导下，顺应时代变化进行了许多管理变革，呈现出了八大趋势。

一、企业由追求利润最大化转向追求企业可持续成长

研究表明，把利润最大化作为管理的唯一主题，是造成企业过早夭折的重要根源之一。在产品、技术、知识等创新速度日益加快的今天，成长的可持续性已经成为现代企业所面临的一个比管理效率更重要的课题。

坚持可持续成长管理观，在管理中就会注重整体优化，讲求系统管理，实行企业系统整体功能优化，注重依靠核心竞争力，不断提高市场竞争优势，注重夯实基础管理，讲求管理精细化、科学化、程序化、规范化和制度化，注重以人为本，不断提高员工素质，充分调动员工积极性，发挥其能动作用等。

企业是一个人造系统，其内部系统是可以改造的，这是企业能够实现可持续成长的客观条件。与可能会枯竭的物质资源不同，企业文化、企业家精神等是支撑企业可持续成长的支柱。

二、企业竞争由传统的要素竞争转向企业运营能力的竞争

企业从大量市场产品和服务标准化、寿命期长、信息含量少、简单的一次性交易的竞争环境，向产品和服务个性化、寿命期短、信息含量大，并与顾客保持沟通关系的全球竞争环境转变。提升企业的运营能力，就要使企业的生产、营销、组织、管理等方面都"敏捷"起来，使企业成为一个全新的"敏捷性"经营实体，实现向"敏捷管理"方式的转变。一个企业要适应激烈的竞争，必须在以下各层面具备敏捷性的特点：在生产方面，敏捷管理意味着具有依照顾客订单，任意批量制造产品和提高服务的能力；在营销方面，敏捷管理要求企业具有以顾客价值为中心、丰富顾客价值、生产个性化产品和服务组合的特点；在组织方面，敏捷管理要求能够整合企业内部和外部与生产经营过程相关的资源，通过与供应商和

顾客的互动合作,创造和发挥资源杠杆的竞争优势;在管理方面,敏捷管理更强调指挥和控制的管理思想,转而重视领导、激励、支持和信任。

三、企业间的合作由一般合作模式转向供应链协作、网络组织、虚拟企业、国际战略联盟等形式

现代企业不能只提供各种产品和服务,还必须懂得如何把自身的核心能力与技术专长恰当地同其他各种有利的竞争资源结合起来,以弥补自身的不足和局限性。许多成功企业形成了不少互利合作的竞争方式:供应链式,主要是企业与供应商之间的合作。在企业的增值链中,供应过程所占成本很多,所以供应链的动态互联至关重要;战略网络型,主要是指企业通过建立与供应商、经销商以及最终用户的价值链形成一种战略网络,竞争已不是单一的公司之间的竞争,而是战略网络间的竞争;协作联营型,表现为企业通过有选择地与竞争对手,以及与供应商或其他经营组织分享和交换控制权、成本、资本、进入市场机会、信息和技术等,形成联营组织,从而在市场竞争中创造更多的价值;虚拟组织型,是指利用信息技术把各种资源、能力和思想动态地连接起来,成为一种有机的企业网络组织,以最低的成本、最快的速度创造价值。

四、员工的知识和技能成为企业保持竞争优势的重要资源

企业将主要通过管理员工的知识和技能,而不是金融资本或自然资源来获取竞争优势。企业的知识被认为是和人力、资金等并列的资源,并将逐渐成为企业最重要的资源。

出现在资产负债表上的资产,如厂房、设备等,虽然很容易估价和进行管理,但它们已经越来越难以决定企业的价值。相反,企业的价值更取决于无形资产,如品牌、专利、特许经营、软件、研究项目、创意以及专长等。国外机构的研究表明,在企业的市场价值中,6/7都取决于这些"知识"资产。管理这些资产中的任何一种都是很难的,但最难的还是怎样对待员工的思想和知识。企业需要更多地通过组织学习、知识管理和加强协作能力来应对知识经济的挑战,将现有组织、知识、人员和流程与知识管理和协作紧密结合起来。

五、从传统的单一绩效考核转向全面的绩效管理

传统的绩效考核是通过对员工工作结果的评估来确定奖惩,以期实现对员工的激励,其致命的问题在于:从目标到绩效结果的形成过程缺乏控制;不是封闭的,没有改善绩效的组织手段作为保证;在推行绩效考核时会遇到员工的反对。

把绩效管理与公司战略联系起来,变静态考核为动态管理,是近年来绩效管理的显著特点。信息技术的发展使更为精细的绩效管理成为可能,绩效管理的工具也由单一向多维发展,主要包括目标管理、关键绩效指标(KPI)、360度打分、平衡计分卡和EVA价值管理等。

六、信息技术改变企业的运作方式

信息技术的发展和应用,几乎无限制地扩大了企业的业务信息空间,使业务活动和业务信息得以分离。在订单的驱动下,原本无法调和的集中与分散的矛盾得以解决。通过整合能够实现企业内部资源的集中、统一和有效配置;借助信息技术手段,如"协同设计"、"协同制造"和"客户关系管理"等,企业能够跨越内部资源界限,实现对整个供应链资源的有效组织和管理。

为了应对挑战,出现了许多如PDM、SAP、CRM、SCM等企业信息化产品,在不同层

次、不同方面为企业管理与技术水平的提升提供了解决方案。

七、顾客导向观念受到重视并被超越

近十几年来,以微软、英特尔为首的部分高科技企业放弃了"顾客导向",采用以产品为中心的经营战略,取得了巨大成功,由此产生了超越"顾客导向"的竞争新思维。这种现象的出现,主要是因为随着知识经济时代的到来,企业面对的已不仅仅是现有的份额,更重要的是未来的市场和挑战。要提高企业的预见性,抢占产业先机,仅着眼于顾客导向已经不够,因为顾客导向的效力会随着竞争条件的变化而逐渐丧失。

八、由片面追求企业自身利益转变为注重履行社会责任,实现经济、环境、社会协调发展

越来越多的消费者关注跨国公司在推行市场全球化过程中的社会责任表现,同时更多的公司认识到,良好的企业社会责任策略和实践可以获取商业利益,社会责任表现良好的企业不仅可以获得社会利益,还可以改善风险管理,提高企业的声誉。

近十几年来,管理体系方面最重要的发展应该是 SA8000 社会责任国际标准。在目前的商业环境下,问题已经不是"是否应该"实施社会责任政策,而是如何有效实施,大多数商业发展计划都要进行道德评估和环境影响分析。在 ISO9000 和 ISO14000 之后,SA8000 标准是一个最新的管理体系标准。大多数公司意识到,消费者在选择商家时越来越多地考虑公司的道德表现,商业行为符合道德标准已经变成一件头等大事。

(《中华工商时报》,2004 年 2 月 25 日版)

【材料二】

企业管理的十大误区

我们谈论管理已这么多年了,但时至今日,对管理问题的理解和把握模糊者有之,偏颇者有之,曲解者有之,这在很大程度上制约和干扰了我们正确地从事管理实践活动。具体地说,有以下十种误区需要我们在今后的管理工作中加以警惕和避免。

1. 狭义论

狭义论认为,管理就是制定和执行规章制度,加强制度建设就是加强管理,并认为管理是少数人的事情,而与组织中的其他人员无关。实际上,管理是包括组织、决策、控制、领导、激励等基本职能,以及预测、调研、计划、策划、咨询、协调、沟通、指导、执行、制度、监督、考评、培训、任用、选拔和竞争、公关、广告、营销等主要功能相互结合、相互影响的有机体系和过程,制定并执行规章制度只是管理的一个重要方面。另外,管理也不是组织中某几个人的事,而是组织中全体人员的事。管理者是管理的主体,被管理者是管理的客体,只有两者相互作用和影响,才会形成一个完整的管理过程。如果坚持对管理内涵的片面理解,必然会误导管理实践。

2. 阶段论

阶段论认为,管理只是阶段性工作,只有在组织运转出现问题后才涉及管理问题。实际上,管理工作贯穿于组织内外整体运作的全过程,可以说,一个组织无事不涉及管理,无处不体现着管理,无时不进行着管理。管理是"饭"而不是"药",药可在有病时吃,而饭却

一日不可或缺。

3. 唯"物"论

唯"物"论认为,管理只是涉及组织中有关成本、预算、财务、质量等与"物"有关的方面,不知道管理首先是人的管理,进而明白人的管理不仅仅体现在一切管理活动都是围绕着人来进行并通过人来实现,而且从更本质的意义上讲,人不仅是管理的手段和载体,同时也是管理的最终目的(人的自身进步和利益的满足)。

4. 先后论

先后论认为,只有在各项业务正常开展之后才涉及管理问题。比如在不少人的心目中,只有在上了项目以后才谈得上管理,只有在"三改"以后才会顾及"一加强",不知道上项目前的产品调研、市场分析、营销预测等也是管理的重要组成部分;不知道从广义上讲"三改"也是"一加强"的题中应有之义,即"改革、改组、改造"乃是管理过程中的一种调控行为,"三改"与"一加强"之间一开始就不存在谁代替谁和谁先谁后的问题。

5. 自然论

自然论认为,管理的知识、艺术、技能和方法并没有什么奥妙,可以自然而然地学会。不知道管理作为一门实践性、综合性、横断性极强的学科,有其特定的历史沿革、理论体系和基本方法,否则它就不会成为一门真正的科学了。管理乃是理论与实践、科学与艺术、观念与方法的有机统一,提高管理能力和水平并非轻而易举之事。

6. 内部论

内部论认为,管理的着眼点只限于组织内部,不带条件地提倡所谓的"眼睛向内",忽视了"现场"与"市场"乃是一个不可分割并相互影响的有机整体这一客观事实,致使管理者缺乏"大管理"的眼光、意识和思路,从而造成管理决策或短期行为,或内外脱节,或主观武断。

7. 照搬论

照搬论认为,管理可以走捷径,可以"超常规",忽视了我国生产力发展的不平衡性和特殊性给管理带来的差异性和多样性,盲目照搬发达国家的管理理论和方法,片面地搞"拿来主义",导致或急功近利,食"洋"不化;或方向不明,南辕北辙等。与此相联系,对中国古代管理精华重视不够、研究不够、借鉴不够,甚至采取鄙视态度。

8. 经验论

经验论认为,管理主要靠经验和实践,管理是"无师自通"或"存乎一心"、"神而明之"的事,轻视先进管理理论对管理实践的指导作用。因此,在实际管理过程中既不注重学习新知,也不注意及时将经验升华为理论,造成管理粗放、经营短视,多凭主观决策、靠运气行事。其实,如果"想管好"便"能管好",那么就无法解释现实中有那么多的企业管理效率不高、绩效不佳,甚至"朝花夕拾"了。

9. 外在论

外在论认为,管理游离于社会生产力系统之外,不知道管理是社会生产力系统的内在要素,并对其他要素起整合、驱动、配置、调控和转换作用。因而导致一说"发展社会生产力"就大提"上项目""引资金""搞开发",唯独不提或很少提"强管理"。不知道如果离开了对社会生产力系统中最活跃、最关键和最终起决定作用的因素——人的管理,究竟靠什么来"生产""力"的源泉又从何而来?

10. 悲观论

悲观论认为,我国经济欠发达、市场不成熟、管理底子薄,改变管理落后的现状不是一朝一夕的事,因此对建设有中国特色的社会主义管理信心不足,进而对即将到来的新一轮管理革命或视而不见,或准备不足,或消极逃避。

("企业管理的十大误区",中华企管网,2006年5月30日)

案例分析

贾厂长的无奈

江南某机械厂是一家拥有职工2 000多人,年产值约5 000万元的中型企业。厂长贾明虽然年过50,但办事仍风风火火。可不,贾厂长每天都要处理厂里大大小小的事情几十件,从厂里的高层决策、人事安排,到职工的生活起居,可以说无事不包,人们每天都可见到贾厂长骑着他那辆破旧的自行车穿梭于厂里厂外。正因为这样,贾厂长在厂里的威信很高,大家有事都找他,他也是有求必应。不过,贾厂长的生活也的确过得很累,有人劝他少管些职工的鸡毛蒜皮的事,可他怎么说?他说:"我作为一厂之长,职工的事就是我自己的事,我怎能坐视不管呢!"贾厂长这么说也这么做。为了把这个厂办好,提高厂里的生产经营效益,改善职工的生活,贾厂长一心扑在事业上。每天从两眼一睁忙到熄灯,根本没有节假日,妻子患病他没时间照顾,孩子的家长会他也没时间出席,他把全部的时间和心血都花在了厂里。正因为贾厂长这种勤勤恳恳、兢兢业业的奉献精神,他多次被市委、市政府评为市先进工作者,市晚报还专门对他的事迹进行过报道呢!

在厂里,贾厂长事必躬亲,大事小事都要过问,能亲自办的事决不交给他人办;可办可不办的事也一定自己去办;交给下属的一些工作,总担心下面办不好,常要插手过问,有时弄得下面的领导不知如何是好,心里憋气。但大家都了解贾厂长的性格,并为他的好意所感动,不便直说。有一次,厂里小王夫妇闹别扭,闹到了贾厂长那里,当时贾厂长正忙着开会,让工会领导去处理一下,工会主席在了解情况后,做双方的思想工作,事情很快就解决了。可贾厂长开完会后又跑来重新了解情况,结果本来平息了的风波又闹起来了。像这样的例子在厂里时有发生。

虽然贾厂长的事业心令人钦佩,可贾厂长的苦劳并没有得到上天的赏赐。随着市场环境的变化,厂里的生产经营每况愈下,成本费用急剧上升,效益不断下滑,急得贾厂长常常难以入眠。不久,贾厂长决定在全厂推行成本管理,厉行节约,他自己以身作则,率先垂范。但职工并不认真执行,浪费的照样浪费,考核成了一种毫无实际意义的表面形式。贾厂长常感叹职工没有长远眼光,却总也拿不出有力的监管措施,就这样,厂里的日子一天天难过起来。最后,在有关部门的撮合下,厂里决定与一家外国公司合作,由外方提供一流的先进设备,厂里负责生产。当时这种设备在国际上处于先进水平,国内一流,如果合作成功,厂里不仅能摆脱困境,而且可能使厂里的生产、技术和管理都跃上一个新台阶,因此大家都对此充满着信心。经多方努力,合作的各项准备工作已基本就绪,就等双方领导举行签字仪式。

仪式举行的前一天,厂里一个单身职工生病住院,贾厂长很可怜他,亲自到医院陪他。第二天,几乎一夜未合眼的贾厂长又到工厂查看生产进度,秘书几次提醒他晚上有重要会议,劝他休息一下,但他执意不肯,下午,贾厂长在车间听取职工反映情况时病倒了。晚上,贾厂长带病出席签字仪式,厂里的其他许多领导也参加了,但贾厂长最终没能支撑下去,中途不得不被送进医院。外方领导在了解事情的经过后,一方面为贾厂长的敬业精神所感动,同时也对贾厂长的能力表示怀疑,决定推迟合作事宜。

贾厂长出院后,职工们都对他颇有微词,他在厂里的威信也从此大为下降。对此,贾厂长有苦难言,满脸的无奈。

(余敬主编《管理学案例》,中国地质大学出版社,2000年版)

问题:

1. 从管理层次的角度,你认为贾厂长属于哪个层次的管理人员?
2. 在工作中,贾厂长为什么常常会感到无奈?
3. 假如你是贾厂长,你应该如何对江南机械厂进行管理?

实 训

【内容一】

调查与访问

1. 以自愿为原则,6～8人组成一组。利用课余时间,选择1～2个中小企业进行调查与访问。
2. 调查访问之前,各小组根据所学内容,设计调查问卷。
3. 访问调查结束后,各小组对调查结果进行汇总分析,写一份调查报告。
4. 课堂上组织一次交流与讨论,各小组交流调查与访问情况。
5. 由教师根据各成员的调查报告与在讨论中的表现打分。

【内容二】

组建模拟公司

1. 以自愿为原则,6～8人组成一组,各小组根据自己的兴趣与所学知识组建模拟公司。
2. 各模拟公司进行职位分配,确定每个职位的职权与职责,并将该公司管理者进行分类。
3. 写出书面报告,指出该公司各层管理者应具备哪些应有的管理技能。
4. 由教师与学生对各公司组建情况进行评估打分。

第二章 管理理论的形成和发展

重点知识要求

- 了解早期的管理活动和管理思想
- 熟悉管理理论发展的三个阶段
- 理解管理阶段划分的依据
- 掌握每个阶段代表人物的主要思想

重点能力要求

- 对比古典管理理论与行为科学理论的不同
- 了解现代管理理论丛林中最有代表性的理论

导入案例

如何节约时间,以最大地提高组织工作效率并节约成本是摆在各个管理者面前一个不容忽视的问题。日本太阳公司为提高开会效率,实行开会分析成本制度,每次开会时,总是把一个醒目的会议成本分配表贴在黑板上。

成本的算法是:会议成本=每小时平均工资的3倍×2×开会人数×会议时间(小时为单位)。公式中平均工资之所以才乘以3,是因为劳动产值高于平均工资;乘以2是因为参加会议要中断经常性工作,损失要以2倍来计。因此,参加会议的人越多,成本越高。有了成本分析,大家开会态度就会慎重,会议效果也十分明显。

(http://www.doc88.com/p-508834698009.html)

思考题:通过上述案例,你认为管理理论对管理活动具有什么样的作用?

第一节 管理理论的形成与发展

一、管理学发展史概述

管理活动源远流长,自古即有,但形成一套比较完整的理论,则是经历了一段漫长的历史发展过程。从历史上看,管理与人类社会几乎同时产生。自从有了人类社会,人们的社会生活就离不开管理,所以管理的实践早就出现了。而在有了人们的实践之后,才有人对这些实践活动,包括政治的、军事的、经济的、文化的或宗教的活动加以研究和探索。经过长期的积累和总结,对管理实践有了初步的认识和见解,从而开始形成管理思想。随着社会的发展、科学技术的进步,人们又对管理思想进一步加以总结,提出管理中带有规律性的东西,并将其作为一种假设,结合科学技术的发展,在管理实践中进行验证,继而对验证结果加以分析研究,从中提炼出属于管理活动普遍原理的东西。对这些原理的抽象综合,就形成了管理的基本理论。这些理论又被人们运用到管理实践中,指导管理活动的进行,同时又进一步对这些理论进行实践验证,这就是管理学的整个形成过程,也就是从实践到思想再到理论,然后又将理论应用于实践。因此,将管理学的这样一个形成过程同人类社会的发展的不同阶段加以比较和归纳,就可以比较全面地呈现出管理学的形成过程。

(一) 早期管理活动或实践阶段

这是指从人类社会产生,人们结成了一定的社会关系,有了集体劳动的分工、协作开始,到18世纪这一历史阶段。这一阶段人类仅仅为了谋求生存而进行各种活动,自觉不自觉地进行着管理活动和管理的实践,其范围是极其广泛的。但是从未对管理活动本身的重要性和必要性加以认识,提出某些见解。仅有的管理知识是代代相传或从实践经验得来的,人们凭经验去管理,尚未对经验进行科学的抽象。

(二) 早期管理思想的萌芽阶段

这是从18世纪到19世纪末这一历史阶段。这一时期人们逐渐地观察各种管理的实践活动,对管理活动在社会中所起的作用产生了一定的认识。在军事、经济、政治、行政等某些领域或某些环节,提出了某些见解。但这一切都停留在一个较低水平上,还没有能够进一步系统地、全面地加以研究,因而人们对它的认识和见解仅仅散见于一些历史学、哲学、社会学、经济学、军事学等著作之中,只是一些对管理的零碎的研究。这就说明19世纪以前还没有形成一个比较完整的管理理论体系。

(三) 管理理论形成阶段

这是从19世纪末20世纪初开始直到现在这一历史阶段。这一时期随着生产力的高度发展和科学技术的飞跃进步,经过管理学者们不断研究、观察和实践,甚至亲自实践,使对管理的科学认识不断丰富和具体,从而对其进行概括和抽象,这才逐渐地形成管理理论,管理作为一门科学才真正蓬勃地兴起。

二、早期的管理活动和管理思想

管理的活动或实践自古以来就存在,它是随人类集体协作、共同劳动而产生的。人类进行有效的管理实践,大约已超过六千年的历史,早期的一些著名的管理实践和管理思想大都散见于埃及、中国、意大利等国的史籍和宗教文献之中。

以历史记载的古今中外的管理实践来看,素以世界奇迹著称的埃及金字塔、巴比伦古城和中国的万里长城,其宏伟的建设规模足以生动证明人类的管理和组织能力。无论是埃及的金字塔,还是中国的万里长城,在当时的技术条件下,如此浩大的工程,不但是劳动人民勤劳智慧的结晶,同时也是历史上伟大的管理实践。

古罗马帝国之所以兴盛,在很大程度上应归功于卓越的组织才能。他们采取了较为分权的组织管理形式,从一个小城市发展成为一个世界帝国,在公元2世纪取得了统治欧洲和北非的成功,并延续了几个世纪的统治。

罗马天主教会早在第一次工业革命之前,就成功地解决了大规模活动的组织问题。它采用了按地理区域划分基层组织,并在此基础上又采用效率很高的职能分工,在各级组织中配备参谋人员,从而使专业人员和下级参与制定决策的过程,但又不破坏指挥的统一。罗马天主教会之所以能够有效地控制世界各地5亿以上教徒的宗教活动,在很大程度上同它所采用的这一套组织形式有密切关系。

三、中世纪的管理实践与管理思想

公元6世纪到18世纪,欧洲大体上处于奴隶社会末期直至资本主义萌芽时期阶段,社会生产力、商品生产有一定的发展,产生了所谓的"重商主义"。从管理来看,主要出现两种类型的社会经济活动的组织形式:一种是商业行会(trade union)和手工业行会(craft guild);一种是厂商组织(firm organization)。贸易的发展需要管理贸易的机构,于是在11世纪初产生了商业行会。这些商人的组织设在不受封建庄园约束的城镇,特别设置在欧洲的海港和贸易路线的沿途各地。当然,这些人一般来自封建庄园,包括已获得自由的农奴。城镇也保护自己摆脱封建庄园而得到的自由,成为自我管理的共同体。

商人在城镇的聚集,很快引起工匠的聚集。因为庄园的人定期到城镇进行贸易,所以工匠发现在那里容易销售产品。同时也感到有相互团结的需要,于是第二种行会形式——手工业行会在12世纪初在西欧的城镇出现了。每个手工业行会都获得许可证,被授予在特定地区垄断生产某种产品或提供服务的权利。

厂商组织可以算作最早的"前店后厂"。为了筹措资金,有两种主要的形式:合伙(partnership)和联合经营(joint venture)。二者都是未来公司的前身。

在中世纪,管理实践和管理思想都有很大发展。15世纪,世界最大的几家工厂之一的威尼斯兵工厂(Arsenal of Venice),早在当时就采用了流水作业,建立了早期的成本会计制度,并进行了管理的分工,工厂的管事、指挥、领班和技术顾问全权管理生产,而市议会通过一个委员会来干预工厂的计划、采购、财务事宜。这又是一个管理实践的出色范例,也孕育着现代管理思想的雏形。

意大利佛罗伦萨的尼古拉·马基雅维利(Niccolo Machiavelli)于16世纪所著《君主论》一书,对统治者怎样管理国家、怎样更好地运用权威,提出了四条原则:① 群众认可,权威来自群众;② 内聚力,组织要能够长期存在,就要有内聚力,而权威是必须在组织当中行使的;③ 领导能力,掌权之后要能够维持下去,就必须具备领导能力;④ 求生存的意志,就是要"居安思危"。

四、管理学理论的萌芽

中世纪后期,18世纪到19世纪中期,欧洲逐渐成为世界的中心。这时期可以说是欧洲各国在社会、政治、经济、技术等方面经历大变动、大改革的时期:几次大规模的资产阶级革命;城市(主要是商业城市)的发展;资本主义生产方式从封建制度中脱胎而出,这期间家庭手工业制逐步被工厂制所代替。始于英国的工业革命其结果是机器动力代替部分人力——机器大生产和工厂制度的普遍出现,对社会经济的发展产生了重要影响。

随着工业革命以及工厂制度的发展,工厂以及公司的管理越来越突出,也有很多的实践。许多理论家,特别是经济学家,在其著作中越来越多地涉及管理方面的问题。很多实践者(主要是厂长、经理)则着重总结自己的经验,共同探讨管理问题。这些著作和总结,为即将出现的管理运动打下了基础,是研究管理思想发展的重要参考文献。概括起来,其重要意义有以下三个方面:① 促使人们认识和意识到管理是一门具有独立完整体系的学科,值得去探索、研究、丰富和发展;② 预见到管理学的地位将不断提高;③ 区分了管理的职能与企业(厂商)的职能。

这一时期的著作,大体上有两类:一类偏重于理论的研究,即管理职能、原则;另一类则偏重于管理技术、方法的研究。

1. 有关管理职能、原则方面

这方面的学说散见于当时经济学家的一些著作,这些经济学家及其著作主要有:亚当·斯密(Adam Smith)及其《国富论》(1776年);塞缪尔·纽曼(Samuel P. Newman)及其《政治经济学原理》(1835年);约翰·斯图亚特·穆勒(John Stuart Mill)及其《政治经济学原理》(1848年);艾尔弗雷德·马歇尔(Alfred Marshall)及其《工业经济学原理》(1892年)。从管理学的观点看,这些经济学家的论述还比较零碎,就事论事,缺乏系统化、理论化和概括性。大体上来说,所涉及的管理问题,主要有四个方面:① 关于工商关系。② 关于分工的意义及其必然性。劳动的地域分工、劳动的组织分工、劳动的职业分工。③ 关于劳动效率与工资的关系,即"劳动效率递减等级论"。④ 关于管理的职能。

对西方管理理论的形成具有启蒙作用的英国著名经济学家、资产阶级古典政治经济学的杰出代表人物亚当·斯密在其所著《国富论》一书中,分析了劳动分工的经济效益,提出了生产合理化的概念。

纽曼·马歇尔等人则提出了对厂主(同时也是管理者)的要求:选择厂址、控制财务、进行购销活动、培训工人、分配任务、观察市场动向、富于新思想、开拓市场、具有对采用新发明的判断力等。

2. 有关具体的管理技术和方法方面

(1) 普鲁士军事理论家卡尔·冯·克劳斯威茨(Carl Von Clausewitz)认为:"企业简直就是类似于打仗的人类竞争的一种形式"。因此他关于军队管理的概念也适用于任何大型组织的管理,其主要观点如下:① 管理大型组织的必要条件是精心的计划工作,规定组织的目标。② 管理者应该承认不肯定性,从而按照旨在使不肯定性减少到最低限度的要求来全面分析与计划。③ 决策要以科学而不是预感为根据,管理要以分析而不是直觉为根据。

(2) 英国数学家查尔斯·巴贝奇(Charlers Babbage)在亚当·斯密劳动分工理论的基础上,又进一步对专业化问题进行了深入研究。在他1832年发表的《机器与制造业经济学》一书中,对专业化分工、机器与工具使用、时间研究、批量生产、均衡生产、成本记录等问题都做了充分的论述,并且强调要注重人的作用,分析颜色对效率的影响,应鼓励工人提出合理化建议等。该书是管理史上的一部重要文献。另外,他发现了计算机的基本原理,发明了手摇台式计算机,解决了计算工作的繁重问题,因此,有人称巴贝奇是"计算机之父"。

（3）工业革命后的管理实践：苏霍制造厂（Soho Foundry）。人们都知道瓦特改良了蒸汽机，使蒸汽机成为生产动力从而促进了18世纪下半叶的工业革命，然而，很少有人知道他在管理上的成就。1800年，英国博尔顿—瓦特（Boulton & Watt）联合公司所属苏霍制造厂，最早将科学管理运用于制造业。它有科学的工作设计，按更充分地利用机器的要求进行劳动分工和专业化；实行比较切合实际的工资支付办法；有着较完善的记录和成本核算制度。当代出现的许多管理问题，他们都曾遇到过，并努力加以解决。不过那时的管理还没有被系统化为一门学科。

第二节　古典管理理论

一、管理学的产生与形成

"管理运动"（其主要组成部分就是"科学管理"）也是一种历史现象，是一个过程，时间大约从19世纪末至20世纪30年代，大体上有四五十年的时间。管理运动是人们对管理重要性的认识，以及由此而产生的对经济发展的重大影响的过程。它为提高组织效率和生产率提供了一种思路和解决问题的框架。管理运动经历了"三次高潮"，具体如下。

第一次是1911年东方铁路公司提高票价的意见听证会和1912年美国国会为泰罗举行的听证会。当时东方铁路公司要提高客货运价，遭到货主和公众反对。马萨诸塞州州际商业委员会为此举行一次听证会，公众方的律师布兰戴维斯（Brandeis）邀请泰罗等11位工程师作证；只要采用科学管理的技术和方法，铁路公司不必提高票价同样可以盈利。结果公众方胜诉，同时也将科学管理引入了社会。

第二次高潮是1920年美国通用汽车公司的改组。当时公司濒临倒闭，小斯隆（Alfred P. Sloan Jr.）就任总经理，对公司进行了大刀阔斧的改组——实行"集中政策控制下的分权制"，建立多个利润中心。公司很快恢复元气，他们依靠的不是技术，而是管理与组织，因而也认识到管理的范围不仅仅是生产管理，而是要比这大得多。

第三次高潮是1924~1932年梅奥在美国西屋电气公司霍桑工厂进行的试验，结论引起轰动——提出要注意人的因素，这可以看作管理科学的里程碑之一，是一个重要的转折点。

20世纪30年代，爆发了大危机，管理运动受到了影响。但是前后四五十年的运动，引起了人们思想上、观念上的转变，对经济的发展起了重要作用。管理运动为管理学的形成和发展奠定了基础。

二、泰罗与"科学管理"理论

弗雷德里克·温斯洛·泰罗（Frederick Winslow Taylor），出生于美国费城一个富有的律师家庭，中学毕业后考上哈佛大学法律系，但不幸因眼疾而被迫辍学。1875年，他进入一家小机械厂当徒工，1878年转入费城米德瓦尔钢铁厂（Midvale Steel Works）当机械工人，他在该厂一直干到1897年，在此期间，由于工作努力，表现突出，很快先后被提升为车间管理员、小组长、工长、技师、制图主任和总工程师,并在业余学习的基础上获得了机械工程学士学位。在米德瓦尔钢铁厂的实践中,他感到当时的企业管理当局不懂得用科学方法来进行管理,不懂得工作程序、劳动节奏和疲劳因素对劳动生产率的影响,而工人则缺少训练,没有正确的操作方法和适用的工具。这都大大影响了劳动生产率的提高。为了改进管理,他在米德瓦尔钢铁厂进行各种试验。

1898～1901年,泰罗受雇于伯利恒钢铁公司(Bethlehem Steel Company)继续从事管理方面的研究。后来,他取得了一种高速工具钢的专利。1901年后,他更以大部分时间从事咨询、写作和演讲等工作,来宣传他的一套管理理论——"科学管理",即通常所称的"泰罗制",为科学管理理论在美国和国外的传播做出了贡献。

泰罗的研究工作,是在他担任米德瓦尔钢铁厂的工长时开始的。他的特殊经历,使他有可能在工厂的生产第一线系统地研究劳动组织与生产管理问题。在他亲身体验并发现生产效率不高是由于工人们"故意偷懒"的问题后,便决心着手解决它。从1881年开始,他进行了一项"金属切削试验",由此研究出每个金属切削工人工作日的合适工作量。经过两年的初步试验之后,给工人制定了一套工作量标准。他自己认为,米德瓦尔的试验是工时研究的开端。泰罗在米德瓦尔开始进行的金属切削试验延续了26年之久,进行的各项试验达3万次以上,80万磅的钢铁被试验用的工具削成切屑,总共耗费约15万美元。试验结果发现了能大大提高金属切削机工产量的高速工具钢,并取得了各种机床适当的转速和进刀量以及切削用量标准等资料。

1898年,泰罗受雇于伯利恒钢铁公司期间,进行了著名的"搬运生铁块试验"和"铁锹试验"。泰罗在伯利恒钢铁公司的一个生铁塔料场进行搬运生铁和铁锹的研究。该公司有五座高炉生产的生铁,一个由75名工人组成的搬运班负责搬运。每块约重92磅,一名工人平均每天搬运12.5英吨。泰罗对搬运操作进行研究,针对"什么是构成一个第一流工人一整天的工作量? 一个工人在这种最高工作量负担下,既能保证年复一年地胜任工作,又同时保持旺盛的精力,不致损害身体健康"的问题进行研究,并改进操作方法,按新方法训练工人,结果一名工人每天可搬运47.5英吨。研究结果指出工人必须有57%的休息时间,这是工人每天沉重工作所必需,若工作轻,休息时间可以减少。新制度使生铁搬运量由不到12.5英吨增加到47.5英吨。由于这一研究,工厂改进了操作方法,训练了工人,其结果使生铁块的搬运量提高3倍;而工人工资由1.15美元/日,增加到1.85美元/日。

该公司的另一堆料场,雇用400～600人搬运矿砂和煤屑沫,劳动效率很低。泰罗发现劳动效率高的工人大多使用自己的铁锹。用公司的铁锹装卸矿砂时,每锹重达38磅,而装煤屑沫时只有3.5磅,因而泰罗研究何种铁锹最为合适? 研究结果认为:不管是装卸铁矿还是煤屑,以每锹装21.5磅为最佳,即工人一天内可承受的最大的装卸量。为此他设计了两种不同大小的铁锹,装卸铁矿砂时用小锹,装煤屑时用大锹,使工人每动作一次都是21.5磅。训练推广之后,使堆料场的工人减少到140人即可完成任务。并规定了每人每天的定额,完成定额发80%的奖金,达不到定额,只发原工资。从此搬运量每人每天从16英吨提高到56英吨,工人工资由1.15美元/日增加到1.85美元/日。铁锹试验首先是系统地研究铲上的负载量应为多大的问题;其次研究各种材料能够达到标准负载的锹的形状、规格问题,与此同时还研究了各种原料装锹的最好方法的问题。此外还对每一套动作的精确时间做了研究,从而得出一个"一流工人"每天应该完成的工作量。这是工作研究的最初成果,是科学管理形成期间实践科学管理的良好开端。泰罗是用科学调查研究和科学分析方法来研究工作方法,在方法科学的基础上来制定时间标准,代替过去凭经验的方法。

综上所述,这些试验集中于"动作"、"工时"的研究,工具、机器、材料和工作环境等标准化研究,并根据这些成果制定了比较科学的每日工作定额和为完成这些定额的标准化工具。

泰罗一生致力于"科学管理",但他的做法和主张并非一开始就被人们所接受,而是日益引起社会大众的种种议论。于是,美国国会于1912年举行对泰罗制和其他工场管理制的听证会,泰罗在听证会上做了精彩的证词,向公众宣传科学管理的原理及其具体的方法、技术,引起了极大的反响。

"科学管理"理论的主要内容概括为以下八个方面。

(1) 提高效率

科学管理的中心问题是提高效率。泰罗认为,要制定出有科学依据的工人的"合理的日工作量",就必须进行工时和动作研究。方法是选择合适且技术熟练的工人,把他们的每一项动作、每一道工序所使用的时间记录下来,加上必要的休息时间和其他延误时间,就得出完成该项工作所需要的总时间,据此定出一个工人"合理的日工作量",这就是所谓工作定额原理。

(2) "第一流的工人"

为了提高劳动生产率,必须为工作挑选"第一流的工人"。所谓第一流的工人,泰罗认为:"每一种类型的工人都能找到某些工作使他成为第一流的,除了那些完全能做好这些工作而不愿做的人。"在制定工作定额时,泰罗是以"第一流的工人在不损害其健康的情况下维护较长年限的速度"为标准的。这种速度不是以突击活动或持续紧张为基础,而是以工人能长期维持正常速度为基础。泰罗认为,健全的人事管理的基本原则是,使工人的能力同工作相配合,管理当局的责任在于为雇员找到最合适的工作,培训他成为第一流的工人,激励他尽最大的努力来工作。

(3) 标准化原理

要使工人掌握标准化的操作方法,使用标准化的工具、机器和材料,并使作业环境标准化,这就是所谓标准化原理。泰罗认为,必须用科学的方法对工人的操作方法、工具、劳动和休息时间的搭配,机器的安排和作业环境的布置等进行分析,消除各种不合理的因素,把各种最好的因素结合起来,形成一种最好的方法,他把这称作管理当局的首要职责。

(4) 实行刺激性的计件工资报酬制度

为了鼓励工人努力工作、完成定额,泰罗提出了这一原则。这种计件工资制度包含三点内容:① 通过工时研究和分析,制定出一个有科学依据的定额或标准。② 采用一种叫作"差别计件制"的刺激性付酬制度,即计件工资率按完成定额的程度而浮动。例如,如果工人只完成定额的80%,就按80%工资率付酬;如果超过了定额的120%,则按120%工资率付酬。③ 工资支付的对象是工人而不是职位,即根据工人的实际工作表现而不是根据工作类别来支付工资。泰罗认为这样做,既能克服消极怠工的现象,更重要的是能调动工人的积极性,从而促使工人大大提高劳动生产率。

(5) 精神革命

工人和雇主两方面都必须认识到提高效率对双方都有利,都要来一次"精神革命",相互协作,为共同提高劳动生产率而努力。在前面介绍的铁锹试验中,每个工人每天的平均搬运量从16吨提高到59吨;工人每日的工资从1.15美元提高到1.88美元;而每吨的搬运费从7.5美分降到3.3美分。对雇主来说,关心的是成本的降低;而对工人来说,关心的则是工资的提高。所以,泰罗认为这就是劳资双方进行"精神革命",从事协调与合作的基础。

(6) 科学工作法

把计划职能同执行职能分开,变原来的经验工作法为科学工作法。所谓经验工作法是指每个工人用什么方法操作,使用什么工具等,都由他根据自己的或别人的经验来决定。泰罗主张明确划分计划职能与执行职能,由专门的计划部门来从事调查研究,为定额和操作方法提供科学依据;制定科学的定额和标准化的操作方法及工具;拟定计划并发布指示和命令;比较"标准"和"实际情况",进行有效的控制等工作。至于现场的工人,则从事执行的职能,即按照计划部门制定的操作方法和指示,使用规定的标准工具,从事实际的操作,不得自行改变。

(7) 实行"职能工长制"

泰罗主张实行"职能管理",即将管理的工作予以细分,使所有的管理者只承担一种管理职能。他设计出八个职能工长,代替原来的一个工长,其中,四个在计划部门,四个在车间。每个职能工长负责某一方面的工作。在其职能范围内,可以直接向工人发出命令。泰罗认为这种"职能工长制"有三个优点:① 对管理者的培训所花费的时间较少;② 管理者的职责明确,因而可以提高效率;③ 由于作业计划已由计划部门拟定,工具与操作方法也已标准化,车间现场的职能工长只需进行指挥监督,因此,非熟练技术的工人也可以从事较复杂的工作,从而降低整个企业的生产费用。后来的事实表明,一个工人同时接受几个职能工长的多头领导,容易引起混乱。所以,"职能工长制"没有得到推广。但泰罗的这种职能管理思想为以后职能部门的建立和管理的专业化提供了参考。

(8) 例外原则

在组织机构的管理控制上实行例外原则。泰罗等人认为,规模较大的企业组织和管理,必须应用例外原则,即企业的高级管理人员把例行的一般日常事务授权给下级管理人员去处理,自己只保留对例外事项的决定和监督权。这种以例外原则为依据的管理控制原理,以后发展成为管理上的分权化原则和实行事业部制管理体制。

泰罗在管理方面的主要著作有:《计件工资制》(1895年)、《车间管理》(1903年)、《科学管理原理》(其中包括在国会上的证词,1912年)。泰罗通过这一系列的著作,总结了几十年试验研究的成果,归纳了自己长期管理实践的经验,概括出一些管理原理和方法,经过系统化整理,形成了"科学管理"的理论。泰罗在管理理论方面做了许多重要的开拓性工作,为现代管理理论奠定了基础。由于他的杰出贡献,他被后人尊为"科学管理之父",这个称号被铭刻在他的墓碑上。

由于泰罗的自身条件、背景以及当时所处的社会条件,不可避免地会影响到其进行"科学管理"研究的方法、效率、思路等,使得其对管理较高层次的研究相对较少,理论深度也相对显得不足。而"科学管理"理论或称"泰罗制"也并非泰罗一个人的发明,就像英国管理学家林德尔·厄威克(Lyndall F. Urwick)所指出的:"泰罗所做的工作并不是发明某种全新的东西,而是把整个19世纪在英美两国产生、发展起来的东西加以综合而成的一整套思想。他使一系列无条理的首创事物和实验有了一个哲学体系,称之为'科学管理'。"但总的来说,其研究范围始终没有超出劳动作业的技术过程,没有超出车间管理的范围。

三、吉尔布雷斯夫妇

吉尔布雷斯是公认的工业工程的另一位巨匠。他也是一名工程师,明显地受到泰罗的影响。他对于提高生产率的着重点和泰勒有所不同,泰勒把注意力大部分集中在工作的计划与组织上,其次是完成工作的方法和时间上。而吉尔布雷斯夫妇是动作研究的创始者,也是有关工人及其作业的科学研究创始者。他们以技能研究、疲劳研究和时间研究等方面的成就著称于世。吉尔布雷斯的研究工作得到了妻子(心理学博士莉莲·吉尔布雷斯)的热情支持,他的妻子是一位心理学家,获得心理学博士学位,在研究"人"的问题中做出

过贡献。而工业工程区别于其他工程学科的唯一特点是对于人的价值、作用,以及人对工作环境的反应的重视。他们把人的"动作"分成若干个细微动作或"动素"(threbligs),使人们对人的工作的科学分析深化了,对以后的研究工作有深远的影响,推动了以后乃至今天的动作研究。

吉尔布雷斯认为:细微动作不当,成千上万次重复是造成惊人浪费的主要原因。为了研究生产过程中动作经济原理,他研究了人的双手和身体其他部位的细微动作。1912年,他把动作研究方面的成果——17个基本动素发表于美国机械工程师学会,后来机械工程师学会加了一项发现(find),将人体动作分为18项。

吉尔布雷斯1895年受雇于一家营造商,其年轻的时候曾研究过砌砖,他重视每一细微动作的研究,重视细微动作的积累效果,重视材料、工具设备、技巧和个人因素的密切结合,他对科学管理感兴趣,决定把这种原理应用到砌砖工艺上去。他对砌砖过程的每一个动作进行认真分析、研究,把所有不必要的动作除掉,对影响砌砖工作的操作速度和导致疲劳的每一个细小因素都进行认真研究。他发现砖工所用的方法各异,工具不同,效果也不一样。比如工人取砖弯腰很吃力,很容易疲劳而降低工效,故他首先改进用升降办法来传递补送砖块,大大减轻了工人疲劳,其次用普工将砖块无破损的一面的方向固定,节省

了砖工的工时和开支。后来又决定灰浆水分比例,使之干湿有度,一下子把砖工的砌砖动作由18个压缩为5个,并对工人进行精心培训,当工人掌握新方法之后,每一砖工每小时可砌砖350块,而老方法只有120块,工作效率大大提高了。

砌砖方法的成功,对吉尔布雷斯夫妇发展动作研究理论起了很大作用,他们进行的动作分析、微动作研究、操作程序图、节约动作原则等理论和方法,对工时学是一大贡献,至今仍为工业发达国家所运用。

美国工程师弗兰克·吉尔布雷斯与夫人在动作研究和工作简化方面做出了特殊贡献。他们采用两种手段进行时间与动作研究:① 工人的操作动作分解为17种基本动作,吉尔布雷斯称之为"therbligs"(这个字即为吉尔布雷斯英文名字母的倒写);② 用拍影片的方法,记录和分析工人的操作动作,寻找合理的最佳动作,以提高工作效率。通过这些手段,他们纠正了工人操作时某些不必要的多余动作,形成了快速准确的工作方法。与泰罗不同的是,吉尔布雷斯夫妇在工作中开始注意到人的因素,在一定程度上试图把效率和人的关系结合起来。吉尔布雷斯毕生致力于提高效率,即通过减少劳动中的动作浪费来提高效率,被人们称之为"动作专家"。

四、法约尔及其管理理论

亨利·法约尔(Henry Fayol),法国人,1860年从圣艾帝安国立矿业学院毕业后进入康门塔里—福尔香堡(Comentry-Fourchambault)采矿冶金公司,成为一名采矿工程师,并在此度过了整个职业生涯。从采矿工程师后任矿井经理直至公司总经理,由一名工程技术人员逐渐成为专业管理者,他在实践中逐渐形成了自己的管理思想和管理理论,对管理学的形成和发展做出了巨大的贡献。

1916年问世的名著《工业管理与一般管理》是法约尔一生管理经验和管理思想的总结。他认为他的管理理论虽然是以大企业为研究对象,但除了可应用于工商企业之外,还适用于政府、教会、慈善团体、军事组织以及其他各种事业。所以,人们一般认为法约尔是第一个概括和阐述一般管理理论的管理学家。他的理论概括起来大致包括以下两点。

1. 企业的基本活动与管理的五项职能

法约尔指出,任何企业都存在着六种基本活动,而管理只是其中之一。这六种基本活动是:① 技术活动(指生产、制造、加工等);② 商业活动(指购买、销售、交换等);③ 财务活动(指资金的筹措和运用);④ 安全活动(指设备维护和职工安全等);⑤ 会计活动(指货物盘存、成本统计、核算等);⑥ 管理活动(其中又包括计划、组织、指挥、协调和控制五项职能活动)。在这六种基本活动中,管理活动处于核心地位,即企业本身需要管理,同样的,其他五项属于企业的活动也需要管理。

2. 法约尔的14条管理原则

法约尔根据自己的工作经验,归纳出14条简明的管理原则。

(1) 分工。他认为这不仅是经济学家研究有效地使用劳动力的问题,而且也是在各种机构、团体、组织中进行管理活动所必不可少的工作。

（2）职权与职责。他认为职权是发号施令的权力和要求服从的威望。职权与职责是相互联系的，在行使职权的同时，必须承担相应的责任，有权无责或有责无权都是组织上的缺陷。

（3）纪律。纪律是管理所必需的，是对协定的尊重。这些协定以达到服从、专心、干劲，以及尊重人的仪表为目的。就是说组织内所有成员通过各方所达成的协议对自己在组织内的行为进行控制，它对企业的成功与否极为重要，要尽可能做到严明、公正。

（4）统一指挥。指组织内每一个人只能服从一个上级并接受他的命令。

（5）统一领导。指一个组织，对于目标相同的活动，只能有一个领导，一个计划。

（6）个人利益服从整体利益。即个人和小集体的利益不能超越组织的利益。当二者不一致时，主管人员必须想办法使其一致起来。

（7）个人报酬。报酬与支付的方式要公平，给雇员和雇主以最大可能的满足。

（8）集中化。这主要指权力的集中或分散的程度问题。要根据各种情况，包括组织的性质、人员的能力等，来决定"产生全面的最大收益"的那种集中程度。

（9）等级链。指管理机构中，最高一级到最低一级应该建立关系明确的职权等级系列，这既是执行权力的线路，也是信息传递的渠道。一般情况下不要轻易地违反它，但在特殊情况下，为了克服由于统一指挥而产生的信息传递延误，法约尔设计出一种"跳板"，也叫"法约尔桥"（Fayol bridge）。

（10）秩序。指组织中的每个成员应该规定其各自的岗位，"人皆有位，人称其职"。

（11）公正。主管人员对其下属仁慈、公平，就可能使其下属对上级表现出热心和忠诚。

（12）保持人员的稳定。如果人员不断变动，工作将收不到良好的效果。

（13）首创精神。这是提高组织内各级人员工作热情的主要源泉。

（14）团结精神。指必须注意保持和维护每一集体中团结、协作、融洽的关系，特别是人与人之间的相互关系。

法约尔强调指出，以上14条原则在管理工作中并非死板和绝对的准则，需要尺度控制。在同样的条件下，几乎从不两次使用同一原则来处理事情，应当注意各种可变因素的影响。因此，这些原则是灵活的，是可以适应于一切需要的，但其真正的本质在于懂得如何运用它们。这是一门很难掌握的艺术，它要求智慧、经验、判断和注意尺度（也即"分寸"）。

法约尔认为，人的管理能力可以通过教育来获得，可以也应该像技术能力一样，首先在学校里，然后在车间里得到。为此，他提出了一套比较全面的管理理论，首次指出管理理论具有普遍性，可以用于各个组织之中。他把管理视为一门学科，提出在学校设置这门课程，并在社会各个领域宣传、普及和传授管理知识。

综上所述，法约尔关于管理过程和管理组织理论的开创性研究，其中特别是关于管理职能的划分以及管理原则的描述，对后来的管理理论研究具有非常深远的影响。此外，他还是一位概括和阐述一般管理理论的先驱者，是伟大的管理教育家，后人称他为"管理过程之父"。

五、韦伯理想的行政组织体系理论

马克斯·韦伯(Max Weber)是德国著名的社会学家,他对法学、经济学、政治学、历史学和宗教学都有广泛的兴趣。他在管理理论上的研究主要集中在组织理论方面,主要贡献是提出了所谓理想的行政组织体系理论。这集中反映在他的代表作《社会组织与经济组织》一书中。这一理论的核心是组织活动要通过职务或职位而不是通过个人或世袭地位来管理。他也认识到个人魅力对领导作用的重要性。他所讲的"理想的",不是指最合乎需要,而是指现代社会最有效和最合理的组织形式。之所以是"理想的",因为它具有如下一些特点:

(1) 明确的分工。即每个职位的权利和义务都应有明确的规定,人员按职业专业化进行分工。

(2) 自上而下的等级系统。组织内的各个职位,按照等级原则进行法定安排,形成自上而下的等级系统。

(3) 人员的任用。人员的任用要完全根据职务的要求,通过正式考试和教育训练来实行。

(4) 职业管理人员。管理人员有固定的薪金和明文规定的升迁制度,是一种职业管理人员。

(5) 遵守规则和纪律。管理人员必须严格遵守组织中规定的规则和纪律以及办事程序。

(6) 组织中人员之间的关系。组织中人员之间的关系完全以理性准则为指导,只受职位关系而不受个人情感的影响。这种公正不倚的态度,不仅适用于组织内部,而且适用于组织与外界的关系。

韦伯认为,这种高度结构的、正式的、非人格化的理想行政组织体系是人们进行强制控制的合理手段,是达到目标、提高效率的最有效形式。这种组织形式在精确性、稳定性、纪律性和可靠性方面都优于其他组织形式,能适用于所有的管理工作及当时日益增多的各种大型组织,如教会、国家机构、军队、政党、经济企业和各种团体。韦伯的这一理论,对泰罗、法约尔的理论是一种补充,对后来的管理学家们,尤其是组织理论学家则有很大的影响,他被称为"组织理论之父"。

第三节 行为科学管理理论

一、梅奥及其霍桑试验

乔治·埃尔顿·梅奥(George Elton Mayo),是原籍澳大利亚的美国行为科学家。1924~1932年,美国国家研究委员会和西方电气公司合作,由梅奥负责进行了著名的霍桑试验(Hawthorne Experiment),即在西方电气公司所属的霍桑工厂,为测定各种有关因素对生产效率的影响程度而进行的一系列试验,由此产生了人际关系学说。试验分四个阶段。

第一阶段，工场照明试验(1924~1927年)。该试验是选择一批工人分为两组：一组为"试验组"，先后改变工场照明强度，让工人在不同照明强度下工作；另一组为"控制组"，让工人在照明度始终维持不变的条件下工作。试验者希望通过试验得出照明度对生产率的影响，但试验结果发现，照明度的变化对生产率几乎没有什么影响。这个试验似乎以失败告终，得出了两条结论：(1)工场的照明只是影响工人生产效率的一项微不足道的因素；(2)由于牵涉因素太多，难以控制，且其中任何一个因素足以影响试验结果，故照明对产量的影响无法准确测量。

第二阶段，继电器装配室试验(1927年8月至1928年4月)。试验旨在研究各种工作条件的变动对小组生产率的影响，以便能够更有效地控制影响工作效果的因素。通过材料供应、工作方法、工作时间、劳动条件、工资、管理作风与方式等各个因素对工作效率影响的试验，发现无论各个因素如何变化，产量都是增加的。其他因素对生产率也没有特别的影响，而似乎是由于督导方法的改变，使工人工作态度也有所变化，因而产量增加。

第三阶段，大规模的访问与调查(1928~1931年)。两年内他们在上述试验的基础上进一步开展了全公司范围的普查与访问，调查了2万多人次，发现所得结论与上述试验所得相同，即"任何一位员工的工作绩效，都受到其他人的影响"。于是研究进入第四阶段。

第四阶段，接线板接线工作室试验(1931~1932年)。以集体计件工资制刺激，企图形成"快手"对"慢手"的压力以提高效率。公司当局给他们规定的产量标准是焊合7 312个接点，但他们完成的只有6 000~6 600个接点。试验发现，工人既不会为超定额而充当"快手"，也不会因完不成定额而成"慢手"，当他们达到他们自认为是"过得去"的产量时就会自动松懈下来。其原因是，生产小组无形中形成默契的行为规范，即工作不要做得太多，否则就是"害人精"；工作不要做得太少，否则就是"懒惰鬼"；不应当告诉监工任何会损害同伴的事，否则就是"告密者"；不应当企图对别人保持距离或多管闲事；不应当过分喧嚷，自以为是等。根本原因则有三：一是怕标准再度提高；二是怕失业；三是为保护速度慢的同伴。这一阶段的试验，还发现了"霍桑效应"，即对于新环境的好奇和兴趣，足以导致较佳的成绩，至少在初始阶段是如此。

通过四个阶段历时近8年的霍桑试验，梅奥等人认识到，人们的生产效率不仅要受到生理方面、物理方面等因素的影响，更重要的是受到社会环境、社会心理等方面的影响。这个结论的获得是相当有意义的，这对"科学管理"只重视物质条件，忽视社会环境、社会心理对工人的影响来说，是一个重大的修正。

根据霍桑试验，梅奥于1933年出版了《工业文明中人的问题》一书，提出了与古典管理理论不同的新观点，主要归纳为以下几个方面。

(1)工人是"社会人"，而不是单纯追求金钱收入的"经济人"。作为复杂社会系统成员，金钱并非刺激积极性的唯一动力，他们还有社会、心理方面的需求，因此社会和心理因素等方面所形成的动力，对效率有更大的影响。

(2)企业中除了"正式组织"之外，还存在着"非正式组织"，这种非正式组织是企业成员在共同工作的过程中,由于具有共同的社会感情而形成的非正式团体。这种无形组织有它特殊的感情、规范和倾向,左右着成员的行为。古典管理理论仅注重正式组织的作用,这是很不够的。非正式组织不仅存在,而且同正式组织是相互依存的,对生产率的提高有很大影响。

(3) 新型的领导在于通过对职工"满足度"的增加,来提高工人的"士气",从而达到提高效率的目的。生产率的升降,主要取决于工人的士气,即工作的积极性、主动性与协作精神,而士气的高低,则取决于社会因素特别是人群关系对工人的满足程度,即他的工作是否被上级、同伴和社会所承认。满足程度越高,士气也越高,生产效率也就越高。所以,领导的职责在于提高士气,善于倾听和沟通下属职工的意见,使正式组织的经济需求和工人的非正式组织的社会需求之间保持平衡。这样就可以解决劳资之间乃至整个"工业文明社会"的矛盾和冲突,提高效率。

梅奥等人的人际关系学说的问世,开辟了管理和管理理论的一个新领域,并且弥补了古典管理理论的不足,更为以后行为科学的发展奠定了基础。

二、X—Y 理论

美国麻省理工学院教授、著名的行为学家道格拉斯·麦格雷戈在 1957 年出版的《管理评价》杂志中发表的"企业的人性面"一文中首先提出了著名的"X—Y 理论"。

麦格雷戈在研究企业管理时,发现企业管理中出现的问题,不是由于管理人员对工人的片面认识而造成的。他对古典管理理论和行为管理理论中有关人性的假设进行了系统的归纳和总结,并将其称为 X 理论,并创造性地提出了与 X 理论截然相反的 Y 理论。

(1) X 理论是建立在古典管理理论和行为科学管理基础之上的,其主要观点为:① 一般人天生懒惰,好逸恶劳,并尽量逃避工作;② 对大多数人必须运用强制、监督和控制以及威胁和惩罚等手段才能使他们为实现组织目标而努力;③ 一般人抱负少,因而愿意被领导,不愿意承担责任和风险,以求安全。

(2) Y 理论主要包括如下观点:① 人并非天生就厌恶工作,他们在工作中运用体力和脑力,正如娱乐和休息一样自然。他们对工作的喜爱或憎恶,取决于工作对其究竟是一种满足还是一种惩罚;② 外部控制和惩罚的威胁并不是促使人们为现实组织目标而努力的唯一办法,人们对自己所参与的目标能实行自我指挥和自我控制;③ 对目标的参与与获得的报酬是息息相关的,而在这些报酬中又以自尊和自我实现需要的满足为先,它能促使人们为实现组织目标而努力;④ 大多数人并非天生就对组织的要求采取消极或抵制的态度,在正常情况下,人们不仅能学会接受责任,而且还会愿意承担责任;⑤ 大多数人在解决组织问题时都具有相当高的想象力和创造力,但在现代工业社会中,这些潜能未能充分发挥出来。

麦格雷戈将 Y 理论称为"个人目标与组织目标相结合的理论",认为它能使组织成员在努力实现组织目标的同时,还能最好地实现个人目标。

三、管理科学理论

第二次世界大战时期,英国为解决国防需要而产生"运筹学"(operational research,OR),发展了新的数学分析和计算技术,例如统计判断、线性规划、排队论、博弈论、统筹法、模拟法、系统分析等。这些成果应用于管理工作就产生了"管理科学理论",其主要内容是一系列的现代管理方法和技术。提出这一理论的代表人物是美国研究管理学和现代生产管理方法的著名学者伯法(E. S. Buffa)等人。他们开拓了管理学的另一个广阔的研究领域,使管理从以往定性的描述走向了定量的预测阶段。

"管理科学"理论是指以现代自然科学和技术科学的最新成果(如先进的数学方法、电子计算机技术以及系统论、信息论、控制论等)为手段,运用数学模型,对管理领域中的人力、物力、财力进行系统的定量的分析,并做出最优规划和决策的理论。这一理论是在第二次世界大战之后,与行为科学平行发展起来的。从历史渊源来看,"管理科学"是泰罗科学管理的继承和发展,因为它的主要目标也是探求最有效的工作方法或最优方案,以最短的时间、最少的支出,取得最大的效果。但它的研究范围已远远不是泰罗时代的"操作方法"和"作业研究",而是面向整个组织的所有活动,并且它所采用的现代科技手段也是泰罗时代所无法比拟的。"管理科学"理论的主要内容包括以下三个方面。

1. 运筹学

运筹学是"管理科学"理论的基础,是在第二次世界大战中,以杰出的物理学家布莱克特(P. M. S. Blackett)为首的一部分英国科学家为了解决雷达的合理布置问题而发展起来的数学分析和计算技术。就其内容讲,这是一种分析的、实验的和定量的科学方法,专门研究在既定的物质条件(人力、物力、财力)下,为达到一定的目的,运用科学的方法,主要是数学的方法,进行数量分析,统筹兼顾研究对象的整个活动所有各个环节之间的关系,为选择出最优方案提供数量上的依据,以便做出综合性的合理安排,最经济、最有效地使用人力、物力、财力,以达到最大的效果。运筹学后来被运用到管理领域,由于研究的不同,又形成了许多新的分支,主要有以下六点。

(1) 规划论。用来研究如何充分利用企业的一切资源,包括人力、物资、设备、资金和时间,最大限度地完成各项计划任务,以获得最优的经济效益。规划论根据不同情况又可分为线性规划、非线性规划和动态规划。

(2) 库存论。用来研究在什么时间,以什么数量,从什么地方供应,来补充零部件、器件、设备、资金等库存,既保证企业能有效运转,又使保持一定库存和补充采购的总费用最少。

(3) 排队论。主要是用来研究在公用服务系统中,设置多少服务人员或设备最为合适,既不使顾客或使用者长时间地排队等候,又不使服务人员及设备过久地闲置。

(4) 对策论。又称博弈论,主要是用来研究在利益相互矛盾的各方竞争性活动中,如何使自己一方获得最大期望利益或产生最小期望损失,并求出战胜对方的最优策略。

(5) 搜索论。用来研究在寻找某种对象(如石油、煤矿、铁矿以及产品中的废品)的过程中,如何合理使用搜索手段(包括人、物、资金和时间),以便取得最好的搜索效果。

(6) 网络分析。是利用网络图对工程进行计划和控制的一种管理技术,常用的有"计划评审技术"(简称 PERT)和"关键线路法"(简称 CPM)。

2. 系统分析

系统分析这一概念是由美国兰德公司 1949 年首先提出的,意思是把系统的观点和思想引入管理的方法之中,认为事物是极其复杂的系统。运用科学和数学的方法对系统中事件的研究和分析,就是系统分析。其特点就是解决管理问题时要从全局出发,进行分析和研究,制定出正确的决策。因此,系统分析一般有如下五个步骤。

(1) 首先弄清并确定这一系统的最终目的,同时明确每个特定阶段的阶段性目标和任务。

(2) 必须把研究对象看作一个整体,是一个统一的系统,然后确定每个局部要解决的任务,研究它们之间,以及它们与总体目标之间的相互关系和相互影响。

(3) 寻求达到总体目标及与其相联系的各个局部任务和可供选择的方案。

(4) 对可供选择的方案进行分析比较,选出最优方案。

(5) 组织各项工作的实施。

系统分析和运筹学作为逻辑和计量方法,它们的共性很多。一般认为,系统分析研究的范围更广泛一些,多用于战略性质的高级决策研究,而运筹学研究的范围相对较窄一些,一般多用于战术性的分析论证。但在实际中,作为决策工具,往往是两种方法共同使用,互相补充的。

3. 决策科学化

这是指决策时要以充足的事实为依据,采取严密的逻辑思考方法。对大量的资料和数据按照事物的内在联系进行系统分析和计算,遵循科学的程序,做出正确的决策。上述"管理科学"理论的两项内容就是为决策科学化提供分析思路和分析技术的,同时,它所使用的先进工具——电子计算机和管理信息系统也为决策科学化提供了可能和依据。

"管理科学"理论的基本特征是:以系统的观点,运用数学、统计学的方法和电子计算机的技术,为现代管理的决策提供科学的依据,通过计划与控制解决各项生产与经营问题。这一理论认为,管理就是应用各种数学模型和特征来表示计划、组织、控制、决策等合乎逻辑的程序,求出最优的解决方案,以达到企业的目标。

"管理科学"理论把现代科学方法运用到管理领域中,为现代管理决策提供了科学的方法。它使管理理论研究从定性转向定量,在科学的轨道上前进了一大步,同时它的应用对企业管理水平和效率的提高也起到了很大作用。但是,同其他理论一样,它也有自己的弱点:① 把管理中与决策有关的各种复杂因素全部数量化,是不可能也不现实的;② 这一理论忽略了人的因素,这不能不说是它的一大缺陷;③ 管理问题的研究与实践,不可能也不应该完全只依靠定量的分析,而忽视定性的分析。尽管如此,它的科学性还是被人们所普遍承认。

第四节　现代管理理论的主要学派及其发展

一、现代管理理论丛林

进入20世纪50年代，现代管理思想的发展异常活跃，众多的学者，从不同方向、不同角度，采用不同方法研究管理问题，各树一帜，建立了许多管理理论学派，形成了管理理论研究的分散化。美国管理学者孔茨和奥唐奈将各种管理理论并存的现象比喻为"热带丛林"，并称之为"管理理论丛林"。

1. 管理过程学派

他们把管理看作在组织中通过别人或同别人一起完成工作的过程，应该分析这一过程，从理论上加以概括，确定一些基础性的原理，并由此形成一种管理理论。有了管理理论，就可以通过研究，通过对原理的实验，通过传授管理过程中包含的基本原则，改进管理的实践。管理过程学派的创始人是亨利·法约尔。这个学派把它的管理理论建立在以下7条基本信念的基础上：① 管理是一个过程，可以通过分析管理人员的职能从理性上很好地加以剖析。② 可以从管理经验中总结出一些基本道理或规律。这些就是管理原理。它们对认识和改进管理工作能起一种说明和启示的作用。③ 可以围绕这些基本原理开展有益的研究，以确定其实际效用，增大其在实际中的作用和适用范围。④ 这些原理只要还没有被证明为不正确或被修正，就可以为形成一种有用的管理理论提供若干要素。⑤ 就像医学和工程学那样，管理是一种可以依靠原理的启发而加以改进的技能。⑥ 即使在实际应用中由于背离了管理原理而造成损失，但管理学中的原理，如同生物学和物理学中的原理一样，仍然是可靠的。⑦ 尽管管理人员的环境和任务受到文化、物理、生物等方面的影响，但管理理论并不需要把所有的知识都包括进来才能起一种科学基础或理论基础的作用。

2. 人际关系学派

这一学派是从20世纪60年代的人类行为学派演变来的。这个学派认为，既然管理是通过别人或同别人一起去完成工作，那么，对管理学的研究就必须围绕人际关系这个核心来进行。这个学派把有关的社会科学原有的或新近提出的理论、方法和技术用来研究人与人之间和人群内部的各种现象，从个人的品性动态一直到文化关系，无不涉及。这个学派注重管理中"人"的因素，认为在人们为实现其目标而结成团体一起工作时，他们应该互相了解。

3. 群体行为学派

这一学派是从人类行为学派中分化出来的，因此同人际关系学派关系密切，甚至易于混同。但它关心的主要是群体中人的行为，而不是人际关系。它以社会学、人类学和社会心理学为基础，而不以个人心理学为基础。它着重研究各种群体行为方式。从小群体的文化和行为方式，到大群体的行为特点，都在它研究之列。它也常被叫作"组织行为学"。"组织"一词在这里可以表示公司、政府机构、医院或其他任何一种事业中一组群体关系的体系和类型。有时则按切斯特·巴纳德的用法,组织用来表示人们间的协作关系。而所谓正式组织则指一种有着自觉的精心筹划的共同目的的组织。克里斯·阿吉里斯甚至用"组织"一词来概括"集体事业中所有参加者的所有行为"。

4. 经验(案例)学派

这个学派通过分析经验(常常就是案例)来研究管理。其依据是,管理学者和实际管理工作者通过研究各色各样的成功和失败的管理案例,就能理解管理问题,自然学会有效地进行管理。

这个学派有时也想得出一般性的结论,但往往只不过是把它当成一种向实际管理工作者和管理学者传授经验的手段。典型的情况是,他们把管理学或管理"策略"看成是对案例进行分析研究的手段,或者采用类似欧内斯特·戴尔的"比较法"。

5. 社会协作系统学派

它与行为学派关系密切而且常常互相混同。有些人,如马奇和西蒙,把社会系统(一种文化的相互关系系统)只限于正式组织,把"组织"这个词同企业等同起来,而不是指管理学中最常用的那项职权活动概念。另外一些人则不区分正式组织和非正式组织,而把所有人类关系的各种系统都包括进来。这个学派的创始人是切斯特·巴纳德。这个学派对管理学做出过许多值得关注的贡献。把有组织的企业看成一个受文化环境的压力和冲突支配的社会有机体,这对管理的理论和实际工作人员都是有帮助的。而在另外一些方面,如对组织职权的制度基础的认识,对非正式组织的影响的认识,以及对怀特·巴基称之为"组织黏合剂"的一些社会因素的认识,则帮助更大。巴纳德还有其他一些颇有教益的见解,如他的关于激励的经济性的思想,把社会学认识引入管理实践之中,等等。

6. 社会技术系统学派

这一学派的创始人是特里司特及其在英国塔维斯托克研究所中的同事。他们通过对英国煤矿中长壁采煤法生产问题的研究,发现只分析企业中的社会方面是不够的,还必须注意其技术方面。他们发现,企业中的技术系统(如机器设备和采掘方法)对社会系统有很大的影响。个人态度和群体行为都受到人们在其中工作的技术系统的重大影响。因此,他们认为,必须把企业中的社会系统同技术系统结合起来考虑,而管理者的一项主要任务就是要确保这两个系统相互协调。

7. 决策理论学派

这一学派的人数正在增加,而且都是些学者。他们的基本观点是,由于决策是管理的主要任务,因而应集中研究决策问题。他们认为,管理是以决策为特征的,所以管理理论应围绕决策这个核心来建立。作为管理学科的一个重要学派,决策理论学派着眼于合理的决策,即研究如何从各种可能的抉择方案中选择一种"令人满意"的行动方案。赫伯特·西蒙是决策学派的主要代表人物。

8. 数学学派或"管理科学"学派

尽管各种管理理论学派都在一定程度上应用数学方法,但只有数学学派把管理看成一个数学模型和程序的系统。一些知名的运筹学家或运筹分析家就属于这个学派。这个学派的人士有时颇为自负地给自己冠上一个"管理科学家"的美名。这类人的一个永恒的信念是,只要管理,或组织,或计划,或决策是一个逻辑过程,就能用数学符号和运算关系来予以表示。这个学派的主要方法就是模型。借助于模型可以把问题用它的基本关系和选定目标表示出来。由于数学方法大量应用于最优化问题,可以说,它同决策理论有着密切的关系。当然,编制数学模型绝不限于决策问题。

9. 经理角色学派

这是最新的一个学派,同时受到管理学者和实际管理者的重视,其推广得力于亨利·明茨伯格。这个学派主要通过观察经理的实际活动来明确经理角色的内容。对经理(从总经理到领班)实际工作进行研究的人早就有,但把这种研究发展成为一个众所周知的学派的却是明茨伯格。

明茨伯格系统地研究了不同组织中5位总经理的活动,得出结论:总经理们并不按人们通常认为的那种职能分工行事,即只从事计划、组织、协调和控制工作,而是还进行许多别的活动。

明茨伯格根据他自己和别人对经理实际活动的研究,认为经理扮演着10种角色。

(1) 人际关系方面的角色有3种:① 挂名首脑角色(作为一个组织的代表执行礼仪和社会方面的职责);② 领导者角色;③ 联系人角色(特别是同外界联系)。

(2) 信息方面的角色有3种:① 信息接受者角色(接受有关企业经营管理的信息);② 信息传播者角色(向下级传达信息);③ 发言人角色(向组织外部传递信息)。

(3) 决策方面的角色有4种:① 领导者角色;② 故障排除者角色;③ 资源分配者角色;④ 谈判者角色(与各种人和组织打交道)。

二、管理理论的发展

1. 系统管理理论

系统管理理论是应用系统理论的范畴、原理,全面分析和研究企业和其他组织的管理活动和管理过程,重视对组织结构和模式的分析,并建立起系统模型以便于分析。这一理论是卡斯特(F. E. Kast)、罗森茨威克(J. E. Rosenzweig)和约翰逊(R. A. Johnson)等美国管理学家在一般系统论的基础上建立起来的,其理论要点主要有以下三点。

(1) 企业是由人、物资、机器和其他资源在一定的目标下组成的一体化系统,它的成长和发展同时受到这些组成要素的影响,在这些要素的相互关系中,人是主体,其他要素则是被动的。

(2) 企业是一个由许多子系统组成的、开放的社会技术系统。企业是社会这个大系统中的一个子系统,它受到周围环境(顾客、竞争者、供货者、政府等)的影响,也同时影响环境。它只有在与环境的相互影响中才能达到动态平衡。在企业内部又包含着若干子系统,它们是:① 目标和准则子系统,包括遵照社会的要求和准则,确定战略目标;② 技术子系统,包括为完成任务必需的机器、工具、程序、方法和专业知识;③ 社会心理子系统,包括个人行为、动机、地位和作用关系,组织成员的智力开发,领导方式,以及正式组织系统与非正式组织系统等;④ 组织结构子系统,包括对组织及其任务进行合理划分和分配、协调它们的活动,并由组织图表、工作流程设计、职位和职责规定、章程与案例来说明,还涉及权力类型、信息沟通方式等问题;⑤ 外界因素子系统,包括各种市场信息、人力与物力资源的获得,以及外界环境的反映与影响等。此外,还有一些子系统,如经营子系统、生产子系统,等等。这些子系统还可以继续分为更小的子系统。

(3) 运用系统观点来考察管理的基本职能,可以提高组织的整体效率,使管理人员不至于只重视某些与自己有关的特殊职能而忽视了大目标,也不至于忽视自己在组织中的地位与作用。

2. 权变管理理论

权变管理理论(contingency theory of management)是20世纪70年代在美国形成的一种管理理论。这一理论的核心就是力图研究组织的各子系统内部和各子系统之间的相互联系,以及组织和它所处的环境之间的联系,并确定各种变数的关系类型和结构类型。它强调在管理中要根据组织所处的内外部条件随机应变,针对不同的具体条件寻求不同的最合适的管理模式、方案或方法。

美国尼布拉加斯大学教授卢桑斯(F. Luthans)在1976年出版的《管理导论:一种权变学》一书中系统地概括了权变管理理论。他认为:

(1) 过去的管理理论可分为四种,即过程学说、计量学说、行为学说和系统学说,这些学说由于没有把管理和环境妥善地联系起来,其管理观念和技术在理论上与实践相脱节,所以都不能使管理有效地进行。而权变理论就是要把环境对管理的作用具体化,并使管理理论与管理实践紧密地联系起来。

(2) 权变管理理论就是考虑到有关环境的变数同相应的管理观念和技术之间的关系,使采用的管理观念和技术能有效地达到目标。在通常情况下,环境是自变量,而管理的观念和技术是因变量。这就是说,如果在某种环境条件下,对于更快地达到目标来说,采用某种管理原理、方法和技术是必要的,那么就要采用。比如,如果在经济衰退时期,企业在供过于求的市场中经营,采用集权的组织结构,就更适于达到组织目标;如果在经济繁荣时期,在供不应求的市场中经营,那么采用分权的组织结构可能会更好一些。

(3) 环境变量与管理变量之间的函数关系就是权变关系,这是权变管理理论的核心内容。环境可分为外部环境和内部环境。外部环境又可以分为两种:一种是由社会、技术、经济和政治、法律等所组成;另一种是由供应者、顾客、竞争者、雇员、股东等组成。内部环境基本上是正式组织系统,它的各个变量与外部环境各变量之间是相互关联的。决策、交流和控制、技术状况等管理变量包括上面所列四种学说所主张的管理观念和技术。

总之,权变管理理论的最大特点是:① 它强调根据不同的具体条件,采取相应的组织结构、领导方式、管理机制。② 把一个组织看作社会系统中的分系统,要求组织各方面的活动都要适应外部环境的要求。

三、现代管理理论的新突破

通过以上的介绍,我们可以把系统管理理论和权变管理理论看成现代管理理论的雏形。这两种理论对传统管理理论兼收并蓄,诸如行为科学理论、"管理科学"理论以及相应发展起来的各学派理论,并突破了原有的框框,使管理理论朝着统一的方向前进了一大步。具体地讲,现代管理理论所突破的框框,主要表现在以下四个方面。

1. 在对人的看法上

从"科学管理"到后来的"管理科学",都将人看作"经济人";行为科学将人看作"社会人";而系统与权变理论则把人看作"复杂人",认为人是有着不同需求而加入组织的,而且人们的需要有不同类型,不同的人对管理方式的要求也是不同的。

2. 在管理的范围和涉及的组织要素上

"管理科学"主要是计划与控制方面,涉及的主要要素是技术、组织机构和信息;行为科学的范围主要是组织活动中的人际关系,包括了人和团体的,所涉及的组织要素主要是人、组织机构和信息;而系统与权变理论适用的管理范围是组织的整个投入—产出过程,涉及组织的所有要素。

3. 在管理的方法和手段上

"管理科学"多用一些自然科学的方法,采取逻辑与理性的分析、准确衡量等手段,行为科学多取自社会科学的方法,采用影响、激励、协调等手段来诱发绩效;而系统与权变理论则综合自然科学与社会科学的各种方法,运用系统与权变的观点,采取管理态度、管理变革、管理信息等手段使组织的各项活动一体化,进而实现组织的目标。

4. 在管理目的上

"管理科学"追求的首先是最大的生产率,其次是最大的满意度;行为科学的管理目的则相反;而系统与权变理论追求的不是最大,而是满意或适宜,并且是生产率与满意并重,或利润与人的满意并重,不存在谁先谁后的问题。

综上所述,系统与权变理论作为一种新的管理理论的探索,对管理理论的发展所做的贡献是巨大的。

表 2-1 现代管理理论的发展与比较

	科学管理 管理科学	行为科学	系统与权变理论
对人的看法	经济人	社会人	复杂人
管理的范围	计划与控制	组织活动中的人际关系	组织的整个投入—产出过程
涉及的组织要素	技术、组织机构、信息	人、组织机构、信息	涉及的所有要素
管理方法与手段	自然科学	社会科学	自然科学与社会科学
管理的目的	首先,最大的生产率 其次,最大的满意	首先,最大的满意 其次,最大的生产率	满意或适宜 生产率与满意并重

四、现代管理理论的特点和主要观点

1. 现代管理学的特点

强调系统化;重视人的因素;重视"非正式组织"的作用;广泛地运用先进的管理理论和方法;加强信息工作;把"效率"和"效果"结合起来;重视理论联系实际;强调"预见"能力;强调不断创新;强调权力集中。

2. 主要观点

战略观点;市场观点;变革观点;竞争观点;服务观点;专业化观点;素质观点;开发观点;经营观点;风险观点。

五、现代管理思想的新发展——三种代表性的理论

进入20世纪80年代以后,管理出现了深刻的变化与全新的格局,管理出现一些全新的发展趋势。

(一) 战略管理思想

1. 战略管理理论的产生与发展

安索夫(Ansoff)的《公司战略》(1965)一书的问世,开创了战略规划的先河。到1976年,安索夫的《从战略规则到战略管理》出版,标志着现代战略管理理论体系的形成。他认为,战略管理注重的是动态的管理,是对决策与实施并重的管理。劳伦斯与罗斯奇合著的《组织与环境》(1969),系统论述了企业组织与外部环境关系,提出公司要有应变计划,以求在变化及不确定的环境中得以生存;卡斯特(F. E. Kast)与罗森茨韦克(J. E. Resenzweig)的《组织与管理——系统权变的观点》(1979),主张在企业管理中要根据企业所处的内外条件随机应变,组织应在稳定性、持续性、适应性、革新性之间保持动态的平衡。

2. 波特与《竞争战略》

迈克尔·波特(M. E. Porter)是美国哈佛大学商学院的教授,兼任许多大公司的咨询顾问。1980年,他的著作《竞争战略》,把战略管理的理论推向了顶峰,该书被美国《幸福》杂志标列的全美500家最大企业的经理、咨询顾问及证券分析家们奉为必读的"圣经"。该书的重要贡献包括:① 提出对产业结构和竞争对手进行分析的一般模型,即五种竞争力(新进人者的威胁、替代品威胁、买方砍价能力、供方砍价能力和现有竞争对手的竞争力)分析模型。② 提出企业构建竞争优势的三种基本战略。即寻求降低成本的成本领先战略;使产品区别竞争对手的差异化战略;集中优势占领少量市场的集中化战略。③ 价值链的分析。波特认为企业的生产是一个创造价值的过程,企业的价值链就是企业所从事的各种活动——设计、生产、销售、发运以及支持性活动——的集合体。价值链能为顾客生产价值,同时能为企业创造利润。

(二) 企业再造理论

1. 企业再造理论产生的背景

进入20世纪七八十年代,市场竞争日趋激烈,企业面临严重的挑战;知识经济的到来与信息革命使企业原有的组织模式受到巨大冲击。面对这些挑战与压力,企业只有在更高层次上进行根本性的改革与创新,才能真正增强企业自身的竞争力,走出低谷。1993年,企业再造理论的创始人原美国麻省理工学院教授迈克尔·哈默(M. Hammer)博士与詹姆斯·昌佩(J. Champy)合著了《再造企业——管理革命的宣言书》一书,正式提出了企业再造理论。1995年,昌佩又出版了《再造管理》。哈默与昌佩提出应在新的企业运行空间条件下,改造原来的工作流程,以使企业更适应未来的生存发展空间。这一全新的思想震动了管理学界,企业再造的思潮迅速在美国兴起,并快速传到日本、欧洲,乃至全世界。

2. 企业再造的基本含义

企业再造,按照哈默与昌佩所下的定义,是指"为了飞越地改善成本、质量、服务、速度等重大的现代企业的运营基准,对工作流程(business process)做根本的重新思考与彻底

翻新"。这也就是为适应新的世界竞争环境,企业必须抛弃已成惯例的运营模式和工作方法,以工作流程为中心,重新设计企业的经营、管理及运营方式。

3. 企业再造流程的过程

企业再造流程的过程大致分为四个阶段:① 诊断原有流程。② 选择需要再造的流程。③ 了解准备再造的流程。④ 重新设计企业流程。

海尔是第一个走出国门的中国家电企业,应该说它很成功。可是,让人不可思议的是,海尔曾在发展势头一片大好时悄悄造起了自己的反。

早在1998年9月8日,海尔集团首席执行官张瑞敏就在一次中层干部会上提出"业务流程再造"的概念。而此时,中国家电业的价格战正酣。

哈默说:"流程再造是一场革命,它意味着企业一切从头开始,一切从零开始。"

张瑞敏说:"流程再造对海尔来说,就是彻底打破原有束缚着我们继续创新、继续发展的东西。这包括我们已经习惯了的管理模式、我们驾轻就熟的流程,包括原来的成功。"

因为世界最新的管理理论普遍认为,企业再造适用于三类企业:第一类是问题丛生,已经面临危机的企业;第二类是业绩不错,但潜伏着危机的企业;第三类是正处于发展高峰,再造是为了构建新的竞争优势,大幅度超越竞争对手,抢占下一轮竞争的制高点。

海尔的再造,无疑属于第三类。

(三)"学习型组织"理论

【案例2-1】

德利斯集团总裁郑和平酷爱读书,每每看到精彩的文章,总要推荐给员工。一次,某杂志"名牌列传"专栏刊载的一篇文章《"同仁"最是真》引起他的共鸣,郑总一连在十五处文字旁做了重点标记。这些内容集中反映在:做精品要严格规范,精益求精;做事要兢兢业业,埋头苦干;做人要认认真真、实实在在。郑总认为同仁堂制造的药和德利斯生产的食品都是吃的东西,是关系到人们身体健康的东西,两者具有很多相似之处。郑总不仅自己阅读,而且向全体员工推荐,跟广大员工共同学习,他希望这篇文章也能对全体员工有所启示。

https://www.asklib.com/view/396a211fa360.html

思考题:

(1) 构建学习型组织对企业的领导者提出了什么要求?

(2) 学习型组织中员工的角色发生了什么样的变化?

1. "学习型组织"理论产生的背景

20世纪90年代以来,知识经济的到来,使信息与知识成为重要的战略资源,相应诞生了学习型组织理论。"学习型组织"理论是美国麻省理工学院教授彼得·圣吉在其著作《第五项修炼》中提出来的。彼得·圣吉认为,有两个加速的趋势在加速管理的变革:一是全球一体化的竞争增加了变化的速度;二是组织技术的根本变化促进了管理的变化。传统的组织设计是用来管理以机器为基础的技术;而新的组织却是以指示为基础的,即组织设计的是用来处理思想和信息。从而认为,传统的组织类型已经越来越不适应现代环境发展的要求,现代企业是一个系统,这个系统可以通过不断学习来提高生存和发展的能力。这一理论的提出,受到了全世界管理学界的高度重视,许多现代化大企业,乃至其他组织,包括城市,纷纷采用这一理论,努力建成"学习型企业""学习型城市"等。

2. "学习型组织"的基本思想

彼得·圣吉在《第五项修炼》中明确指出:"20世纪90年代最成功的企业将会是'学习型组织',因为未来唯一持久的优势,是有能力比你的竞争对手学习得更快。"他认为"未来真正出色的企业,将是能够设法使各阶层人员全心投入,并有能力不断学习的组织"。学习型组织正是人们从工作中获得生命意义、实现共同愿望和获取竞争优势的组织蓝图。学习型组织,是更适合人性的组织模式。这种组织由一些学习团队组成,有崇高而正确的核心价值、信心和使命,具有强韧的生命力与实现共同目标的动力,不断创新,持续蜕变,从而保持长久的竞争优势。

3. 组织成员的五项修炼

彼得·圣吉提出的五项修炼是:① 追求自我超越。② 改善心智模式。③ 建立共同远景目标。④ 开展团队学习。⑤ 锻炼系统思考能力。这是整个五项修炼的基石。他提出系统思考是"看见整体"的一项修炼。

复习思考题

1. 管理理论的发展经历了几个阶段?
2. 简述泰罗科学管理理论的主要思想。
3. 法约尔认为管理具有哪几种职能?
4. 韦伯官僚制有哪些特点?
5. 现代管理理论有哪些学派?请举例说明。
6. 简述管理理论发展的趋势。

延伸阅读

【材料一】

人性假设理论

人性假设对研究组织中人的行为规律和特征具有重要意义。管理者对人有什么样的预料和假设,就会有什么样的管理办法。人性假设是一切管理者应用管理理论、实施管理行为的哲学基础,是管理者采取各项管理措施的前提。

所谓人性即指人的本性,它侧重于人与生俱来的特性。我国古代思想家关于人性的假设最具代表性的是性善论和性恶论。在西方,关于人性的学说更是多种多样,我们这里只介绍与管理学有关的人性理论,比较公认的有四种,即:"经济人""社会人""自我实现人"和"复杂人"。

一、经济人假设

(1) 人是由经济诱因来引发工作动机的,其目的在于获得最大的经济利益。

(2) 经济诱因在组织的控制之下,因此,人总是被动地在组织的操纵、激励和控制之下从事工作。

(3) 采取任意一种合乎理性的、精打细算的方式行事,总是力图用最小的投入获得满意的报酬。

(4) 人的情感是非理性的,会干预人对经济利益的合理追求,组织必须设法控制人的感情。

二、社会人假设

(1) 人类工作的主要动机是社会需要,人们要求有一个良好的工作氛围,要求与同事之间建立良好的人际关系,通过与同事的关系获得基本的认同感。

(2) 工业革命和工作合理化的结果使得工作变得单调而无意义,因此,必须从工作的社会关系中寻求工作的意义。

(3) 非正式组织有利于满足人们的社会需要,因此,非正式组织的社会影响比正式组织的经济诱因对人有更大的影响力。

(4) 人们对领导者的最强烈期望是能够承认并满足他们的社会需要。

三、自我实现人假设

(1) 人的需要有低级和高级之分,从低级到高级可以划分为多个层次,人的最终目的是满足自我实现的需要,寻求工作上的意义。

(2) 人们力求在工作上有所成就,实现自己的独立,发展自己的能力和技术,以便富有弹性,能适应环境。

(3) 人们能够自我激励和自我控制,外部的激励和外部的控制会对人产生威胁,产生不良的后果。

(4) 个人自我实现的目标和组织的目标并不是冲突的,而是能够达成一致的,在适当的条件下,个人会自动调整自己的目标并使之与组织目标相配合。

四、复杂人假设

(1) 每个人都有不同的需要和不同的能力,工作的动机不但非常复杂而且变动性也很大,人们的动机安排在各种重要的需求层次上,这种动机阶层的构造不但因人而异,而且对同一个人来说,在不同的时间和地点也是不一样的。

(2) 人的很多需要不是与生俱来的,而是在后天环境的影响下形成的,一个人在组织中可以形成新的需求和动机。因此,一个人在组织中表现的动机模式是他原来的动机模式与组织经验交互作用的结果。

(3) 人们在不同的组织和不同的部门中可能有不同的动机模式,例如有人在正式组织中满足物质利益的需要,而在非正式组织中满足人际关系方面的需要。

(4) 一个人在组织中是否感到心满意足,是否肯为组织奉献,取决于组织的状况与个人的动机结构之间的相互关系,工作的性质、本人的工作能力和技术水平、动机的强弱,以及与同事之间的关系等都可能对个人的工作态度产生影响。

(5) 人们依据自己的动机、能力以及工作的性质,会对一定的管理方式产生不同的反应。

(http://zhidao.baidu.com/question/43809826.html?fr=ala0)

【材料二】

中美企业管理者决策方式的比较分析

古今中外的管理者都很注重管理当中的决策,因为在很大的意义上,决策就意味着领导的成功与失败。尤其是在市场经济的条件下,企业决策的正确与否更成为企业兴衰成败的关键。企业的决策除了在一定程度上受外部条件制约外,主要是由企业领导者的决策行为所决定的。企业领导者的决策行为,包括判断能力、组织能力、预测能力、协调能力以及领导者个人的价值观和行为偏好等。其中,领导者个人的价值观和行为偏好对其决策行为起着不容忽视的影响作用。

而文化是对个人的价值观和行为偏好具有很大影响力的因素,由于中国和美国有着很不相同的文化底蕴,这种差异必然会体现于其管理者的决策行为之中。文化对于决策行为的影响,通过一份对中美合资企业双方管理者进行的调查访问可以得到说明。该访问访谈了北京地区10个中美合资企业中的17位中方、14位美方高级管理者,结果显示,双方管理者对对方都持有某些偏见,这些偏见尤其体现在对对方决策风格的消极评论上,这里我们陈述一下该访谈的结果:

第一,美方管理者对中方管理者决策风格的评论:① 不做决策。他们认为在中国,员工把经理看得很高,奉为上人,所以每件事都要由大老板来决策,其他人只需要等待指示。② 一致决策。他们认为与美方管理者相比,中方的管理者更倾向于达成一致,倾向于分散决策的责任,而不是勇于承担责任。

第二,中方管理者对美方管理者决策风格的评论:他们认为美方管理者过于专断,不爱听取下级意见。

由于文化差异的存在,双方管理者在涉及决策问题时,大都感到很不愉快。因而,有必要研究一下中国和美国的文化对合资企业领导者决策行为的影响,从而对上述决策问题上的跨文化冲突做出一些解释。

一、中国文化对管理者决策行为的影响

中国的管理决策方式受传统的君臣关系的影响。传统的君臣关系的总原则是"惠忠",就是说做君主的要实行仁政,要有恩惠加于辅臣,同时做辅臣的一定要忠诚,要以诚心奉祀君主。在这一传统思想的影响下,儒家提出了"按等级固定消费"的观念,孔子就执着地贯彻"俭不违礼"的原则。一次,他的学生子贡想免去祭祀中所用的羊,孔子就说"赐也,尔爱其羊,我爱其礼"(《论语·述而》),认为羊不能免。孔子所说的礼,就是封建等级制度。后来,荀子又详细论证了这种思想,他把封建等级制度和满足人们"欲求"的"给养"联系起来,认为制定礼仪就是要在"养人之欲,给人之求"时"使有贫富贵贱之等",不允许越级消费,"衣服有制,宫室有度,人徒有数,丧祭械用,皆有等宜"(《荀子·王制》)。

这种传统的等级制度在中国文化中的影响可谓根深蒂固。

此外,中国传统的中庸思想也影响着中方管理者的决策行为。孔子说:"中庸知为德也,其至矣乎!"可见,儒家把中庸思想看作最高的道德。其中,"和为贵"的思想就成了中国人几千年来处理人际关系、民族关系、社会关系的传统原则。

由于上述儒家文化对中国长久的熏陶,形成了中国企业管理者决策行为的如下特点。

1. 不善于对下级进行授权

由于传统的等级制度的影响,形成了中国企业当中上下级之间较大的权力距离,这种大的权力距离表现为企业当中的管理者等级秩序严格,权力较大者拥有相应的特权,下属对上级有强烈的依附心理。在西方人士看来,中国企业中高层与中、低层管理人员的权力距离显著地大于西方企业,这种权力距离方面的差异,也可以通过各级经理人员的薪酬等级结构反映出来。据《世界经理人文摘》中文版1998年4月号所载"第十次亚洲经理薪酬调查"的数据,在西欧的企业中,高层管理人员年薪通常是初级管理人员年薪的2.6倍,在台北,相应的比例是3.2倍,在上海则高达4.8倍。因为较大的权力距离的存在,使中国企业里高层管理人员拥有比他们的西方同事更大和更广泛的权力,而中、低层管理人员得到的授权则远远小于西方的同等级人士,因而形成了中国的中、低层管理者不善于做出决策的行为特征,这也是在上述访谈中为美方管理者批评最多的行为特征。

我们认为明确的分权、授权以及权责相称是现代组织管理的重大进步,是组织结构合理化和高效率运行的保证机制,能够有力地提高管理绩效。充分运用分权、授权,实行大权集中,小权分散,往往能使各部门有职、有权、有责,加强部门的工作责任心。由于现代企业管理的复杂性和困难性,如果不实行一定的分权、授权,必定会造成企业管理中的大事管不好,小事又管不了的结果。而且充分授权,使管理有层次,系统分明,也有利于政令畅通,指挥有力,管理效率提高。

因此,中方管理者应该在合资企业中尽快学会授权。鉴于中方管理者不善于授权的行为特征,在授权的同时,必须明确责权关系。在每个部门,授权应该得到有效的落实,要明确其具体的工作目标和责任,以及相应的权利和范围,使得每一个部门都能各司其职、各尽其责。如果职权大于职责,会造成有权无责,有可能滥用职权;而职权小于职责,会形成有责无权,造成工作不能贯彻落实。这些决策行为上的弊端在中方管理人员当中都是客观存在的,我们必须要虚心学习,以人为鉴,才能有效授权,同时勇于担当责任。

2. 决策上的集体主义

受到"和为贵"思想的影响,中国的管理者通常群众观念较强,形成了群体决策、民主集中的决策风格,这也是在访谈中为美方管理者批评的一种行为特征。他们认为中方管理者往往以一致同意做决策,而往往不愿意说,"这是我做的决定,我来负责"。事实上,群体决策确有其不足之处,即权力相对分散,责任不易明确,行动比较迟缓,有时候效率较低。但是这种群体决策又有其无可替代的优点,即能够集思广益,使领导集团在知识、能力结构互补的基础上,充分发挥领导的整体功能和决策能力。正如在访谈中,中方管理者对自己决策系统的评价,他们认为在中方管理者眼中,决策是一件大事,不仅要听到各级管理人员的声音,还要听到广大员工的声音,以及客户和消费者的声音。随着现代企业的发展,企业的经营管理目标已不再仅仅是实现利润最大化,而是要达到股东满意、员工满意、顾客满意、社会满意的四满意目标。在这一复杂的决策过程中,个人决策日益体现出其局限性和弊端,而群体决策则充分体现出其在复杂情况下有助于提高决策质量,有效防止个人或单方专断的作用,有利于保证和维护合资企业的整体利益。

二、美国文化对管理者的决策行为的影响

美国管理者的决策行为是在资本主义的自由、平等精神之下发展起来的。以资产阶级的形式出现的自由、平等观念,在18世纪启蒙思想家卢梭等人的著作中就得到了充分的阐述。他们宣称:自由和平等是天赋不可剥夺的权力。1776年美国的《独立宣言》中说:一切人生来就是平等的,均享有不可侵犯的天赋人权——生存、自由、追求幸福。正是这种天赋人权形成了美国文化强调个体、重视个体的特点,社会成员之间社会关系的显著特点也表现为平等。体现在其决策风格上,则包括以下两点。

1. 管理即授权

美国企业相对于中国企业,拥有上下级之间较小的权力距离,下级通常认为上级是"和我一样的人",美国人在"管理"这一概念的含义中,特别强调"授权",他们信奉最接近过程的人最了解这个过程和问题,对问题最有发言权。对于这一点,在访谈中,中方的管理人员给予了肯定。他们认为美方的高层经理通常会给下属制订一个目标,然后就是由下属来达到这个目标和成果,高层经理只是以成果来衡量目标,至于中间用什么样的方式去做,他基本上是不会干预的。任何一个阶层的部门经理,都可以在部门的范围之内做决策,如何把工作做好,只要不违反公司的商业道德即可。例如,部门内部员工的招聘、升级,每一个员工的工资调整,都是由部门经理来决定。也就是说,每一个部门,不管你是多么小的一个经理,只要你底下有员工,归到你的部门管,那么,你就有全权来管。

2. 决策上的个人主义

由于美国文化当中强调个体、重视个体的特点,加之美国企业管理者通常拥有管理方面的理论和实践经验,所以他们在决策中比较注意自己个人的意志,因此主观性比较强。这也是在访谈中为中方管理者所批评的一种行为特征,他们认为美方的管理人员我行我素,通常滥用权力,认为:"我是大老板,照我说的做",而不是采取积极配合的决策方式。根据现代管理理论,这种个人决策制有其长处,即权力集中,责任明确,指挥灵敏,行动迅速,工作效率较高,也易于考核领导业绩。但相应也有其不足之处,即受个人能力、知识、精力限制较大,如果监督机制不完备或不得力,容易产生个人专断。如我们上面所述,在企业规模日益增大,市场情况飞速变化的现代经济当中,这种个人决策正在日益显示出其局限性和弊端。很多美国管理学家也已经发现了美国企业这种个人决策方式的局限性,哈佛大学管理学家洛奇曾经指出,历来指导美国经济的个人主义价值观已无法适应新的环境,需要向日本的集团主义学习,提出治"美国病"需要"东方药"。管理大师德鲁克也认为,日本企业"一致同意"的决策方式是值得美国企业学习、借鉴的重要内容。

综上所述,文化的差异形成了中美双方管理者决策行为的不同。事实上,如陈镇雄所指出的,在中美合资企业的内部管理中,美国式的管理制度占据着支配地位,而美国是"科学管理"的发源地,因而中美合资企业应该成为中国管理者学习国外先进管理思想和管理方法的最好学校。但是,我们不能由此就认为,合资企业的管理决策应该由美方管理者的个人决策来支配,况且美国方式也并非就是唯一正确的方式,这一点连美国人自己也承认,一位美方总经理在访谈中就深有感触地说"傲慢的美国人不相信或不理解还有另外一种做生意的方式,但是实话实说,日本人已经显示出了他们做生意的某些方式要比美国人好,虽然大多数人不承认这一点"。

基于上述中美双方管理者决策行为上的跨文化冲突,我们认为决策权共享是合资企业解决问题,取得成功的保证,因为共同决策体现着合资双方相互制衡的经济关系。而占有多数股权的一方或是占有董事长位置的一方都不应强行做出决策,否则必将断送合资企业的前途。决策权共享作为一种有效的共同决策机制,首先需要在董事会和高中层管理者中开展,这些措施应该包括:① 在企业章程、制度中确定共同决策的要求。② 以成文的或双方均认可的统一决策模式来协调双方的利益、思维模式,并协商确定决策结果。③ 双方努力贯彻实施共同决策这一方式。④ 以合资企业的整体利益作为共同决策的根本出发点和决策有效性的最终评价点。

来自不同国家的人们为了共同的或是比较接近的经营目的而合伙创业,组建了合资企业。企业的运作和发展,需要各方良好的合作和整体的协调。而在决策层得到跨文化管理的理解与成功无疑是企业管理成功的关键,正如一个中美合资企业的中方经理在一篇报告中写道:一些思维方式和价值观念不同的人共同管理一个企业,再没有比高级职员间和谐共事更重要了。希望中美双方的管理者都能以"人"为鉴,办好合资企业。

(http://www.rxyj.org/html/2010/0202/797036.php)

案例分析

回到管理学的第一个原则

纽曼公司的利润在过去一年中一直在下降,尽管同一时期,同行们的利润在不断上升。公司总裁杰克先生非常关注这一问题。为了找出导致利润下降的原因,他花了几周的时间考察公司的各个方面。接着,他决定召开各部门经理人员会议,把他的调查结果和他得出的结论连同一些可能的解决方案告诉他们。

杰克说:"我们的利润一直在下降,我们正在进行的工作大多数看来也都是正确的。比方说,推销策略帮助公司保持住了在同行中应有的份额。我们的产品和竞争对手的一样好,我们的价格也不高,公司的推销工作看来是有成效的,我认为还没必要改进什么。"他继续评论道:"公司有健全的组织结构、良好的产品研究和发展规划,公司的生产工艺在同行中也占领先地位。可以说,我们的处境良好。然而,我们的公司却面临这样的严重问题。"

室内的每一个人都有所期待地倾听着。杰克开始讲到了劳工关系:"像你们所知道的那样,几年前,在全国劳工关系局选举中,工会没有取得谈判的权利。一个重要的原因是,我们支付的工资一直至少和工会提出的工资率一样高。从那以后,我们继续给员工提高工资。问题在于,没有维持相应的生产率。车间工人一直没有能生产足够的产量,可以把利润维持在原有的水平上。"杰克喝了点水,继续说道:"我的意见是要回到第一个原则。近几年来,我们对工人的需求注意得太多,而对生产率的需要却注意得不够。我们的公司是为股东创造财富的,不是工人的俱乐部。公司要生存下去,就必须要创造利润。我在上大学时,管理学教授们十分注意科学管理先驱们为获得更高的生产率所使用的方法,这就是为了提高生产率广泛地采用了刺激性工资制度。在我看来,我们可以回到管理学的第一原则去,如果我们的工人的工资取决于他们的生产率,那么工人就会生产更多。管理学先辈们的理论在今天一样可以指导我们。"

问题：
1. 你认为杰克的解决方案怎样？
2. 生产率低的原因还可能有哪些？
3. 你认为科学管理理论在当今的管理实践中应当怎样应用？
4. 你认为科学管理理论在当今的管理实践中有何现实指导意义？

第三章　计划职能

重点知识要求

- 了解计划的概念与特征
- 了解计划的分类
- 掌握编制计划的方法
- 理解目标管理的含义
- 知道如何确立目标

重点能力要求

- 掌握计划编制的程序
- 培养编制计划的能力

导入案例

两组人分别有个小玻璃缸,每张小桌子有形状、大小不同的物品如苹果、鸡蛋、小石块、沙和水。一组人员先将沙和水注入缸内,再放鸡蛋和苹果,结果桌子上剩下的东西最多;而另一组先将体积较大的苹果、鸡蛋放入缸内,再放体积较小的物品和水,结果缸子被填得非常满。

透过这个小案例,我们或许可以受到一些启发:人生短暂,如何善用时间是一门学问,如果我们先将没有价值的沙和小石块填满了我们有限的时间与精力,则我们一生必将碌碌无为,得不到我们认为更有价值的苹果和鸡蛋了。同时,如果我们先去办理无关紧要的琐碎事情,意味着可能无法处理更为重要的事务。

思考题:通过上述案例,你认为计划职能在企业管理中具有什么样的地位?

第一节　计划职能概述

哈罗德·孔茨曾经讲过,计划工作是一座桥梁,它把我们所处的这边和我们要去的对岸连接起来,以克服这一天堑。这一格言体现了计划职能在管理工作中的重要性。管理者要面对未来,把握未来,通过切实的努力去实现自己的理想,而做好这一切,计划工作是极其重要的。

一、计划职能的概念

在管理学中,计划可以从两个方面去理解:第一,计划作为一项最重要的管理职能是制定目标工作的过程,并确定为达成这个目标所必需的行动,即干什么和怎么干的问题;第二,计划也是指在制订计划的工作中所形成的方案,它可以是目标、策略、政策、程序和预算方案等。

计划职能有广义和狭义之分。广义的计划职能包括制订计划、执行计划、检查计划执行情况三个紧密衔接的工作过程。狭义的计划职能则是指制订在未来一定时期内要达到的目标,以及实现目标的途径。本章主要采用狭义计划职能的概念。计划工作还是一种需要运用智力和发挥创造力的过程,它要求高瞻远瞩地制定目标和战略,严密地规划和部署,把决策建立在反复权衡的基础之上。

西方管理学将计划工作的内容归纳为"5W1H",即计划必须清楚地确定和描述这些内容。

WHAT:做什么?明确所进行活动的内容和要求。
WHY:为什么?确定计划工作的原因和目的。
WHO:谁去做?规定由哪些部门和人员来负责实施计划。
WHEN:何时做?规定计划中各项工作的起始和完成的时间。
WHERE:何地做?规定计划的实施地点。
HOW:怎么做?制订计划实施的手段和措施。

这种观念认为,任何一项计划都要包含以上几个要点,即组织的计划必须提出未来行动的内容、原因、目的、负责人、实施的时间、地点和方法。

二、计划职能的特征

在了解计划概念的同时,还要熟悉计划的特征。计划的特征如下。

1. 目的性

任何组织或个人制订计划都是为了有效达到预期目标。在计划开始之前,这种目标可能还不十分具体,计划就是起始于这种不具体的目标。例如,某软件公司老总希望下个季度销售额和利润额有较大幅度增长,这是不明确的目标,为此就要制订计划,根据过去的情况和现在的条件确定一个可行目标,比如,销售额增长40%,利润增长25%。这种不具体的目标不是单凭主观愿望就能确定的,它要符合实际情况,要以许多预测和分析工作为基础。

2. 首位性

计划在管理职能中处于首要地位,主要有两个原因:一个是在有些情况下,计划职能是唯一需要完成的管理职能。有时候,计划的最终结果可能导致一种结论:没有必要采取进一步行动。例如,原打算在某地创建一个房地产公司,首要工作是进行可行性分析,若分析结果表明不合适,那么所有工作告一段落,无须其他管理职能。另外一个原因是管理过程中的其他职能都是为了支持、保证计划目标的实现,组织、领导、控制职能都是依照计划而转移的。

计划和控制是分不开的,它们是管理的一对孪生兄弟。未经计划的活动是无法控制的,因为控制就是纠正脱离计划的偏差,保持活动的既定方向。控制职能的有效行使,往往需要根据情况的变化拟订新的计划或修改原定计划,同时又被作为控制工作的基础,计划—控制—计划,就这样循环往复。

3. 普遍性

任何管理者或多或少都有制订计划的权利和责任。高层管理者不可能也没必要对组织内部的一切活动做出确切说明,这是有效管理者必须遵循的原则。高层管理者仅对组织活动制定结构性计划,即只负责制订战略性计划;而中、低层管理者负责制订战术性计划或生产作业计划。这种情况的出现主要是由于人的精力有限,这样做可以减轻高层管理者的负担,同时授予下级某些权利,有助于调动员工的积极性,挖掘下级的潜力。因此,计划是各级主管人员的一个基本职能,具有普遍性。

4. 效率性

计划的目的就是促使组织的活动获得良好的经济效益和社会效益。不仅要确保实现目标,而且要从众多方案中选择最优方案,以求得合理利用资源和提高效率。所谓计划效率指的是实现目标所获得的利益与执行计划过程中所有消耗之和的比率。换句话说,计划效率是指制订计划与执行计划时所有的产出与投入之比。如果一个计划能够达到目标,但它需要的代价太大,这个计划的效率就很低,因此不是一份好的计划。只有能够实现收入大于支出,并且顾及国家、集体和个人三者利益的计划,才是一个完美的计划,才能真正体现出计划的效率。

5. 创新性

计划总是针对需要解决的新问题和可能发生的新变化、新机会而做出的决定,因而计划是一个创新性的管理过程。有点类似于一个产品或工程的设计,产品畅销或工程成功都需要创新,成功的计划也依赖于创新。

三、计划职能的作用

1. 为组织稳定发展提供保证

计划工作是人们就组织的目标、当前的现状以及由现实过渡到目标状态的途径做出事先的安排,由此明确组织的发展方向,使各方面行动获得　种明确的指示和指导。同时,计划工作使各级主管人员去思考未来的种种复杂情况,从而使环境中发生的变化有可能在多方面系统思考和预测中被事先估计到,这样组织就能事先做出应变的准备,由此提高组织的适应能力并降低经营中可能的风险。

2. 明确组织成员行动的方向和方式

组织的活动通常是由数量众多的成员在不同的时间、空间里进行的。为了使不同成员在不同时空进行的活动能够相互支持、彼此协调,以便为组织总体目标的实现做出共同的、一致的贡献,他们所从事的活动就必须事先得到明确的安排和部署。计划通过将组织活动在时间和空间上进行合理的分解,规定组织的不同部门在不同时间应从事的各种活动,从而使各方面的人员获得明确的工作指示和指导。同时,计划的编制也为组织成员的分工和协作配合提供了基本依据,从而使各方面的行动得到了规范和约束,促进了组织活动的落实和协调。

3. 为有效筹集和合理配置资源提供依据

组织活动进行的目的是对一定的资源进行加工和转换。为了使组织的目标活动以尽可能低的成本顺利地进行，必须在规定的时间提供组织活动开展所需要的规定数量的各种资源。

4. 为检查、考核和控制组织活动奠定基础

组织在不同环节的活动能力可能并不是平衡、衔接的，组织的各个部分在活动中所面对的环境与事先的预计也可能不完全吻合。这些原因就使组织各部分在决策实施中的活动与目标的要求不完全相符，甚至可能出现较大的偏差。这种偏差，如果不能及时发现并针对原因采取纠正措施，则会导致组织决策执行的局部或全部失败，从而危及组织的生存和发展。计划的编制为及时地对照标准检查实际活动情况提供了客观的依据，从而也就为及时发现和纠正偏差奠定了可靠的基础。

第二节　计划的分类

由于目标以及实现目标的方案有不同的类型，所以计划工作也有不同的种类。常见的分类标准有：按计划的时限、按计划的形式、按计划的层次、按计划所涉及的范围、按计划内容的明确性等。

一、按计划涉及的时限的长短划分

按计划涉及的时限的长短划分，可分为长期计划、中期计划和短期计划。

(1) 长期计划一般是指计划期限在五年或五年以上的计划。长期计划主要是解决组织的长远目标和发展方向是什么以及怎样实现组织的长远目标这样两个问题。近年来，计算机技术的运用给资料信息的统计和处理带来了方便，而线性规划、计划评审技术等新方法的不断出现为解决计划中的复杂问题提供了帮助，使得计划制定的精确度、可信度大大提高。

(2) 中期计划是指一年以上五年以下的计划。中期计划的编制，要以长期计划为基础，根据经济和社会发展情况，使长期计划的各项任务、指标进一步明确，因此中期计划是长期计划的具体化。同时，中期计划又是短期计划的依据，是联结长期计划和短期计划的纽带。

(3) 短期计划是指月、季、年度计划，它比中期计划更加详细具体，能够满足具体实施的需要。短期计划可以是综合性的，也可以是单一性的。短期计划由于对各种活动有了非常详细的说明或规定，因此在执行过程中选择范围很小，有效地执行计划成为最重要的要求。

长期计划、中期计划和短期计划的区分是相对的。对不同规模的组织来源，其标准是不一样的，比如一项载人航天飞机发射的短期计划可能要五年，而一家服装厂的长期计划则可能只有一年。长期、中期和短期计划之间的关系是：长期计划起主导作用，中期计划、短期计划以长期计划为基础,是逐步落实长期计划的计划。

二、按计划的形式划分

按计划的形式划分,可分为宗旨、目标、策略、政策、程序、规则、方案、预算。

(1) 宗旨(purpose)表现为组织的目的或使命,这种目的或使命,是社会对该组织的基本要求。换句话说,宗旨即表明组织是干什么的,应该干什么。比如一个工商企业的基本宗旨是向社会提供有经济价值的商品或服务。著名的日本 SONY 公司的宗旨便是:索尼是开拓者,永远向着那未来的世界探索。

(2) 目标(objective)是在宗旨指导下提出来的,具体规定了组织及其各个部门的经营管理活动在一定时期内要达到的具体成果。目标不仅是计划工作的终点,而且也是组织工作、人员配置、指导与领导工作和控制活动要达到的结果。

(3) 策略(strategy)常常表现为一种总的方案,比如工作的布置重点、人财物的巧妙利用、市场的竞争方法等。策略是指导全局和长远发展的方针,旨在指明方向、重点和资源分配的优先秩序。

(4) 政策(policy)是组织为了达到目标而制订的一种限定活动范围的计划,是为实现目标制定的行动准则。政策涉及一切工作领域,政策的级别同组织机构的层次一样多,它被广泛用来指导具体决策、计划实施和问题处理。

(5) 程序(procedure)也是一种应用广泛的计划。它指导人们如何行动,详细说明必须完成的某种活动的准确方式、行动规定的时间顺序。程序最显著的特征是:一系列相互联系的活动必须按时间的顺序进行。在管理活动中,到处都存在程序问题。

(6) 规则(rule)是对在某种场合和具体情况下,允许或不允许采取某种行动的规定。规则与程序的区别在于规则不规定时间顺序,可以把程序看成一系列规则,规则可以是也可以不是程序的组成部分。

(7) 方案(programme)是为实施既定方针所必需的目标、政策、程序、任务分配、执行步骤、使用的资源而制订的综合性计划。

(8) 预算(budget)作为一种计划,是用数字规定组织未来所有资源的分配情况的一种报告书。它可以称为"数字化"的计划。预算可以帮助组织的上层和各级管理部门的主管人员,从资金和现金收支的角度,全面、细致地了解企业经营管理活动的规模、重点和预期成果。

三、按计划的层次划分

按计划的层次划分,可分为战略计划和行动计划。

(1) 对企业而言,其战略计划是它的总目标的表现形式,它涉及一定时期内带动全局的方针、主要政策与任务的运筹谋划,决定着一个企业在一定时期内经营活动的方向和所要达到的水平。战略计划是企业高层领导根据对企业主观、客观条件的分析,确定企业未来时期的指导方针、规划目标、行动策略,以及调动、分配相应的资源。

(2) 行动计划是企业各项具体业务活动的作业计划,十分细致而具体。它是把企业经营计划的内容落实到每一个具体执行单位和每一个成员中去的计划。在时间上可分为月、旬、日、小时的计划;在单位上可分为科室、车间、工段、班组和个人的计划。

四、按计划所涉及的范围划分

对应于组织结构体系,不同层级管理岗位和管理人员的性质、任务、责任和职能不一样,所涉及的管理范围也不一样,他们的计划制订内容与要求也不一样,据此可将组织计划按层次划分为上层管理计划、中层管理计划和基层管理计划。

五、按计划内容的明确性划分

按计划内容的明确性划分,可分为具体性计划和指导性计划。

具体性计划具有明确的目标,而指导性计划只规定一般的方针和行动原则,给予行动者较大的自由,它指出重点但不把行动者限定在具体的目标或特定的行动方案上。相对于指导性计划而言,具体性计划虽然易于计划的执行、考核及控制,但缺少灵活性,且它要求的明确性和可预见条件往往很难得到满足。

第三节　计划编制的程序

计划的类型与表现形式各种各样,但科学地编制计划所遵循的步骤具有普遍性。可遵循以下八个步骤:认识机会、确立目标、确定计划的前提条件、拟订可供选择的方案、比较备选方案、选择方案、编制派生计划、编制预算。

一、认识机会

对机会进行估量,要在实际的计划工作开始之前去做,尽管如此,它还是计划工作中一个真正的起点。对未来可能的机会进行初步的了解并进行清楚的、全面的掌握是很重要的。所有的管理人员都根据自己的优势和不足明确自己所处的地位,明白希望解决什么问题以及为什么要解决这些问题,并且应当了解希望获得什么。制定切合实际的目标取决于对所有这些内容的估计。企业计划要求对机会及其环境做出切合实际的分析诊断。

在计划过程中,一个企业必须实事求是地评估自己的优势和劣势。若计划建立在错误的评估基础上,那么将会导致灾难性的打击。当一个企业集中注意自己的弱点的时候,同时也应当看到自己的优势,根据自己的优势制定适宜的战略。对自己拥有的资源如财务状况、现有技术、有形设备、原材料等进行评估将是一个很好的起点。这些项目的库存将表明企业实现其目标的能力。

评估外部环境的第一步是界定企业的市场。在界定市场时,通常进行市场研究和历史分析,分析市场的历史可以明确顾客购买产品的原因,研究市场可以分辨潜在的顾客以及他们的需求。接下来是考虑行业状况,确定竞争性质及战胜竞争对手的战略。企业应当了解主要的竞争对手及他们的优势和劣势。无论是长期计划还是短期计划都必须考虑技术的发展。企业如果忽略了环境中技术的发展而生产产品,最终可能会发现该产品已经过时,因为在市场上可能已出现了一种应用现代技术的新产品。

经济状况也是一个重要的方面。如果由于经济状况恶化而引起货币市场银根紧缩,那么在市场上投放一种产品可能会使销售和利润下降。多数计划人员通常都进行经济趋势分析。在进行外部环境分析时,根据企业和行业的性质,以及其他相关方面进行统一估算。

分析外部环境的一个重要目的是寻找和分辨新机会。抓住新机会将使企业获得扩张和多样化经营的可能。分析外部环境及寻找机会意味着收集大量的数据,没有这些数据和可靠的信息,就不能采取任何行动。

二、确立目标

在制订重大计划时,第二个步骤是要确定整个企业的目标,然后为其所属的下级单位确定计划工作目标,包括长期目标和短期目标。目标要设定预期结果,并且指明要达到的终点和重点,以及依据战略、政策、程序、规则、预算和规划来完成预期的任务。目标是计划的主要组成部分。目标指明了个体或企业想要前进的方向,是未来某个时期的预期结果。

目标对于企业来讲至关重要,因为所有的努力和活动都是为了实现目标。目标有许多作用,它指明了企业前进的方向,并作为行为的标准与实际行动进行比较,因此,它也是控制过程的一个重要方面。目标决定了在既定环境中企业应当扮演的角色。由于目标的存在,可以很好地协调和激励企业员工努力工作。通过为企业员工制定目标可以使他们保持高度的积极性,去为实现这些目标而努力。

总体目标规定了企业在今后几年的基本宗旨。具体目标应与总体目标一致,并且不能与总体目标相冲突。在一个企业中通常会由高层决策者首先制定出企业在一定时间内的总体目标,然后再在总体目标确认的基础上,确定各项具体目标、具体量化指标。当具体目标全部确认完毕后,接着就需对其优先顺序进行排列,形成具体目标间一定的层次性。例如,管理层必须决定"投资回报率提高 6%"和"市场占有率提高 10%"究竟哪个更重要。

三、确定计划的前提条件

计划工作的第三步是确定一些关键性的计划前提条件,并加以宣传和取得一致意见。这些前提条件可以是说明事实的预测资料,也可以是使用的基本政策或者企业现行的计划等。计划工作的前提条件就是计划工作的假设条件,换言之,即计划实施时的预期环境。但企业的外部环境是非常复杂的,即使是企业的内部环境,有时在草拟计划时也需慎重考虑。所以,在计划工作中有这样一个重要的原理:负责计划工作的人员对计划前提了解得越细、越透彻,并能始终如一地运用它,那么,组织的计划工作也将更加协调。

在制订计划时,预测是非常重要的,而且企业所需预测的内容很多,包括:未来市场的情况如何?销售量多大?价格会如何?产品怎样?技术开发如何?成本多高?什么样的工资率?税率及税收政策如何?新建工厂情况会如何?采取什么样的股息政策?政治和社会环境怎样?长期趋势将怎样?等等。

由于计划的未来环境如此复杂,所以要想对未来环境的每一个细节都进行假设是不现实的,也是不经济的。因此,我们所要确定的计划前提实际上是指那些对计划来说是关键性的、有战略意义的要素,也就是对计划的贯彻落实具有最大影响的那些因素。

此外,由于全体管理人员对计划前提的一致性认同对于计划工作的有效进行显得尤为重要,所以,使下级主管人员了解什么是他们做计划所依据的前提,就成了组织中各级主管人员的重要职责。

四、拟订可供选择的方案

计划工作的第四步是寻找和检验可供选择的方案,特别是那些不是一下子就能明显识别的方案。很少有计划只存在唯一的备选方案,通常那些最初并不起眼的备选方案常常最终被证明是最好的。

在这个步骤中,常见的难题并不是寻找可供选择的方案,而是减少可供选择方案的数量,以便能够着重分析最有希望的方案。即使我们可以采用数学方法和电子计算机,但由于成本和时间等因素的影响,实际上真正能够分析的备选方案数量仍是极有限的。计划人员通常必须做一次初选,以便发现最有利的方案。正确的方案必须建立在对内部和外部条件充分估量的基础上,并与其目标保持一致。

五、比较备选方案

在拟订出备选方案并权衡了各个方案的优缺点之后,下一步就是按照前提条件和目标对方案进行评估和比较。或许一个方案表明获利最大,但需要大量现金支出而且投资回收期较长;另一个方案获利较小但风险也较小;第三个方案似乎更适合企业的长期目标。因此,就需要对各个方案进行评价。

如果企业唯一的目标是在某一行业迅速实现最大利润,假如未来情况是确定的,现金状况和资金的可获得性无须担心,多数因素能被归纳成一些确定的数据,那么这种评价就会变得非常容易。但是计划人员通常面临着许多不确定性,如资金短缺问题以及各种无形的因素,评价工作往往非常困难,甚至对一些简单的问题也是如此。如一家公司希望引进一条新生产线来提高声誉,但是预测表明这将导致资金损失,那么,公司在选择方案时所需考虑的问题也就是所提高的声誉是否能完全弥补资金方面的损失。在评价方案时可以运用成本效益分析法,即将所选方案的成本与所得收益进行比较,以此来评价备选方案的优劣。

六、选择方案

选择方案就是在备选方案中做出选择,选择最优的或最令人满意的方案。当然,在选择最优方案时应以企业的资源、优势、劣势和环境的不确定因素作为指南。选择方案就是确定计划,即进行实质性决策。

七、编制派生计划

在做出决策之后,计划工作还没有完成,还有第七步的工作要做。通常来说,一个基本计划的执行总是毫无例外地需要一系列派生计划的支持。例如，某航空公司在做出购买一个编队新式飞机的计划决策后，就会自然而然地产生一系列派生支持计划，如招聘和培训各类人员、购买各种配件、扩建维修设施、编制飞机时刻表等。

八、编制预算

最后一步是把决策和计划转化为预算，使之数字化，通过数字来反映整个计划。这主要有两个目的：第一，计划必然涉及资源的分配，只有将其数字化后才能汇总和平衡各类计划，分配好各类资源；第二，预算可以成为衡量计划完成的标准。

【案例3-1】 10分钟提高效率

美国某钢铁公司总裁向一位效率专家请教："如何能更好地执行计划？"。这位专家声称可以给总裁一样东西，在10分钟内将他公司的业绩提高50%。然后，专家递给总裁一张白纸，说："请在这张纸上写下你明天要做的6件最重要的事。"总裁用了约5分钟的时间写完。专家接着说："现在用数字标明每件事情对于你和公司的重要性次序。"总裁又花了约5分钟做完。专家说："好了，现在这张纸就是我要给你的。明天早上第一件事是把纸条拿出来，做第一项最重要的。不看其他的，只做第一项，直到完成为止。然后用同样办法对待第2项、第3项……直到下班为止。即使只做完一件事，那也不要紧，因为你总在做最重要的事。你可以试着每天这样做，直到你相信这个方法有价值时，请将你认为的价值给我寄支票。"一个月后，总裁给这位专家寄去一张2.5万美元的支票，并在他的员工中普及这种方法。几年后，这家钢铁公司成了世界最大钢铁公司之一。

https://wenku.baidu.com/view/68b8c692b42acfc789eb172ded630b1c58ee9b43.html

思考题：计划在管理中的重要性。计划执行中应考虑哪些问题？

第四节 计划编制的方法

计划效率的高低在很大程度上取决于所采用的计划方法。计划方法有以下几种。

一、甘特图法

甘特图是20世纪初由亨利·甘特开发的。它是一组线条图，横轴表示时间，纵轴表示要安排的活动及其进度。甘特图可直观地表明计划定在什么时候进行和完成，并可对实际进展与计划要求对比检查。这种方法虽然简单，但却是一种重要的作业计划与管理工具。它能使管理者很容易搞清一项任务或项目还剩下哪些工作要做，并评估出某项工作是提前了还是拖后了，或者按计划进行着。例如图3-1所示的甘特图是某小型机床厂的生产工作计划表。

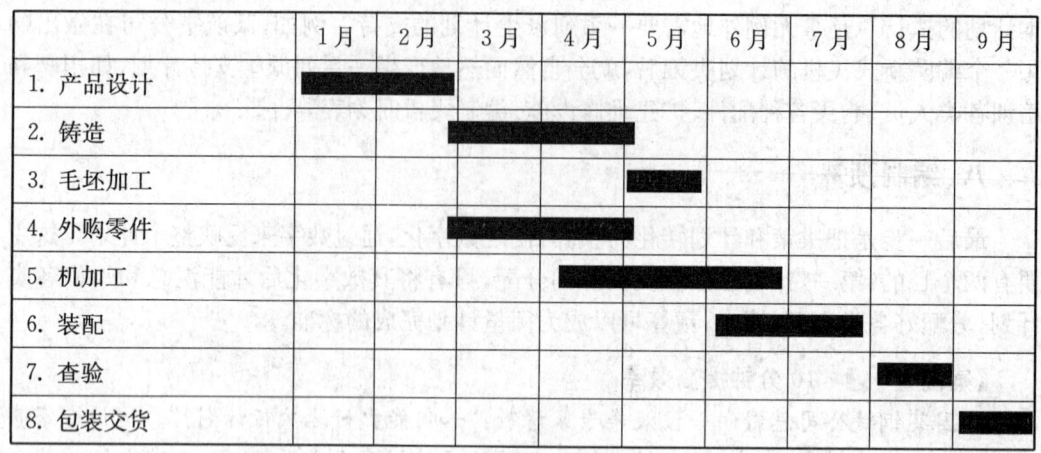

图 3-1 甘特图法示意图

二、滚动计划法

(一) 滚动计划法的含义

滚动计划法又称连续性计划,就是按照"远粗近细"的原则制订一定时期内的计划,然后根据计划的执行情况和环境情况的变化,调整和修订未来的计划,并逐期向前推移,使计划不断向前延伸,形成一个连续的过程,把短期计划与中期计划有机结合起来的一种方法。滚动计划法使长期计划、中期计划和短期计划相互衔接,短期计划内部各阶段相互衔接。这就保证了即使环境变化出现某些不平衡时,也能及时地进行调节,使各期计划能基本保持一致。

(二) 滚动计划法的编制方法

(1) 先编制出第一个一定时期的完整计划,例如企业编制出 2011~2015 年的五年经营战略计划。

(2) 当第一个计划期(如一年)结束后,结合计划实际完成情况,分析实际完成情况与计划的差异,找出差异发生的原因。

(3) 分析本计划期内外部环境条件的变化以及企业经营方针的调整,确定计划的修正因素。

(4) 本期计划向前推进一年到 2016 年,编制出第二个完整的五年计划(即 2016~2020 年)。

(5) 如此不断向前滚动,不断延伸,使企业始终保持一个完整的五年计划。

(6) 考虑到计划的适用性,编制滚动计划可采用"近细远粗"的办法,即在整个长期计划内,近期的计划可编制得详细、具体一些,第一个计划期的计划可以详细到作为年度计划使用;离编制期较远的计划期的计划,可编制得概括、抽象一些。

（三）滚动计划法示意图

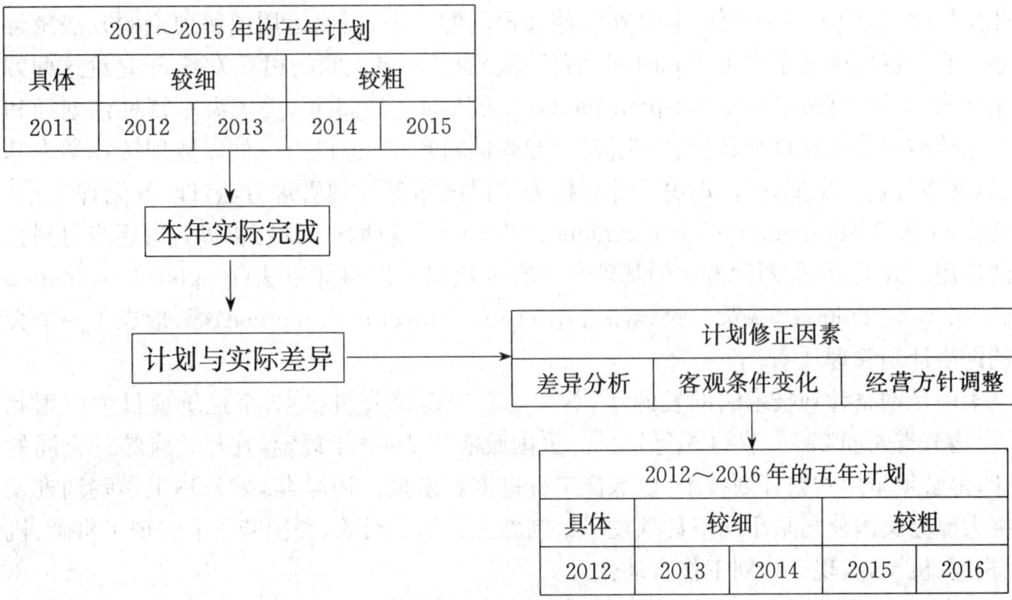

2011~2015 年的五年计划				
具体	较细		较粗	
2011	2012	2013	2014	2015

↓

本年实际完成

↓

计划与实际差异 →

计划修正因素		
差异分析	客观条件变化	经营方针调整

↓

2012~2016 年的五年计划				
具体	较细		较粗	
2012	2013	2014	2015	2016

图 3-2 滚动计划法示意图

（四）滚动计划法的评价

滚动计划法虽然使得计划编制工作的任务量加大，但在计算机已被广泛应用的今天，其优点十分明显。

(1) 把计划期内各阶段以及下一个时期的预先安排有机地衔接起来，而且定期调整补充，从而从方法上解决了各阶段计划的衔接和与实际相符合的问题。

(2) 较好地解决了计划的相对稳定性和实际情况的多边性这一矛盾，使计划更好地发挥其指导生产实际的作用。

(3) 采用滚动计划法，使企业的生产活动能够灵活地适应市场需求，把供产销密切结合起来，从而有利于实现企业目标。

需要指出的是，滚动间隔的选择，要适应企业的具体情况，如果滚动间隔期偏短，则计划调整较频繁，好处是有利于计划符合实际，缺点是降低了计划的严肃性。一般情况是，生产比较稳定的大量大批生产型企业宜采用较长的滚动间隔期，生产不太稳定的单件小批量生产型企业可考虑采用较短的滚动间隔期。

采用滚动计划法，可以根据环境条件变化和实际完成情况，定期地对计划进行修订，使组织始终有一个较为切合实际的长期计划作指导，并使长期计划能够始终与短期计划紧密地衔接在一起。

三、网络计划技术法

（一）网络计划技术法的含义

在 20 世纪 50 年代以前，人们都是凭经验编制实施计划。20 世纪 50 年代以后，为了适应生产发展和关系复杂的科研工作开展的需要，国外出现了一种计划管理的新方法——网络计划技术法。网络计划技术法最早出现在美国,1957年,美国杜邦公司在建设化工厂时,组织了一个工作组,并在兰德公司的配合下,提出运用图解理论的方法制订计划。它不仅明确表示出工序和时间,而且还表明了两者之间的相互关系,于是给这种方法定名为"关键线路法"(critical path method, CPM)。1958年,美国海军特种计划局和洛克希德航空公司在规划和研制"北极星"导弹的过程中,也提出一种以数理统计学为基础、以网络分析为主要内容、以电子计算机为手段的新型计划管理方法,即"计划评审术"(program evaluation and review technique, PERT)。这两种方法在世界各国逐步得到普遍的应用。此后,在这两种方法的基础上又有人提出了图解评审法(graphical evaluation and review technique)、决策关键线路法(decision critical path method)等,形成了一个大类的网络计划管理技术。

美国是网络计划技术法的发源地,美国的泰迪建筑公司在47个建筑项目中应用此法,平均节省时间22%,节约资金15%。美国政府于1962年规定,凡与政府签订合同的企业,都必须采用网络计划技术,以保证工程进度和质量。1974年,麻省理工学院调查发现绝大部分美国公司采用网络计划技术编制施工计划。目前,美国基本上实现了机画、机算、机编、机调,实现了计划工作自动化。

日本、俄罗斯、德国、英国也普遍在工程中应用了网络计划技术法,并把这一技术应用在建筑工程的全过程管理之中。

我国对网络计划技术法的推广与应用也较早,20世纪60年代初期,著名科学家华罗庚、钱学森相继将网络计划技术方法引入我国。华罗庚教授在综合研究各类网络方法的基础上,结合我国实际情况加以简化,于1965年发表了《统筹方法评估》,为推广应用网络计划技术方法奠定了基础。近几年,随着科技的发展和进步,网络计划技术的应用也日渐得到工程管理人员的重视,且已取得可观的经济效益。如上海宝钢炼铁厂1号高炉土建工程施工中,应用网络法,缩短工期21%,降低成本9.8%;广州白天鹅宾馆在建设中,运用网络计划技术法,工期比外商签订的合同提前四个月,仅投资利息就节约1 000万元。

(二) 网络计划法的特点

(1) 能把整个工程的各项任务的时间顺序和相互关系清晰地表示出来,能直观、明确地反映项目全貌及项目中各项工作的进度安排,通过网络计划和网络分析,找出计划中的关键作业和关键线路以明确项目活动的重点,抓住主要矛盾,便于对项目活动的资源优化分配和重点管理。

(2) 可以对工程的时间进度与资源利用实行优化。通过网络计划的优化,调动非关键路线上的人力、物力、财力,加强关键作业,加速关键作业进程,缩短项目工期、降低成本并求得资源的合理利用。

(3) 可事先评价达到目标的可能性,指出实施中可能发生的难点及其对整个任务产生的影响,以便采取相应措施以减少完不成任务的风险。

(4) 简单易懂,便于组织和控制,特别对于复杂的大项目,可分成许多子系统分别控制。

四、投入—产出分析法

(一) 投入—产出分析法含义

投入—产出分析法是 20 世纪 40 年代由美国经济学家列昂节夫(Wassily Leontief)首先提出的。它的主要根据是各部门经济活动的投入与产出之间的数量关系。所谓投入就是将人力、物力投入生产过程,在其中被消耗,这是生产性的消费;所谓产出就是生产出一定数量和种类的产品。

投入—产出分析作为一种综合计划方法,首先要根据某一年份的实际统计资料求出各部门之间的一定比例,编制投入产出表;然后计算各部门之间的直接消耗系数和间接消耗系数(合计便是完全消耗系数);进一步根据某些部门对最终产品的要求,算出各部门应达到的状况,据此编制综合计划。

(二) 投入—产出分析法特点

(1) 反映了各部门的技术经济结构,可以合理安排各种比例关系,该方法是进行综合平衡的一种有效工具。

(2) 在编表过程中不仅能充分利用现有统计资料,而且能建立各种统计指标之间的内在关系,使统计资料系统化,编成的投入—产出表则是一个比较全面地反映经济过程的数据库,可以用来做多种经济分析和经济预测。

(3) 由于通过表格形式反映经济现象,涉及的数学知识不深,因而易于理解,并易于为计划工作者所接受。

(4) 适用范围较广,不仅可用于国家、部门或地区等宏观层次的计划制订,而且可用于企业的计划安排。

第五节 目标管理

【案例 3-2】 爱丽丝的故事

"请你告诉我,我该走哪条路?"

"那要看你想去哪里?"猫说。

"去哪儿无所谓。"爱丽丝说。

"那么走哪条路也就无所谓了。"猫说。

——摘自刘易斯·卡罗尔的《爱丽丝漫游奇境记》

思考题:设立目标的重要性。

一、目标管理的概念

目标管理(managing by objectives)是由美国著名管理学家德鲁克在 1954 年所写的《管理实践》一书中提出的一种管理方法。目标管理是以目标的设置和分解、目标的实施及完成情况的检查、奖惩为手段,通过组织中的上级和下级一起共同制定组织的目标,并由此决定上下级的责任和分目标,然后把这些目标作为经营、评估、奖励每个单位和个人贡献的标准的一种管理方法。

一般来说,目标管理包括以下四个方面的特点。

(1) 组织目标是共同协商的,而不是上级下达指标,下级提出保证。

在传统管理中,组织目标的制定是组织中最高管理者的特权,下级管理者和一般职工只有执行的义务,目标的制定和目标的执行是相分离的。目标管理则强调目标的制定要由上下级共同协商制定,目标的制定方式是"由上而下"和"由下而上"相结合,目标的执行也是上下级共同努力的结果。

(2) 根据组织的总目标决定每个部门和个人的任务、责任及应达到的分目标。

下级的目标必须与上级的目标一致,而且必须是根据上一级的目标分解而来的。所有的下级目标合并起来应等于或大于上一级的目标。需要注意的是,目标的一致并不是十分容易的事情,因为在目标向下分解的过程中,有可能出现目标的错位、变形、偏离。

(3) 通过反馈和指导,确保一切活动都围绕既定目标展开。

没有反馈和指导就没有目标管理。反馈就是将下属的工作状况与设定的目标进行比较,并将比较的结果告诉下属,使下属自己纠正偏离的行为。指导就是上级帮助下属提高工作能力及在工作中指明前进的方向。

目标管理过程中,上级在下属实现目标的过程中不再是下命令、做指示,而是劝告、指导、建议。

(4) 将目标作为对部门和个人考核的依据。

以目标作为考核各级人员的标准和依据。传统的绩效考核主要是以被考核对象的品质、态度等为依据来进行,考核是上级单方面的权力,下级并无发言权;目标管理则强调考核要以工作实绩为依据,职工自己首先对照目标进行实绩的自我检查,然后上下级共同确定考核结果,并以此作为奖惩的依据。

二、目标管理的意义

1. 导向作用

目标管理的导向作用,也就是为组织的管理工作指明方向。从某种意义上说,管理是一个为了达到同一目标而协调集体所做努力的过程,如果不是实现一定的目标,就无须管理,组织目标对组织活动具有导向作用,为管理指明了方向。

2. 凝聚作用

组织是一个社会协作系统,它必须对其成员有一种凝聚力。组织凝聚力的大小受到多种因素的影响,其中的一个因素就是组织目标。当组织目标充分体现了组织成员的共同利益,并能够与组织成员的个人目标取得最大的和谐一致时,就能够极大地激发组织成员的工作热情、献身精神和创造力。如果组织能确立科学有效的总目标,然后进行层层分解,在工作中各单位及相关人员根据总目标要求,进行合理调整,就可以知道本部门的工作定位,合理安排自己的进度,同时也可以有效地与其他部门配合,从而产生组织目标的凝聚作用。

3. 激励作用

组织目标的激励作用主要体现在提供鼓舞、支撑和满足感等方面。组织目标设定之后,该目标就可以成为员工自我激励引导的标准。一方面,个人只有明确了目标才能调动起潜在能力,创造出最佳成绩;另一方面,个人只有达到了目标后,才会产生成就感和满意感。组织目标也可以成为组织团队激励的基础,激发员工的合作意识。组织确立目标之后,就使组织团队成员有所遵循,当所有的团队成员皆在同一目标下共同工作时,团队成员的凝聚力必然加强,就会产生团队激励的效果,培养团队的合作意识与团队精神。

4. 考核评价作用

组织目标为单位、个人工作绩效的考评提供正确的标准和准绳。大量管理实践表明,以上级的主观印象和对下级人员的价值判断作为对员工绩效考核的依据是不客观、不科学的,因而不利于调动员工积极性。正确的方法应当是根据明确的目标进行考核。当工作完成后,有关人员即可依据原定目标加以考核,看其工作成果是否与原定目标相符。这种考核比较客观公正,考核结果也较具有可信度和说服力。

三、目标管理的过程

目标管理是通过目标网络,层层分解下达目标,使任务到人、责任到岗的一种管理方法;目标管理中的目标不是上级强加的,而是由员工和下属部门在上级的协助下自己制定的;目标的完成是员工自我管理的结果,上级只是依据和员工一起协商制定的目标完成标准来检查、控制目标的完成情况;目标管理的核心是让员工自己当老板,自己管理自己。

因此,目标管理的工作过程包括以下五个程序。

1. 制定目标

制定目标包括制定组织的总目标、部门目标和个人目标,同时要制定达到目标的标准,以及达到目标的方法和完成这些目标所需要的条件等多方面的内容。

2. 目标分解

建立企业的目标网络,形成目标体系,通过目标体系把各个部门的目标信息显示出来,就像看地图一样,任何人一看目标网络图就知道工作目标是什么,遇到问题时需要哪一个部门来支持。

3. 目标实施

要经常检查和控制目标的执行情况和完成情况,看看在实施过程中有没有出现偏差。

4. 检查实施结果及奖惩

对目标按照制定的标准进行考核,目标完成的质量可以与个人的升迁、报酬等挂钩。

5. 信息反馈及处理

在考核之前,还有一个很重要的问题,即在进行目标实施控制的过程中,会出现一些不可预测的问题。如目标是年初制定的,年尾发生了金融危机,那么年初制定的目标就不能实现。因此在实行考核时,要根据实际情况对目标进行调整和反馈。

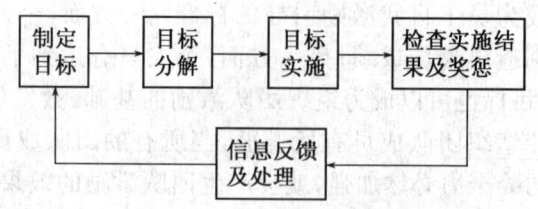

图 3-3 目标管理流程图

四、目标管理的评价

目标管理在全世界产生很大影响,但实施中也出现许多问题。因此必须客观分析其优劣势,才能扬长避短,收到实效。

(一)目标管理的优点

(1)目标管理对组织内易于度量和分解的目标会带来良好的绩效。对于那些在技术上具有可分性的工作,由于责任、任务明确,目标管理常常会起到立竿见影的效果,而对于技术不可分的团队工作,目标管理则难以实施。

(2)目标管理有助于改进组织结构的职责分工。由于组织目标的成果和责任统一划归一个职位或部门,容易发现授权不足与职责不清等缺陷。

(3)目标管理启发了自觉,调动了职工的主动性、积极性、创造性。由于强调自我控制、自我调节,将个人利益和组织利益紧密联系起来,因而提高了士气。

(4)目标管理促进了意见交流和相互了解,改善了人际关系。

(二)目标管理的缺点

在实际操作中,目标管理也存在许多明显的缺点,主要表现在以下几点。

(1)目标难以制定。组织内的许多目标难以定量化、具体化;许多团队工作在技术上不可分解;组织环境的可变因素越来越多,变化越来越快,组织的内部活动日益复杂,使组织活动的不确定性越来越大。这些都使得组织的许多活动难以制定量化目标。

(2)目标管理的哲学假设不一定都存在。Y理论对于人类的动机做了过分乐观的假设,实际中的人是有"机会主义本性"的,尤其在监督不力的情况下。因此在许多情况下,目标管理所要求的承诺、自觉、自治气氛难以形成。

(3)目标商定可能增加管理成本。目标商定要上下沟通、统一思想,很费时间;每个单位、个人都关注自身目标的完成,很可能忽略了相互协作和组织目标的实现;滋长本位主义、临时观点和急功近利倾向。

(4)有时奖惩不一定都能和目标成果相配合,也很难保证公正性,从而削弱了目标管理的效果。

鉴于上述分析,在实际中推行目标管理时,除了掌握具体的方法以外,还要特别注意把握工作的性质,分析其分解和量化的可能;提高员工的职业道德水平,培养合作精神,建立健全各项规章制度,注意改进领导作风和工作方法,使目标管理的推行建立在一定的思想基础和科学基础之上;要逐步推行,长期坚持,不断完善,从而使目标管理发挥预期的作用。

复习思考题

1. 什么是计划职能？
2. 计划职能具有哪些特征？
3. 计划编制的基本程序包括哪些步骤？
4. 什么是滚动计划法？它有什么优缺点？
5. 什么是目标管理？
6. 目标管理有什么特点？

延伸阅读

【材料一】

松下电器公司的成长

松下电器公司自1918年由松下幸之助创立以来，经历80多年的奋斗，现在已成为世界著名的综合性大型电子企业，在2005年《财富》杂志的世界500强企业排名中位居第25位。目前，松下电器在全世界设有260多家公司，员工总数超过25万人。

松下幸之助认为，做任何事情要成功，必先确立崇高的目标，然后一步一步脚踏实地向前迈进，除此之外，别无他法。松下公司非常重视计划和向员工揭示公司发展目标。1932年，松下幸之助曾组织全体员工集会，宣布松下电器的使命，并做出250年的远景规划，每25年作为一个时间段。

从20世纪50年代中期开始，日本经济开始高速增长，日立、三菱、东芝等大厂商开始进入家电市场，家电行业的竞争愈演愈烈。松下公司确立了占领美国电视机市场的目标，与其他日本电视机制造商组成了一个卡特尔（垄断组织形式之一，由生产同类产品的企业联合组成），将进攻的焦点集中在美国市场上。在20年时间里，松下公司通过不懈努力，将它在美国的竞争对手从25个削减到6个，最终，所有的美国竞争对手不是破产就是被外国同行所兼并。

在实现了这个计划目标以后，松下公司开始了一个更宏伟的长期计划，将松下打造成为世界消费电子产业中的巨人。松下公司管理层更是将公司看作长盛不衰的企业，不给竞争对手留下任何可乘之机。

在松下公司的发展计划中，一个重要的发展战略就是走高科技发展之路。随便列举几个松下公司的产品，我们可以发现它们都代表了当时最先进的科技产品。从彩电、单放机、游戏机、智能洗衣机、液晶电视，到笔记本电脑、数码产品、机器人等。松下电器总是处于科技产品的前沿，它的产品处处体现了最新科技的发展成果，引领着科技时代消费的潮流。松下公司的这一发展计划，舍弃了低端产品，专注于高端产品，紧握着核心技术，享受着最大化的利润。这一发展战略，使松下公司取得了巨大成功，令其他的一些电器企业只能望其项背。

20世纪初,松下电器公司又制订了2006~2010年的发展规划和经营目标。松下电器公司的发展轨迹证明:优秀的企业计划和对计划实施的严格控制,是关系到企业兴衰成败的一个重要因素。

(松下电器(中国)有限公司网站)

【材料二】

滚动计划为东方公司插上成功的翅膀

每逢岁末年初,各企业的领导者都会暂时放下手中的其他工作,与自己的核心团队一同踏踏实实地坐下来,专门花些时间制订来年的工作计划,以求为下一年插上希望和成功的翅膀,让企业各项事业在当年业绩的基础上更上一层楼。但外部环境千变万化,内部条件变数难料,怎样"高明"的总计划才能让企业来年12个月的"漫长"计划科学合理、高效务实,所有的工作都能按部就班、一帆风顺呢?

东方公司是中国东部地区一家知名企业,原有的计划管理水平低下,粗放管理特征显著,计划管理与公司实际运营情况长期脱节。为实现企业计划制订与计划执行的良性互动,在管理咨询公司顾问的参与下,东方公司逐步开始推行全面滚动计划管理。

首先,东方公司以全面协同量化指标为基础,将各年度分解为四个独立的、相对完整的季度计划,并将其与年度计划紧密衔接。在企业计划偏离和调整工作中,东方公司充分运用了动态管理的方法。

所谓动态管理,就是东方公司年度计划执行过程中要对计划本身进行三次定期调整:第一季度的计划执行完毕后,就立即对该季度的计划执行情况与原计划进行比较分析,同时研究、判断企业近期内外环境的变化情况。根据统一得出的结论对后三个季度的计划和全年计划进行相应调整。第二季度的计划执行完毕后,使用同样的方法对后两个季度的计划和全年计划进行相应调整。第三季度的计划执行完毕后,仍然采取同样方法对最后一个季度的计划和全年计划进行调整。

东方公司各季度计划的制订是根据近细远粗、依次滚动的原则开展的。这就是说,每年年初都要制订一套繁简不一的四个季度计划:第一季度的计划率先做到完全量化,计划的执行者只要拿到计划文本就可以一一遵照执行,毫无困难或异议;第二季度的计划至少要做到50%的内容实现量化;第三季度的计划也至少要使20%的内容实现量化;第四季度的计划只要做到定性即可。同时,在计划的具体执行过程中对各季度计划进行定期滚动管理:第一季度的计划执行完毕后,将第二季度的计划滚动到原第一计划的位置,按原第一季度计划的标准细化到完全量化的水平;第三季度的计划则滚动到原第二季度计划的位置并细化到至少量化50%内容的水平,依次类推。第二季度或第三季度计划执行完毕时,按照相同原则将后续季度计划向前滚动一个阶段并予以相应细化。本年度四个季度计划全部都执行完毕后,下年度计划的周期即时开始,如此周而复始,循环往复。

其次,东方公司以全面协同量化指标为基础建立了三年期的跨年度计划管理模式,并将其与年度计划紧密对接。

跨年度计划的执行和季度滚动计划的思路一致。东方公司每年都要对计划本身进行一次定期调整:第一年度的计划执行完毕后,就立即对该年度的计划执行情况与原计划进行比较分析。同时研究、判断企业近期内外环境的变化情况,根据统一得出的结论对后三年的计划和整个跨年度计划进行相应调整。当第二年的计划执行完毕后,使用同样的方法对后三年的计划和整个跨年度计划进行相应调整,依次类推。

东方公司立足于企业长期、稳定、健康地发展,将季度计划—年度计划—跨年度计划环环相扣,前后呼应,形成了独具特色的企业计划管理体系,极大地促进了企业计划制订和计划执行相辅相成的功效,明显提升了企业计划管理、分析预测和管理咨询的水平,为企业整体效益的提高奠定了坚实的基础。

(http://baike.baidu.com/view/1359753.htm)

案例分析

Swan公司自行车市场计划与决策

Swan于1895年在芝加哥创办了Swan自行车公司,后来成长为世界最大的自行车制造商。在20世纪60年代,Swan公司占有美国自行车市场25%的份额,不过,过去是过去,现在是现在。

小Swan是创始人的长孙,1979年他接管公司的控制权,那时,问题已经出现,而糟糕的计划和决策又使已有的问题雪上加霜。

在70年代,Swan公司不断投资于它强大的零售分销网络和品牌,以便主宰10挡变速车市场。但是进入80年代,市场转移了,山地车取代了10挡变速车成为销量最大的车型,而且轻型的、高技术的、外国生产的自行车在成年的自行车爱好者中日益普及。Swan公司错过了这两次市场转型的机会。它对市场的变化反应太慢,管理当局专注于削减成本而不是创新。结果,Swan公司的市场份额开始迅速地被更富有远见的自行车制造商夺走,这些制造商销售的品牌有特莱克、坎农戴尔、巨人和钻石。

或许,Swan公司最大的错误是没有把握住自行车是一种全球产品,公司迟迟未能开发海外市场和利用国外的生产条件。一直拖到70年代末,Swan公司才开始加入国外竞争,把大量的自行车转移到日本进行生产,但到那时,不断扩张的台湾地区的自行车工业已经在价格上击败了日本生产厂家。作为对付这种竞争的一种策略,Swan公司开始少量进口中国台湾省制造的巨人牌自行车,然后贴上Swan商标在美国市场上出售。

1981年,当Swan公司设在芝加哥的主要工厂的工人举行罢工时,公司采取了也许是最愚蠢的行动。管理当局不是与工人谈判解决问题,而是关闭了工厂,将工程师和设备迁往中国台湾省的巨人公司自行车工厂。作为与巨人公司合伙关系的一部分,Swan公司将所有的一切,包括技术、工程、生产能力都交给了巨人公司,这正是巨人公司要成为占统治地位的自行车制造商所求之不得的。作为交换条件,Swan公司进口和在美国市场上以Swan商标经销巨人公司制造的自行车。正如一家美国竞争者所言:"Swan将特许权盛在银盘上奉送给巨人公司。"

到1984年,巨人公司每年交付给Swan公司70万辆自行车,以Swan商标销售,占

Swan公司销售额的90%。几年后,巨人公司利用从Swan公司那里获得的知识,在美国市场上建立了自己的商标。

到1992年,巨人公司和大陆的自行车公司,已经在世界市场上占据了统治地位。巨人公司销售的每10辆自行车中就有7辆是以自己的商标出售的,而Swan公司怎么样了?当它的市场份额1992年10月跌到5%时,公司开始申请破产。

(http://sinass.blog.edu.cn/2010/586905.html)

问题:

1. 根据上述影响计划的权变性因素,分析公司在60、70、80年代的计划应该是怎样的。
2. 应当制订怎样的长期计划来挽救该公司?

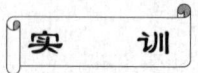

【内容一】

活动策划

1. 教师讲授如何撰写计划书,并举例说明促销活动计划书撰写要领。
2. 以自愿为原则,6~8人组成一组,可以去商店、商场进行调研分析。
3. 根据调研情况撰写一份"五一"节日促销活动计划书。
4. 请被调研的商店、商场对该计划书进行评价。

【内容二】

为模拟公司制订合理的规划

1. 各模拟公司根据计划编制的程序,为本公司设计一个目标管理方案。
2. 选择一种编制计划的方法对该公司目标进行分解,形成部门目标和个人目标,组成目标体系,并制定绩效考核方案。
3. 各模拟公司相互探讨,评价哪个公司制定的目标体系更好,绩效考核方案更完善。
4. 由教师与学生对各公司所制订的计划和目标进行评估打分。

第四章 组织职能

重点知识要求

- 了解组织的概念与特征
- 了解组织类型
- 了解组织结构设计的基本原则
- 理解管理层次和管理幅度之间的关系
- 理解团队与群体之间的区别

重点能力要求

- 掌握部门划分的方法
- 掌握每种组织结构设计的优缺点

导入案例

　　东原公司是一家新兴企业,六年前以房地产开发业务起家,公司初创时只有几个人,资产1500万元,发展到现在的1300余人,5.8亿元资产。业务拓展以房地产开发为主,形成集娱乐、餐饮、咨询、汽车维护、百货零售等业务的多元化经营格局。

　　随着公司的不断发展,人员开始膨胀,部门设置日益复杂。如总公司下设五个分公司及一个娱乐中心,娱乐中心下设嬉水、餐饮、健身、保龄球、滑冰等项目。另外,总公司所属的房屋开发公司、装修公司、汽车维修公司和物业公司又自成体系。管理层次也不断增加,总公司有三级,各分公司又各有三级以上的管理层,最突出的是娱乐中心,管理层次多达七级。职能部门重叠设置,总公司有人力资源部,而下属公司也相应设立人力资源部门,管理混乱。事实表明,多角化经营的复杂业务格局,原有的直线职能制已不适应公司的发展了。此外,财务管理也很混乱,各个分部独立核算后,都有自己的账户,总公司可控制的资金越来越少。因此,有必要在财务上实行集权。

　　但是,组织变革意味着利益的重新分配,可能引起管理层的震荡。因此,东原公司的领导层面临考验。

（冯国珍主编《管理学习题与案例》,复旦大学出版社,2008年版）

思考题:假如你是东原公司的领导,你会怎么做?

第一节　组织职能概述

一、组织和组织职能的概念

组织是为了达到特定目标,在分工合作基础上构成的人的集合。组织作为人的集合,不是简单的毫无关联的个人的加总,它是人们为了实现一定的目的,有意识地协同劳动而产生的群体。根据巴纳德的观点,所有正式组织不论级别和规模差别多大,均包含共同的目标、协作的愿望和信息的沟通三个基本要素。所以,一般意义上的组织包括三层含义:① 组织必须具有目标;② 组织内部必须有分工与合作;③ 组织要有不同层次的权力与责任制度。

在管理学中,组织含义可从动态和静态两个方面进行理解。静态方面:组织是一个实体,是反映人、职位、任务以及它们之间特定关系的网络。动态方面:组织是一个过程,指维持与变革组织结构,以完成组织目标的过程,是管理的一项基本职能。

组织职能是指为有效实现组织目标,建立组织结构,配备人员,使组织协调运行的一系列活动。

二、组织的类型

(一) 按组织的人数多少划分

(1) 大型组织,指组织人数较多、规模较大的组织。

(2) 小型组织,指人数较少、规模较小的组织。

(二) 按组织的目标性质以及由其所决定的基本任务划分

(1) 政治组织,指以完成各种政治任务,实现一定的政治目的为主要目标的组织,如各种党派、政治团体等。

(2) 经济组织,指参与市场交换,通过生产经营活动获取利润的组织,主要是各类企业。

(3) 军事组织,指保卫国家安全,维护社会治安、秩序的各种武装力量,如军队、警察等。

(4) 学术组织,指以从事科学研究,推动科学技术发展为目的的组织,如各种学术研究机构、学术团体、协会和学会等。

(5) 教育组织,指从事文化教育、培养人才、传授知识的组织,主要是各类学校。

(6) 宗教组织,指从事宗教活动的各种组织。

(三) 按组织的营利性划分

(1) 营利性组织。所有的企业组织都是营利性组织,它们经营运作就是为了实现营利的目标。通常根据投资报酬率来确定企业每年的利润额,利润是一个企业组织的主要目标之一。一个企业组织如果无法营利,那么它就不可能改善员工的近况,也就不可能投资进行更进一步的研究和发展活动,因此也就无法为顾客提供更好的产品,也就无法向政府纳税。所以,利润在很大程度上对组织和社会都有益处。利益动机不应当被看成是组织自私的动机。另外,企业组织必须与那些帮助它们实现目标的组织和个人共享利润。

(2) 非营利性组织。它们的主要宗旨是向社会提供服务,比如提供教育、医疗服务等。这些组织提供的服务可能要收取一定的费用,这些费用主要用于维持组织的生存。这些组织通常不必向政府纳税。有时一些非营利性组织也从事营利性活动,这些活动迫使政府加强对所有非营利性组织的控制。对非营利性组织施加控制可能会妨碍它们的运营效率,因此组织必须遵守一定的规章制度。

(四) 按组织形成原因进行划分

(1) 正式组织。正式组织是为了有效地实现组织目标,规定组织成员之间职责范围和相互关系的一种结构。正式组织具有以下特征:① 不是自发形成。正式组织是根据社会的需要,经过设计、规划、组建而成,不是自发形成,其组织结构的特征反映出一定的管理思想和信念。② 有明确的目标。正式组织具有十分明确的组织目标,并且为实现组织目标制定组织规范,以最经济有效的方式达到目标。③ 以效率为标准。在正式组织中,以效率为其行动标准,为提高效率,组织成员之间保持着形式上的协作。④ 强制性。正式组织通过方针、政策、规则、制度等对组织成员发挥作用,通过建立权威,约束组织成员的行为,因而对组织成员具有强制性作用。

(2) 非正式组织。非正式组织是人们在共同工作或活动中,因抱有共同的社会情感和爱好,以共同的利益和需要为基础而自发形成的团体。非正式组织具有以下特征:① 自发性。如果正式组织不能满足其成员获得友谊、帮助和社交的需要,成员就会在正式组织之外自发地组成一些非正式组织,以满足个人不同需要。② 内聚性。非正式组织没有严格的规章制度约束其成员,成员之所以能够集合在一起,是由于他们有相近的价值观或共同的兴趣爱好或有切身的利害关系等,这些都会使其成员产生较为一致的"团体意识",起着内聚和维系成员的作用。③ 不稳定性。由于非正式组织是自发产生、自由结合而成的,因而呈现出不稳定性,它往往随环境的变化、观念的更新、新的人际关系的出现、活动范围的改变而发生变化。④ 领袖人物作用较大。非正式组织中往往有自然形成的领袖人物,它们在组织中起着诸如提出权威性意见、负责维系其组织的相对稳定、提供行为模式等的作用,对其组织成员的行为影响较大。

通常来说,各种俱乐部、团队、协会和类似的其他群体就是非正式组织;所有的商业组织、工业组织和教育机构都是正式组织。非正式组织可能存在于正式组织之中,也可能独立存在和运行。

非正式组织对正式组织来讲,具有正反两方面的功能。非正式组织的正面功能主要体现在:非正式组织混合在正式组织中,容易促进工作的完成;正式组织的管理者可以利用非正式组织,来弥补成员间能力与成就的差异;可以通过非正式组织的关系与气氛,来获得组织的稳定;可以运用非正式组织作为正式组织的沟通工具;可以利用非正式组织来提高组织成员的士气等。非正式组织的负面效应主要体现为可能阻碍组织目标的实现。

第二节　组织结构设计

【案例4-1】 某设备制造公司组织结构设计

某设备制造公司雇用施斌当副总经理好多年了。华明是施斌分管的负责公司研发工作的部门负责人。华明分管的手下有三个关键人物：研究部主任、行政管理部经理和专利注册部经理。研究部主任又分管两个处长：一个抓基础研究，另一个负责应用开发。这两个处，各有五个探索领域：物理、有机合成、化学工艺、反应装置和分解学。依此类推，负责每个领域的科长手下又有两、三个具体抓课题的组长。在整个研究开发过程中，由施斌不时地复审所有的项目，然后拨款放权，让这些项目进入下一个阶段。

如此安排，使研究工作大见成效，公司长期以来生意兴隆，获得了上千项专利。但是近两年来，日本、德国的一些公司在竞争中不断地有惊人的突破，它们的研究队伍很快就探听到技术上的新改进，并且捷足先登地投入生产开发。当施斌退休时，公司任命了一位新的副总经理来负责研究工作，授权他重新组织研究队伍，以便从整体上对环境做出快速反应，速见成效。

思考题：这位新上任的副总经理应该采取哪些基本措施来改进研究活动，提高工作效率呢？

一、组织结构的概念

组织结构是指对于工作任务的分工、分组和协调合作。现代组织如果缺乏良好的组织结构，没有一套分工明确、权责清楚、协作配合、合理高效的组织结构，其内在机制就不可能充分发挥出来。一个组织如果不能根据外部环境的变化，及时调整、创新和优化组织结构，就会影响管理效能和组织效率地提高。因此，建立合理高效的组织结构是十分必要的。

二、组织结构设计的原则

由于不同的组织有不同的目标和特点，所以设计的组织结构也就不同。但在进行组织结构设计时，有一些基本原则是相同的，是必须遵循的。

（一）目标任务原则

组织结构设计的根本目的，就是为了保证组织的战略任务和经营目标的实现，为此，组织结构的设计就必须以此作为出发点和归宿点。在设计组织结构时应首先分析企业的任务和特定的目标，设置组织机构要以事为中心，因事配备适宜的管理人员，做到人人有事做，事事有人负责。

（二）有效管理幅度的原则

有效管理幅度是指一个主管直接有效管理指挥下属的人数。由于管理者的个人、知识、经验和精力等是有限的，所以任何一个主管所管辖的人数都是有一定限度的。同时，从管理效率的角度看，每一个企业不同管理层级的主管，其管理幅度也不同。

由于管理幅度的大小同管理层级的多少成反比关系,因此在确定企业的管理层级时,必须考虑到有效管理幅度的制约。

(三) 统一指挥的原则

所谓统一指挥,是指一个下属人员只应接受一个领导人的命令。统一指挥可以说是组织设计原则中最古老的原则。任何人,当他接到两个或两个以上相互冲突的命令时,都将无所适从,不仅为谁都来命令而烦恼,而且为选择哪一个人的命令而苦恼。他不仅可能因为没有执行某个上级领导的命令而得罪了这位上级,而且这位上级的命令也因此而难以执行。无形之中,就会架空了这位上级。

(四) 责权利相结合的原则

责任、权力、利益三者之间是不可分割的,必须是协调的、平衡的和统一的。权力是责任的基础,有了权力才可能负起责任;责任是权力的约束,有了责任,权力拥有者在运用权力时就必须考虑可能产生的后果,不至于滥用权力;利益的大小决定了管理者是否愿意担负责任以及接受权力的程度,利益大责任小的事情谁都愿意去做,相反,利益小责任大的事情人们不愿意去做。有责无权,有权无责,或者责权不对等,或者责权利不协调、不统一等等,都会使组织结构不能有效运行,难以完成其任务目标。此外,这种不合理的组织结构既不利于激励员工,也无益于管理监督。

(五) 专业分工协作原则

现代企业的管理工作量大、专业性强,应分别设置不同的专业部门,才有利于提高管理工作的效率。但随着分工的深入,会增加组织结构的单位或人员,增加管理组织的横向幅度。因此,在设置管理组织结构时,既要有分工又要有协作,既要保持组织精干又要使组织高效,才能保证各项专业管理工作顺利开展,从而达到组织的整体目标。

(六) 集权与分权相结合的原则

在进行组织设计或调整时,既要有必要的权力集中,又要有必要的权力分散,两者都不可偏废。集权是大生产的客观要求,它有利于保证统一领导和指挥,有利于人力、物力、财力的合理分配和使用,而分权则是调动下属积极性、主动性的必要组织条件。合理分权有利于基层根据实际情况迅速而准确地做出决策,也有利于上层领导摆脱日常事务,集中精力抓大事情。因此,集权与分权是相辅相成的,是矛盾统一的。

三、组织结构的部门化

组织机构的部门化,就是按照职能相似、任务活动相似或关系紧密的原则把组织中专业技能人员分类集合在一个部门内,然后配以专职的管理人员,并授予相应的职权来协调领导,统一指挥。因此,部门设计,实质上是进行管理业务的组合。

划分部门的方法主要有以下几种。

1. 按人数划分部门

由于某项工作必须由若干人一起劳动才能完成,则采用按人数划分部门的方法。其特点是部门内的人员在同一个领导人领导下做同样的工作。

这种方法主要适用于某些技术含量低的组织。

2. 按时间划分部门

这是指将人员按时间进行分组,即倒班作业。在一些需要不间断工作的组织中,或由于经济和技术的需要,常按时间来划分部门,采用轮班作业的方法。其特点是可以保证工作的连续性。这种方法通常用于生产经营一线的基层组织的划分。

3. 按职能划分部门

按职能划分部门就是把相似的工作任务或职能组合在一起形成一个部门。按职能划分部门的优点是:有利于强化各项职能;可以带来专业化分工的种种好处;有利于工作人员的培训与技能提高。

这种结构形态的弊端是:长期在一个专业部门工作,容易形成思维定式,产生偏见;可能导致整个组织对于外界环境变化的反应较慢。

这种方法较多地应用于管理或服务部门的划分。

4. 按产品划分部门

这是指按产品分工划分部门,组成按产品划分的部门(或事业部)。其优点是:能使企业将多元化经营和专业化经营结合起来;有利于企业加强对外部环境的适应性,以市场为主导,及时调整生产方向;有利于促进企业的内部竞争。

其缺点是:必须有较多的具备全面管理能力的人员;由于职能部门重叠设置而导致管理费用的增加;各产品部门的负责人可能过分强调本部门的利益,而影响企业的统一指挥。

这种方法主要适用于制造、销售和服务等业务部门的划分。

5. 按区域划分部门

这是将一个特定地区的经营活动集中在一起,委托给一个管理者或部门去完成。其优点是:① 可以根据本地区的市场需求情况自主组织生产和经营活动,更好地适应市场。② 在当地组织生产可以减少运费和运送时间,降低成本。③ 分权给各地区管理者,可以调动其参与决策的积极性,有利于地区内各种活动的协调。

按地区划分部门也有与按产品划分部门类似的缺点,即需要很多具有全面管理能力的人员,使管理费用增加,增加总部的控制难度。

这种方法主要适应于空间分布很广的企业的生产经营业务部门的划分。

6. 按工艺过程(设备)划分部门

这种方法是指把完成任务的过程分成若干阶段,以此来划分部门,或按大型设备来划分部门。在制造业企业,可按不同的工艺过程、生产过程进行分解。其优点是:符合专业化的原则,可充分利用专业技术和特殊技能,简化培训。其缺点是:各部门之间沟通协作困难,同时不利于全面管理人才的培养。

这种方法主要用于生产制造业企业、连续生产型企业、交通运输企业等的划分。

7. 按服务对象划分部门

这是按照企业的服务对象进行部门划分。其最大优点是可以对顾客提供针对性更强、更高质量的服务。缺点是加大成本,并增加协调的难度。

一个组织在划分部门时,应尽量做到少而精。部门的设置应有弹性,并随组织业务额变化而不断调整。当然,部门的划分最终还要以最有效率地实现组织目标为原则。

四、组织机构的层级化

所谓组织结构层次化,是指组织在纵向结构设计时需要确定层级数目和有效的管理幅度,需要根据组织集权化的程度,规定纵向各层级之间的权责关系,最终形成一个能对内外环境要求做出动态反应的有效组织结构形式。

(一) 管理幅度与管理层级的概念

管理幅度。管理幅度亦称管理跨度,是指一名管理者直接管理的下级人员的数量。上级直接管理的下级人员多,称之为管理幅度大或跨度宽;反之,则称为管理幅度小或跨度窄。管理幅度的大小,实际上反映着上级管理者直接控制和协调的业务活动量的多少。它既同人(包括管理者和下属)的状况有关,也同业务活动的特点有关。

管理层级。管理层级亦称组织层级,是指社会组织内部从最高一级管理组织到最低一级管理组织的各个组织等级。管理层级实质上反映的是组织内部纵向分工关系,各个层次将担负不同的管理职能。因此,伴随层级分工,必然产生层级之间的联系与协调问题。

(二) 管理幅度与管理层次的关系

法国管理咨询专家格拉丘纳斯(V. A. Graicunas)从上下级关系对管理幅度的影响的各方面进行深入研究,指出,管理幅度以算术级数增加时,管理者和下属间可能存在相互交往的人际关系数将以几何级数增加。其公式为:

$$R = N(2^{N-1} + N - 1)$$

式中:R——需要协调的人际关系数;N——下属人员人数。

按照这个公式计算,如果一名上级有2名下属,那么该上级需要协调的人际关系数为6;如果下级人数为10,则人际关系数为5 210。格拉丘纳斯设想的这许多关系,在现实生活中由于种种原因不一定全都发生,但管理幅度加大会引起上下级关系增多,导致管理工作复杂化,却是肯定无疑的。因此,传统的管理理论认为每一个上级领导所直接领导的下级人员不应超过5~6人。当然,有效管理幅度不存在一种普遍适用的固定人数,它的多少受许多因素的影响。

管理层级亦称组织层级,是指组织中最高一级管理组织到最低一级管理组织的各个组织等级。每一个组织等级即为一个管理层级。管理层级受到组织规模和组织幅度的影响。它与组织规模成正比,组织规模越大,包括的人员越多,组织工作也越复杂,则管理层级也就越多。

管理幅度与管理层级之间的关系十分密切。首先,它们具有反比例的数量关系。同样规模的组织,加大管理幅度,管理层级就少;反之,管理层级就多。其次,管理幅度与管理层级之间存在互相制约的关系,其中起主导作用的是管理幅度,即管理幅度决定管理层级,管理层级的多少取决于管理幅度的大小,这是由管理幅度的有限性所决定的。产生这种有限性的原因在于:第一,组织领导者的知识、经验和精力都是有限的,因而能够有效领导的下级人数比较有限,超过一定限度,就不可能进行有效的领导。第二,下级人员受其自身知识、专业、能力等素质条件及分工条件的限制,需要上级领导直接指导其工作,这样,下级人员对上级领导的管理幅度也提出了限制。

(三) 管理幅度设计的影响因素

一名管理者,能够有效管理的下级的人数取决于一些基本因素的影响。综合不同学者的观点,这些因素一般包括以下几点。

1. 管理工作的内容和性质

管理工作的内容越多、越是复杂多变,上下左右之间的联系就越多,管理人员需要耗费的工作时间和精力也就越多,组织就越是需要缩小管理幅度。另外,下属人员工作的相似性越大,管理的指挥和监督工作就越容易,扩大管理幅度就越有可能。

2. 人员素质状况

管理人员和下级人员的素质状况,都会对管理幅度产生影响。如果管理人员和下属人员的素质较高、工作能力较强,管理人员就能够准确而迅速地把握问题的关键,及时提出指导性的建议和方法,而下属也同样能够准确而迅速地领会上级的命令和意图,从而减少协调和沟通的频率,有效扩大管理幅度。因此,加强管理者的素质修养和下属的培训,提高双方的工作能力,是使上下级接触的频率降低、时间减少,从而扩大管理幅度的有效措施。

3. 授权的明确程度

如果管理者对规定的任务明确授权,那么受过良好培训的下级能够在花费管理者最少时间和精力的情况下完成这项任务。但是如果下级的任务是不可执行的,或任务没有明确说明,或者下级没有职权来有效地执行任务,那么有两种结果:一种是任务没有完成,另一种是管理者不得不花费大量时间监督和指导下级的工作。这样,就必然导致管理幅度的缩小。

4. 计划的明确程度

下属的任务多数是由计划规定并依据它来实施的。如果这些计划很周密而且切实可行,对执行计划的下属也进行了授权,并且下属明白所期望的结果,那么上级只需要花费较少的时间,这样管理幅度就可以扩大。负责大量重复作业的生产管理者就属于这种情况。因此,在大量生产工作服的工厂里,生产管理者可以管理30名下级人员。相反,如果计划制定得不明确,下级不得不按自己的计划来行事,那么他们可能需要大量的指导。但是,如果上级制定了清晰的政策来指导决策并且确保它们与部门的业务和目标一致,并且下级了解这些政策,那么上级只需要花费较少的时间。如果这些政策不清晰、不完整或者无法理解,那么仍需要花费上级较多的时间。

5. 信息沟通的方法和效率

如果每一个计划、指示、命令或指令都要通过个人接触来沟通,以及组织的每一个变化或人员问题都需要进行口头处理,那么管理者的时间很明显将不够用。许多管理者聘用助理或参谋人员作为一种沟通工具,来帮助解决主要与下属有关的问题。下级人员的书面建议以及对重要议事的总结常常可以加速决策,因而也可以拓宽管理人员的管理幅度。清晰、简洁的沟通计划和指示,可以提高沟通效率,有助于加大管理者的管理幅度。在当今时代许多组织借助网络信息技术,彻底改变了组织的信息沟通方式,使沟通效率大大提高,因此,管理者的管理幅度也有了极大扩张。

6. 组织变革的速度

组织不是一成不变的,但是,各个组织由于其具体条件不同,变化速度却有快慢之分。变化速度慢,意味着组织的政策比较稳定,措施比较详尽,组织成员对此也较为熟悉,能够按既定程序和要求妥善处理各种问题,从而减轻上级人员的负担,扩大管理幅度。然而,每一个组织都必须根据环境的变化及时进行调整,环境变化越快,组织遇到的问题就越多,组织变革的速度也就越快,主管人员对下属的指导时间和精力耗费也就越多,组织也就越不容易扩大管理幅度。

7. 下级人员和单位空间分布的状况

如果下级人员和单位在空间上的分布比较分散,就会增加上下左右之间协调和沟通的困难,尽管现代通信手段提供了较为便捷的联系渠道,但是,这多少会影响上级主管增加管理幅度的主动性。

以上七个因素在不同组织及不同时期,对管理幅度的影响是不同的。由于这些因素的影响,会产生两种不同的组织形态:随着管理幅度的增加,组织形成一种"扁平式"的组织结构(见图 4-1);与此相反,狭窄的管理幅度使组织形成"高耸式"的组织结构(见图 4-2)。

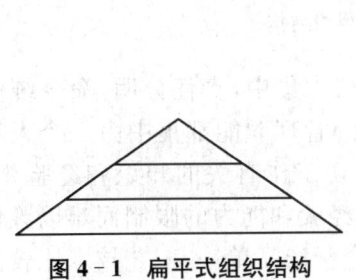

图 4-1 扁平式组织结构　　　图 4-2 高耸式组织结构

高耸式组织结构的优点是:由于管理的层级比较多,管理幅度比较小,每一个管理层级上的主管都能对下属进行及时的指导和控制;另外,层级之间关系也比较紧密,这有利于工作任务的衔接,同时也为下属提供了更多的提升机会。其缺点是:过多的管理层级往往会影响信息的传递速度,从而使组织的反应速度降低;信息在传递过程中可能会出现扭曲,这会增加高层主管与基层之间的沟通与协调成本,增加管理工作的复杂性;组织通常需要雇用较多的管理者,从而增加管理费用。像 IBM 和通用汽车这样的大公司每年要支付给管理者数十亿美元。正是由于高耸式组织结构存在以上缺点,并且由于组织内外部环境的变化,在当今时代,大多数组织有向扁平化发展的趋势。

扁平式组织结构的优点是:由于管理层级比较少,信息的传递速度比较快,因而信息的失真度也比较低,同时,上级主管对下属的控制也不会太呆板,这有利于发挥下属的积极性和创造性。其缺点是:过大的管理幅度增加了主管对下属的监督和控制的难度,同时,下属也缺少提升的机会。

第三节　组织结构的基本类型

一、直线型组织结构

直线型组织结构,是使用最早、形式最简单的一种组织结构。它的特点是组织中的各级管理者都对下级进行管理,指挥和管理职能由各级主管领导直接行使,不设专门的职能管理部门,层次分明;命令的传达和信息的沟通只有一条直线渠道,完全符合命令的统一原则,是一种集权式的组织结构模式。其结构如图4-3所示。

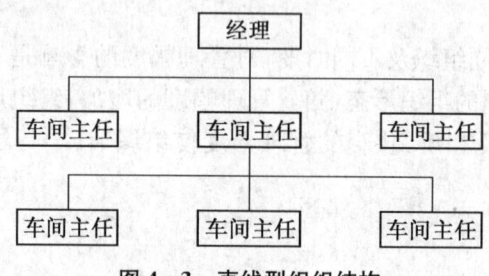

图4-3　直线型组织结构

直线型组织结构的优点是结构比较简单,权力集中,责任分明,命令统一,联系便捷。其缺点是由于不设参谋或职能部门,所有的管理职能都集中由一个人承担,这就要求管理者是全能型的,他必须具有与下级一切工作有关的知识和经验才能应付工作。在组织规模较大的情况下,由于个人知识、经验和能力的限制而难以胜任,容易导致顾此失彼,造成失误。这种组织结构一般适合于产品单一、工艺技术比较简单、业务规模较小的企业。

二、职能型组织结构

职能型组织结构与直线型组织结构形式恰好相反,其特点是各级主管都配有通晓各种业务的专门人员和职能机构,并由职能机构按照各自的任务需要直接向下发号施令。其形式如图4-4所示。

职能型组织结构的优点是:有利于对整个企业实行专门化的管理,发挥企业各方面专家的作用,减轻各级主管领导的工作负担。其突出缺点是:由于实行多头领导,容易出现政出多门、指挥和命令不统一的现象,妨碍企业生产经营活动的集中统一指挥,造成管理混乱,不利于管理责任制的推行,也不利于工作效率的提高。因此,这种组织结构在实践中应用较少。

三、直线职能型组织结构

直线职能型组织结构以直线型结构为基础,并将职能型结构的优点融入其中,既设置了直线主管领导,又在各级主管人员之下设置了相应的职能部门,分别从事职责范围内的

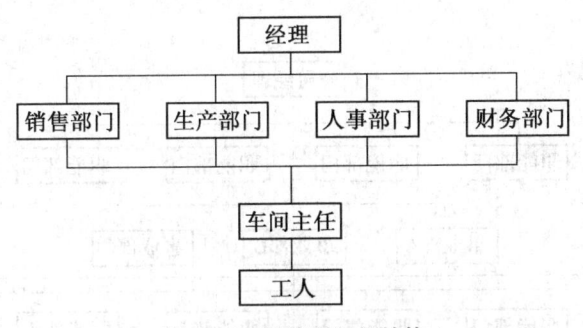

图 4-4 职能型组织结构

专业管理。其结构如图 4-5 所示。在这种组织结构中,两类人员的职权必须是十分清楚的,即一类是直线主管领导人员,他们拥有对下级的指挥和命令权力,承担着实现所管理的部门的业务目标的任务;另一类是职能部门的职能管理人员,他们只能起参谋和助理的作用,对下级机构可以进行业务指导、提出建议,但无权向下属机构及其管理人员发布命令。

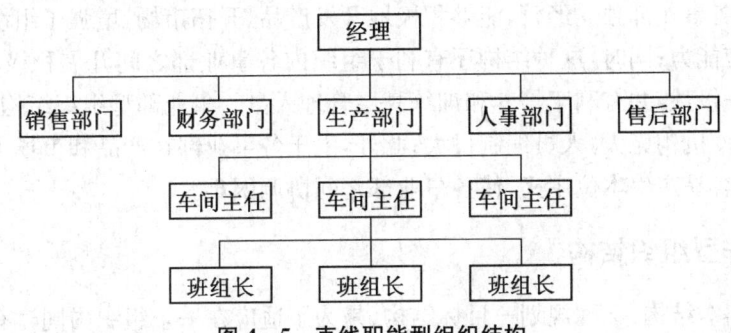

图 4-5 直线职能型组织结构

直线职能型组织结构的优点是:整个组织既保证了命令的统一,又发挥了职能专家的作用,有利于优化各主管的决策。因此,它在企业组织中被广泛采用。其主要缺点:一是各职能部门在面临共同问题时,容易从本部门利益出发,从而导致意见和建议的不一致,甚至可能发生冲突,这些加大了上级管理者对各职能部门之间的协调负担。二是职能部门的作用受到了较大的限制,下级业务部门会忽视职能部门的指导性意见和建议。为了克服这个缺点,可以有限制地扩大职能部门的权力,如授予职能部门强制性磋商权,要求直线指挥人员在重大决策问题上必须与职能部门讨论和商量。

四、事业部型组织结构

事业部型组织结构又称"联邦分权制",它是一种分权运作的形式,最初由美国通用汽车公司总裁斯隆于 1924 年提出,所以也称为"斯隆模式",目前已成为大型企业、跨国公司普遍采用的一种组织结构。事业部型组织结构是在总公司领导下设立多个事业部,各事业部都有各自独立的产品和市场,实行独立核算;事业部内部在经营管理上拥有自主性和独立性。其突出的特点是集中决策,分散经营,即总公司集中决策,事业部独立经营,它是一种分权式的组织结构。事业部在大多数情况下可以按产品、地区来划分,其基本结构形式如图 4-6 所示。

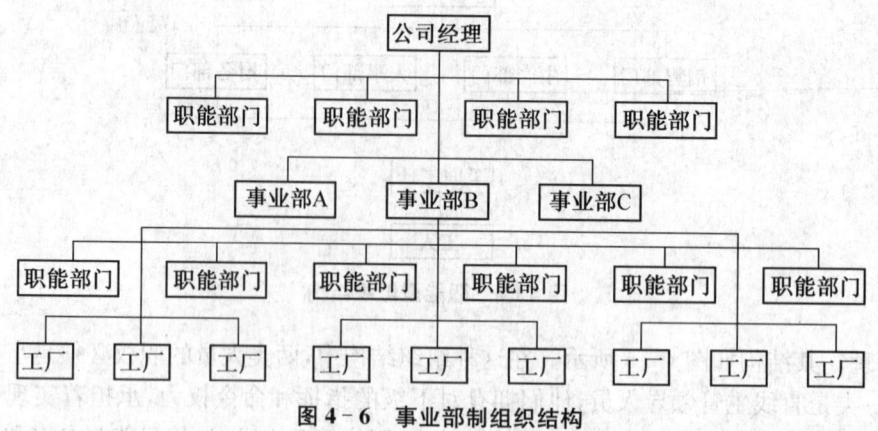

图 4-6 事业部制组织结构

事业部型组织结构的优点是它实现了集权和分权的有效结合。各事业部在总公司的领导下分散经营,使最高层领导者摆脱了日常繁杂的事务,集中精力做好企业的战略决策和长远规划;各事业部独立经营,能够积极地开发产品、开拓市场,增强了组织适应市场的灵活性和适应能力;同时,这种结构还有利于组织内各事业部之间开展积极的竞争,提高它们的工作积极性,并有利于培养和训练高层管理人员。事业部型组织结构的不足是:内部机构重复,使机构庞大,人员编制过大;此外,由于各事业部在产品和市场上具有较大的经营独立性,容易产生本位主义,使各事业部之间协调困难。

五、矩阵型组织结构

矩阵型组织结构,又称规划—目标结构,是为了适应在一个组织内同时有几个项目需要完成,每个项目又需要具有不同专长的人在一起工作才能完成这一特殊要求的结构。矩阵型组织结构是一种纵横交错的双重指挥链的组织形式,它将纵向职能专业化的优势与横向按项目划分的部门对最终结果的责任感结合起来,这样,在横向的每个项目部门都加入纵向各个职能部门的坐标,最终形成职能部门化和项目部门化的因素交织在一起的矩阵。在这种结构中的员工受双重领导,既受到职能部门领导又受项目部门的管辖。因此,为了使矩阵结构能有效运作,纵向部门和横向部门的管理者必须经常沟通,并协调他们共同所属的员工提出的要求。矩阵型组织结构如图 4-7 所示。

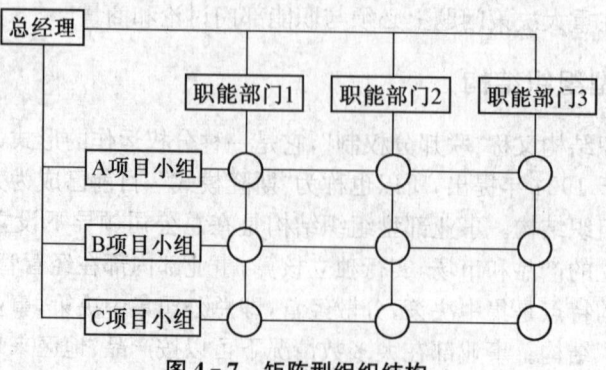

图 4-7 矩阵型组织结构

六、委员会组织结构

委员会组织结构是组织结构中的一种特殊类型,它是执行某方面管理职能并以集体活动为主要特征的组织形式。实际中的委员会常与上述组织结构相结合,可以起到决策、咨询、合作和协调的作用。

委员会组织的突出优点是集体领导和决策,有效避免了个人水平能力有限造成的各种失误;缺点是决策速度慢,不利于个人负责,责任不清。

这种组织形式主要适用于需要集体领导或专项职能的组织。

上述介绍的各种组织形式,各有利弊。组织应依据目标与实际情况进行灵活选择。必要时也可将几种形式有机结合起来,以更有效地保证组织目标的实现。

【案例4-2】 A电器的组织结构

A电器产业公司是世界最大的家用电器公司之一,成功的主要因素之一是其合理的组织结构。公司采用分级管理、分级核算事业部制。公司经营管理分为两级,即总公司级,事业部一级。总公司的最高领导层是董事会,董事会设会长(即董事长)一人,在会长主持下,由社长(总经理)、副社长、专业董事参加的经营战略会议是公司的最高决策机构。在董事会之下,由社长主持、副社长和常务董事参加的常务会议是公司的最高经营管理部。

在总公司一级设有一套健全的职能机构,包括总务部、人事部、资料部、经理部、技术本部、生产技术部、制品检查本部、法规管理本部、海外事业本部、营业本部、宣传事业部、经营计划室、环境管理室、中国室等几十个部门,有研究人员、技术人员、管理人员2000多人。

总公司下面按产品建立事业部,如电视机事业部、录像机事业部、电子零件事业部、电池事业部等。事业部设部长一人,对事业部的经营管理负总责。他定期召开事业部各职能部部长和工场长参加的部务会议,研究决定事业部经营管理方面的重大问题。事业部也有一套职能机构,包括总务部、人事部、经理部、技术部、品质保证部、财务部、采购部、营业部等。

公司在1933年就建立了三个事业部,是某国家最早采用事业部制的企业。事业部门是一个自负盈亏、独立核算的经营单位,因此,事业部制可以更好地明确各部门的职责和权限,发挥他们的积极性和主动性,进行专业化分工。然而,各事业部门独立以后,比较容易脱离中央控制,各部门间的合作也日益困难。同时高度专业化的部门不一定会有全局观念去应付所有产品的危机。因此,总裁以集中四个主要功能来平衡分权之举。首先,公司设立严格的财务制度,由其财务主管负责直接向总公司报告其财务状况,并且订立了严格的会计制度;其次,公司建立公司银行,各部门的利润都汇总于此,同时各部门增加投资时,必须向公司银行贷款;第二,实行人事管理权的集中,公司认为人才是公司最重要的资源,每位超过初中学历的员工都必须经过总公司的仔细审核。所有管理人员的升迁都必须经过总公司的仔细审查;第四,公司采取集中训练制度,所有公司的员工都必须经过公司价值观的训练。这样就形成了一种分权与集权的结合。

思考题:

(1) 画出A电器公司的组织结构图,指出其组织结构类型。

(2) 这种组织结构的优点和缺点是什么?A公司该如何解决其不足?

第四节 人员组合与团队建设

一、团队的概念

团队是指由少数具有互补技能的人员组成,为了实现共同的目的、业绩目标而自觉合作、积极努力且勇于承担责任的一个凝聚力很强的社会群体。

一般来说,团队主要由以下五个主要因素构成。

1. 目标

团队应该有一个既定的目标,为团队成员导航,知道要向何处去,没有目标,这个团队就没有存在的价值。团队除了服从组织的大目标外,也应有自己的小目标,但是团队目标不能偏离组织的目标。

2. 人

人是构成团队的最核心力量。3个(包含3个)以上的人就可以构成团队。

目标是通过具体人员实现的,所以人员的选择是团队中非常重要的一个部分。在一个团队中可能需要有人出主意,有人订计划,有人实施,有人协调不同的人一起去工作,还有人去监督团队工作的进展,评价团队最终的贡献。不同的人通过分工来共同完成团队的目标,在人员选择方面要考虑人员的能力如何,技能是否互补,人员的经验如何。团队的人数并非越多越好,10~12人以下较合适。数量较多的人群,理论上可以成为一个团队,但实际上很可能再分出一些下级团队,而不是作为一个团队发挥作用。人数如果较多,则很难达成共识,相互间也难以配合从而难以采取有效的行动。

3. 团队的定位

团队的定位包含两层意思:一是团队自身的定位,即团队在组织中处于什么位置?由谁选择和决定团队的成员?团队最终对谁负责?团队采取什么方式激励下属?二是个体的定位,即作为成员在团队中扮演什么角色?是制订计划还是具体实施或评估?

4. 权限

团队当中领导人的权力大小跟团队的发展阶段相关,一般来说,团队越成熟领导者所拥有的权力相应越小,在团队发展的初期阶段,领导权是相对比较集中的。

团队权限关系的两个方面:一是整个团队在组织中拥有什么样的决定权?比方说财务决定权、人事决定权、信息决定权。二是组织的基本特征。比方说,组织的规模多大?团队的数量是否足够多?组织对于团队的授权有多大?它的业务是什么类型?

5. 计划

计划也包含两层含义:一是目标最终的实现,需要一系列具体的行动方案,可以把计划理解成实现目标的具体工作的程序。二是按计划进行可以保证团队项目的顺利开展。只有在计划的操作下,团队才会一步一步地贴近目标,从而最终实现目标。

【案例4-3】 为什么需要团队建设

《西游记》中的唐僧团队,虽然是虚构的,但是师徒历经千险求取真经的故事,却是家喻户晓。

这个团队最大的好处就是互补性,领导有权威、有目标,但能力稍弱;员工有能力,但是自我约束力差,目标不够明确。但是总的来看,这个团队的组合是非常成功的,虽然历经九九八十一个磨难,最后还是修成了正果。

思考题:要说降妖伏魔的本领,唐僧连最差的白龙马都赶不上,但为什么他能够担任西天取经如此大任的团队领导?

二、群体和团队的区别

人们常常把团队和群体混为一谈,但它们之间有根本性的区别。

团队是一种特定的正式群体,是属于群体的一种特定类型,具有群体的一些特征。团队与群体的区别可以通过图4-8来表示。

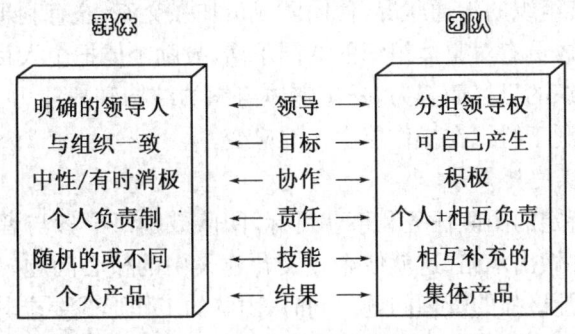

图4-8 群体和团队的区别

(1) 领导方面。作为群体应该有明确的领导人;团队可能就不一样,尤其团队发展到成熟阶段,成员共享决策权。

(2) 目标方面。群体的目标必须跟组织保持一致,但团队中除了这点之外,还可以产生自己的小目标。

(3) 协作方面。协作性是群体和团队最根本的差异,群体的协作性可能为中等程度,有时成员还有些消极,有些对立;但在团队中是一种齐心协力的气氛。

(4) 责任方面。群体的领导者要负很大责任,而团队中除了领导者要负责之外,每一个团队的成员也要负责,甚至要一起相互作用,共同负责。

(5) 技能方面。群体成员的技能可能是不同的,也可能是相同的,而团队成员的技能是相互补充的,把不同知识、技能和经验的人综合在一起,形成角色互补,从而达到整个团队的有效组合。

(6) 结果方面。群体的绩效是每一个个体的绩效相加之和,团队的结果或绩效是由大家共同合作完成的产品。

三、团队建设的意义

20世纪80年代开始,团队开始被引入一些公司的管理过程。现在,"团队"一词已经非常盛行,在许多著名的、出色的企业中,团队都是其重要的组织结构和管理方式。团队在当今企业界如此盛行,其原因在于,它在组织的经营管理活动中具有以下意义。

1. 可以充分利用组织资源

首先,任何组织现存的各种资源都往往存在着不平衡,其部分冗余不可避免。实行团队制,可以在组织原有的工作不受影响的情况下开拓许多新的工作领域,完成更多的工作任务。

其次,当某种工作任务需要多种技能、渠道和经验时,显然,由若干成员组成各有特色并集思广益的团队来做,通常会比个人干得更好,因为团队有助于组织更好地利用雇员的才能。

此外,在复杂多变的环境中,团队工作的模式比传统的部门结构更灵活、反应更迅速,它能快速地组合、重组、解散,这可以大大提高组织资源的利用率。

2. 能够增强组织效能

团队有利于改善组织的沟通状况,使团队成员加强交流,这有利于弥补组织的一些缺陷。而且,团队及其成员有对整体组织的共同承诺,鼓励个体把个人目标升华为团队和组织的目标,共同为组织的目标而努力,强化整体组织的结构和战斗力。而且,团队能够增强组织的灵活性,有利于组织在操作层次上的应变。

3. 能够增强组织的凝聚力

每个团队都有特定的团队任务和事业目标,团队鼓励每个参与者把个人目标融入和升华为团队的目标并做出承诺,这就使企业文化建设中的核心问题——共同价值观体系的建立,变成可操作性极强的管理问题。同时,团队的工作形式要求其参与者只有默契的配合才能很好地完成工作,促使他们在工作中有更多的沟通和理解,共同应付工作的压力。

4. 充分体现出人本管理思想

团队鼓励其成员一专多能,并对团队成员进行工作扩大化训练,要求团队成员积极参与组织决策。由于团队工作形式培养了团队成员的技术能力、决策和人际处理能力,使团队成员从机器的附属中解放出来,所以,团队充分体现了以人为本的管理思想。

5. 能多方面促进组织效益提高

团队这种形式有产生正向协同作用的功能,它可以大大提高局部组织的生产效率和整体的经济效益。当工作任务和日常决策权交给团队后,团队可以自动运转起来,管理层就能够摆脱日常事务管理而去思考和处理更重要的问题。同时,决策权下放给团队,团队就能够根据环境的变化灵活处理问题,有利于组织的目标和决策较好地实现,从而达到促进组织绩效提高和组织发展的目的。

四、团队的类型

团队的类型多种多样,规模有大有小,每种类型的团队都有明显的特征。我们一般根据团队存在的目的和拥有自主权的大小将团队分成四种类型。

1. 问题解决型团队

在团队出现的早期,大多数团队属于问题解决型团队,即由同一个部门的若干名员工临时聚集在一起而组成的团队,这些团队每周用几个小时来碰碰头,讨论如何提高产品质量和生产效率、改善工作环境、改进工作程序和工作方法,互相交换看法或提供建议。在问题解决型团队里,团队的主要责任是通过调查研究,集思广益,理清组织的问题、挑战和机会,拟订策略计划或执行计划。

2. 自我管理型团队

自我管理型团队也称作依靠自我或者是自我指导的团队。这些团队与许多其他类型的团队迥然有别,其拥有广泛的自主权和自由以及可以像经理般的行事能力,可以亲自执行解决问题的方案,并且对工作承担全部责任。这种类型的团队通常由10~16人组成,他们的工作是聚集在一起解决一般性的工作问题,承担以前是由自己的上司所承担的一些责任。自我管理型团队也被称为高绩效团队,跨职能团队或者超级团队。目前,像我们所熟知的通用汽车公司、百事可乐、惠普公司和施乐公司等,实行的都是自我管理型的团队。

3. 多功能型团队

多功能型团队是团队形式的进一步发展。由来自同一等级、不同工作领域的成员组成,他们来到一起的目的是完成一项任务。可以说,盛行于今的项目管理与多功能团队有着内在的联系。

4. 学习型团队

美国麻省理工学院彼得·圣吉教授于1990年提出了学习型组织的理念,在圣吉理念的引导下,许多企业都提出了建立学习型团队的目标。

学习型团队代表的是一个团体,更多的是强调团队的学习力,在代表团队学习的同时,也包括了个人学习力,培养团队的学习气氛,进而形成一种符合人性的、有机的、扁平化的团队——学习型团队。

复 习 思 考 题

1. 什么是组织职能?
2. 组织结构设计的原则是什么?
3. 组织结构有哪些类型?
4. 影响管理幅度的因素有哪些?
5. 管理幅度与管理层次之间有什么关系?
6. 什么是团队?团队和群体有什么区别?

【材料一】

电子商务对企业管理组织现代化的影响

传统的组织是基于信息流通和控制以及分工细化而产生的,无论是直线式、直线职能式,还是事业部制,都是一种自上而下的垂直结构。传统组织强调专业分工、顺序传递等,在电子商务迅速发展的信息时代显得臃肿且运行效率低下。传统分工细化的企业组织已经不能适应电子商务发展的需要,在竞争日益激烈的信息时代,电子商务正以深刻的方式改变着传统组织结构,促进企业管理组织现代化,这也是企业为了提高运行效率,以便具有较强的竞争力参与激烈的市场竞争的必然结果。电子商务正在使企业组织趋向结构扁平化、决策分散化、运作虚拟化。

一是组织结构的扁平化。电子商务影响下的扁平化结构是指利用电子商务技术,通过减少中间管理层次,从而减少决策与行动之间的时间延滞,加快对市场和竞争的动态反应,使组织的能力变得柔性化,反应更加灵敏。

电子商务以信息传递速度快、传递量大的特点,给传统的企业组织形式带来了猛烈的冲击。它打破了传统职能部门依赖于分工与协作完成整个任务的过程,从而形成了并行工程的思想。电子商务正在改革组织内部的信息沟通方式,提高沟通效率,减少组织层次。高层决策者可以与基层执行者直接联系,基层执行者也可以根据实际及时进行决策,中层组织原来意义上的上传下达作用的重要性逐渐削弱,而转向深入科研、管理、生产、营销一体的市场第一线,使企业建立扁平化结构的组织模式。美国近几年企业的中间管理层减少 1/3,管理幅度原则被信息沟通幅度原则所取代。电子商务使企业可以打破部门的界限,任命跨职能的任务团队,进行企业的联网,每个人都成为网络上的一个节点。例如,爱立信公司为了使自己成为一种全球同步的研究整体,将分布在全球 20 多个国家的 40 多个研究中心的 1.7 万名工程师连成一个单一的网络,使他们能够及时地交流。

二是组织的决策分散化。电子商务的发展,使企业过去高度集中的决策中心组织改变为分散的多中心决策组织。单一决策下容易形成的官僚主义、低效率、结构僵化、沟通壁垒等,都在多中心的组织模式下逐渐消失了。企业决策由跨部门、跨职能的多功能型的组织单元来制订。决策的分散化增强了员工的参与感和责任感,从而提高了决策的科学性和可操作性。管理大师彼得·德鲁克认为,未来的典型企业将是以知识为基础的,一个由大量根据来自同事、客户和上级反馈信息进行自主决策、自我管理的各类专家构成的组织。

三是企业组织的运作虚拟化。电子商务改变了个人与组织的工作方式以及跨越组织边界进行商务的方式。因特网技术也将改变各种规模组织的边界,在改变边界的过程中,无论对于组织还是个体来说,运用电子商务均能使其重新定义自己的角色,电子商务使企业有可能把那些不可预知的需求处理得更好。因此,电子商务使得企业的经营活动打破了时间、空间的限制,从而产生了一种类似于无边界的新型企业——虚拟企业。它打破了企业之间、产业之间、地域之间和所有制之间的各种界限,把现有资源整合成为一种超越时空、利用电子手段传输信息的经营实体。虚拟企业可以是企业内部几个要素的组合,也可以是不同企业之间的要素组合,各参与方充分发挥各自的资源优势,围绕市场需求组织生产经营,做到资源共享、风险共担、利益共享。电子商务将使虚拟企业的运作效率越来越高,优势也会越来越明显。

(肖祥伟主编《企业管理理论与实务》,中山大学出版社,2010 年版)

【材料二】

分而不乱的摩托罗拉公司

摩托罗拉公司是一个由两个产品体系所构成的企业集团,一个是通信器材,一个是半导体产品,集团底下又分成很多部门。这样一个庞大的企业集团组织,从高层主管到生产线,权力全部分散,公司整体只有一个不足30人组成的公司总部统帅。出乎意料的是公司运转井然有序,效率非常之高,公司发展迅速惊人。而摩托罗拉公司达到如此境界,是付出半个多世纪苦心经营的结果。

实际上,摩托罗拉公司自诞生之日便打下了家族影响力的痕迹,它是由公司现任董事长劳勃·盖尔文的父亲在1928年创立的。

劳勃·盖尔文是一个彻头彻尾的个人主义者,他创立摩托罗拉公司时,资本很少,一共只有565美元,一直到1930年,摩托罗拉公司才成功地制造了汽车收音机,到1967年摩托罗拉的营业额也仅为4.5亿美元。

劳勃·盖尔文于1964年担任公司的董事长之后,事实上公司权力集中在他一个人的手上。1968年,该公司的半导体产品集团主管李斯特·何根跳槽到加州一家对立公司而出任总裁。当时,李斯特·何根带走了8名重要职员。大约一个月以后,前前后后一共走了20个人。两年之后,摩托罗拉公司竟然有80名员工跑去"投奔"何根,主要原因是公司权力过于集中,自主权太小,因而缺少对员工的有效激励。

尽管盖尔文矢口否认这是一次惨痛的教训,但他也不得不承认,何根的叛变已经严重地伤害到整个公司。他补充说:"一旦一个机构受到打击而元气大伤的时候,一定会有很多人觉得自己也不得不另谋出路。"这次背叛事件发生后,他意识到经营管理方针上必须要做一些改变,也就是把权力及责任分散。1970年,盖尔文让位于威廉·卫斯兹,但他仍留在董事会。

威廉·卫斯兹接任了公司董事长兼营业部经理,并进行大幅度管理改革。他说:"通常,我们都只保持一些公司的大目标及原则,至于一般权力与责任我们都尽量把它们分散到各个阶层。"他还说:"当然,我也承认,就像遛狗一样,由于我们用来管束各部门经理的皮带放得太长,所以我们的脚也经常给石头碰伤。"从此,摩托罗拉公司致力于把权力分散到各营利单位。现在公司内的各单位在资源分派及预算编列方面都已经有相当可观的财务控制权,同时,它们也有权力决定加入或退出哪些营业项目。

根据史蒂芬·李威这位专门负责公司企划、行销、设计及维持公司与政府公共关系和广告事务的高级职员的说法,摩托罗拉公司似乎已有一种趋势,要把公司内的各个部门当作个别事业来处理。他说:"一直到最近,说老实话,我们都没有一个明显而确定的整体政策,你绝对看不到任何有关这方面的记载,而且,你也绝对不可能从不同的人的描述中去猜测它究竟是些什么东西。"

摩托罗拉公司之所以有逐渐把权力分散的趋势,一个主要原因是公司有不少服务多年的老经理,同时由于它仍然保留家族经营形态,受家族的影响很深,因此,公司里面有不少家长主宰式的暗流存在。公司愈大,员工愈渴望变成股东。在比较大一点的公司,每一个人显然都希望能感觉到自己就是老板。

基本上,公司现在所做的,正是要把整个公司分成很多智囊团,因为只有这样,才能使大部分的人都分享到当年盖尔文家族各份子所拥有的权力与责任。统帅公司整体发展方向的上层组织采取三驾马车制,由威廉、劳勃和米歇尔组成一个非正式的董事会核心。米歇尔也是摩托罗拉公司的元老,他们三大巨头加起来,在该公司整整做了89年之久。公司内所有的部门主管如果有事情,可以直接向他们三大巨头组成的三头马车报告。不过,大概一年以前,他们之间第一次有了改变,每一个巨头开始专门负责四到五种事务,在这些事务方面,他将拥有较大的决定权。不过,尽管每一巨头都有自己的专责,但对于公司的所有决策他们每一个人仍然有全部的决定权力及责任。卫斯兹说:"通常,我不会越权去管波比及约翰在他们的专责方面的事情,但如果碰到情况十分紧迫时,我也常毫不犹豫地越俎代庖。我义不容辞地处理这件事情,是因为我知道他们一定会同意我的办法。"

事实上,只有在他们三大巨头对同一问题意见相左的时候,才会产生"谁来决定"的问题,不过这种决定只限于几种情形。这几种情形通常都是关系到全体利益的敏感问题,像管理发展、人事管理、组织规划、年度预算的拟订以及对员工及工作成效的考核等等。

董事会每个星期一主持一次例会,先花两个小时与公司的高级职员接触,然后再花两个小时来单独讨论问题。除此之外,每隔4周一次的工作会议上,他们也花几个小时来讨论一些有关公司长期发展的战略。公司总部人员十分精简,主要负责与海外分公司高级主管联络,代表公司与外国政府或海外机构建立业务关系,包括人事部门及法律会计部门只有30人。

一般而言,公司内各部门间的目标及方针大致上都很协调,正因为如此,总公司在营运方面长期不加干涉也不致造成问题。公司职员大部分的工作只是要确保每一个关系集团及部门都能够彻底了解公司五年计划的基本规定,同时及时地把它们付诸行动。任何计划在提到董事长办公室之前都必须经过三人核心审查,五年计划的第一年实绩将作为第二年预算实施的主要参考。

如果某一个关系集团在自己的预算内想推动一项工程计划,那么他大可以放手去做而不必把详细情形报告总公司或向上级请示。通常,只有在计划进行到最后阶段而突然发生重大修正时,总公司才会发生警觉而加以过问。

(http://jpk.dqpi.net/glx/E_nzx3.asp?id=296&class=84&lei=10)

> 案例分析

通用公司的组织结构变革

当杜邦公司刚取得对通用汽车公司的控制权的时候,通用公司只不过是一个生产小轿车、卡车、零部件和附件的众多厂商组成的"大杂烩"。这时的通用公司由于不能达到投资人的期望而濒临困境,为了使这一处于上升时期的产业为它的投资人带来应有的利益,公司在当时的董事长和总经理皮埃尔·杜邦以及他的继任者艾尔弗雷德·斯隆的主持下进行了组织结构的重组,形成了后来为大多数美国公司和世界上著名的跨国公司所采用的多部门结构(multi divisional structure)。

在通用公司新形式的组织结构中，原来独自经营的各工厂，依然保持各自独立的地位，总公司根据它们服务的市场来确定其各自的活动。这些部门均由企业的领导，即中层经理们来管理，它们通过下设的职能部门来协调从供应者到生产者的流动，即继续担负着生产和分配产品的任务。这些公司的中低管理层执行总公司的经营方针、价格政策和命令，遵守统一的会计和统计制度，并且掌握这个生产部门的生产经营管理权。最主要的变化表现在公司高层上，公司设立了执行委员会并把高层管理的决策权集中在公司总裁一个人身上。执行委员会的时间完全用于研究公司的总方针和制订公司的总政策，而把管理和执行命令的负担留给生产部门、职能部门和财务部门。同时在总裁和执行委员会之下设立了财务部和咨询部两大职能部门，分别由一位副总裁负责。财务部担负着统计、会计、成本分析、审计、税务等与公司财务有关的各项职能；咨询部负责管理和安排除生产和销售之外的公司其他事务，如技术、开发、广告、人事、法律、公共关系等。职能部门根据各生产部门提供的旬报表、月报表、季报表和年报表等，与下属各企业的中层经理一起，为该生产部门制订出"部门指标"，并负责协调和评估各部门的日常生产和经营活动。同时，根据国民经济和市场需求的变化，不时地对全公司的投入——产出做出预测，并及时调整公司的各项资源分配。

公司高层管理职能部门的设立，不仅使高层决策机构——执行委员会的成员们摆脱了日常经营管理工作的沉重负担，而且也使得执行委员会可以通过这些职能部门对整个公司及其分属各工厂的生产和经营活动进行有效的控制，保证公司战略得到彻底和正确的实施。这些庞大的高层管理职能机构构成了总公司的办事机构，也成为现代大公司的基本特征。

另外，在实践过程中，为了协调职能机构、生产部门及高级主管三者之间的关系和联系，艾尔弗雷德·斯隆在生产部门间建立了一些由三者中的有关人员组成的关系委员会，加强了高层管理机构与负责经营的生产部门之间广泛而有效的接触，实际上这些措施进一步加强了公司高层管理人员对企业整体活动的控制。

（胡君主编《新编管理学原理》，北京理工大学出版社，2009年版）

问题：
1. 事业部制为什么能够帮助通用公司成功？
2. 我国什么样的组织能应用事业部制？在应用事业部制时应注意什么问题？

【内容一】

角色扮演

1. 由于公司规模扩大，各公司需要进行员工招聘，模拟一个人才招聘的情景。
2. 每个公司确定招聘人员的目的、岗位要求、聘用条件等。
3. 每个应聘者要有演讲稿。
4. 每名学生可向不同的公司进行应聘。

【内容二】

为模拟公司设置组织结构

1. 各模拟公司根据组织结构设计原则,设计本公司的组织结构并画出该组织结构图。
2. 说明本公司组织机构优缺点,并谈谈如何改正其缺点。
3. 各公司将自己的组织结构图与其他公司进行比较,评估哪个公司的组织结构最有效。

第五章　领导职能

> **重点知识要求**
>
> - 了解领导的概念
> - 了解领导者与管理者之间的区别
> - 理解领导权力的构成
> - 理解激励的方法与艺术
> - 理解沟通的方法与艺术
>
> **重点能力要求**
>
> - 掌握领导的方式及其理论
> - 掌握激励的理论及其特点

导入案例

　　1963年，泰德·特纳24岁时，中止了在布朗大学的学业，开始经营家中濒临倒闭的广告牌企业。仅短短几年，特纳就使企业有了明显转机。随后，他购买了亚特兰大一家独立的小型电视台，并自负地为其取名为"超级电视台"。一年之后，他又买下了亚特兰大的勇敢者棒球队，当时这是一支屡战屡败的球队，但使他自己的电视台除了重播那些早已过时的影片之外，还有了一些可以实况播出的内容。此后，他把最新的卫星转播技术与尚未开发的有线电视市场相结合，从而使超级电视台获得了极大成功。而勇敢者棒球队也于1992年跻身于世界强手之列。

　　发现别人看不到的机遇和大胆"追求成功"的能力，使泰德·特纳明显区别于一般的企业经理。在他所领导的企业，职员们都认为泰德·特纳像一位舵手，领导着大家驶向富裕。

　　同样也是一位企业领导，天津市红卫化工仪表厂厂长张怀志，从1965年起一直在该厂当干部，历任统计、调度、车间副主任、科长、党支部书记等职。1982年初，他被上级任命为厂长。因为张厂长是从基层岗位提拔上来的干部，他擅长生产作业管理，对生产过程中存在的问题十分了解。上任之初，他狠抓产品质量这一关键问题。在任4年，他勤勤恳恳、不辞劳苦，对生产过程中的每一项工作他都要过问，可以讲，生产管理耗费了他大部分的精力。每天总是最先到厂，最后离开，为了企业置家于不顾。但是他工作方法简单,态度生硬,主观武断,考虑问题缺乏全局意识,忽视了新产品的研发、市场的开拓,只知道"管"职工。职工努力地工作,但每年收益增长不明显,而且张厂长不喜欢下基层,不了解下属、职工有什么要求。他总是这样说,他以共产党员的标准要求自己。在他自己做到的同时,也用同样的标准去要求群众。他看见青年人打乒乓、下棋,也要皱眉头,渐渐地,他把自己封闭起来,摆在了职工的对立面。

为了深化企业改革,上级主管部门决定试行企业招标承包责任制的办法,这样厂长势必通过投票表决产生。投票结果如此出人意料,投张怀志不信任票者竟高达2/3以上。

(吴志清主编《管理学基础》,机械工业出版社,2007年版)

思考题:是什么原因导致了两位领导人不同的领导结果?

第一节 领导职能概述

一、领导与领导者的含义

(一) 领导

对于领导(leadership)的定义,美国管理学家哈罗德·孔茨和海茵茨·韦里奇(Hein Z. Weihrich)认为:领导是一种影响力,是引导人们行为,从而使人们自愿地、热心地实现组织或群体目标的艺术过程。

对这个定义可以分三个层次理解:

(1) 它揭示了领导的本质,即影响力。这种影响力能够引导人们的行为。

(2) 它明确指出了领导是一个过程,是引导人们行为的过程,也是一个艺术过程。领导者面对千变万化的组织或群体的内外环境,特别是面对着各种各样,有着不同的身份,不同的教育、文化和经历背景的人,他们进入组织或群体的目标和需要各不相同,而且人们的需要、目的等又都处在动态的变化之中。越是高层的领导行为,其面对因素的复杂性和不确定性越高,领导的艺术成分也就越多。

(3) 它指出了领导的目的。领导是一种目的性非常强的行为过程,他的目的在于使人们心甘情愿地而非无奈地,热情地而非勉强地为组织或群体的目标而努力。

(二) 领导者

领导者(leaders)一般指的是那些能够影响他人并拥有管理权力的人。美国管理学家彼得·F.德鲁克则认为:领导者的唯一定义就是其后面有追随者。在领导工作中,领导者是领导行为的主体,但领导者和被领导者并不是对立的。领导者和被领导者是互相依存的,领导是一种双向的动态过程,即除了领导者通过指导、激励等影响被领导者之外,被领导者也给领导者以信息来修正领导者现在和未来的行动。人们的感受、能力和心态是在不断变化的,领导者与被领导者的关系也在不断修正,行动必须持续调整。

(三) 领导者与管理者的区别

领导者与管理者是不同的,不能将它们混为一谈。

管理者是被任命的,他们拥有合法的权力进行奖励和处罚,其影响力来自于他们所在的职位所赋予的正式权力。相反,领导者则可以是任命的,也可以是从一个群体中产生出来的,领导者可以不运用正式权力来影响他人的活动。

在理想情况下,所有的管理者都应是领导者。但是,并不是所有的领导者必然具备完成其他管理职能的潜能,有效地进行领导的本领是作为一名有效管理者的必要条件之一,一个人能够影响别人这一事实并不表明他同样也能够计划、组织和控制。从事其他一些必不可少的管理工作对于保证一名管理者成为有效的领导者具有重大影响。

在组织中,人们常把领导者和管理者混为一谈,但其实他们之间有着明显的区别,是两个不同的概念。

领导者对他人的影响,从本质上来说是一种追随关系。人们往往去追随那些能满足其需要的人,也正是由于人们愿意追随,才使他成为领导者。因此,领导者既可以存在于正式组织中,也可以存在于非正式组织中。而管理者则只存在于正式组织中,是组织中具有一定的职位并担负责任的人。具体看来,领导者与管理者有如下区别:

(1) 发挥作用的方式不同。管理者是被任命的,在现有的职位上,他们有权对下属进行奖惩,这种影响力是由其职位所赋予的正式权力。而领导者则可能是组织正式任命的,也可能不是正式任命的,有些情况下领导者是在群体中自然产生出来的,他可以不运用正式权力来影响他人的活动,而是以其自身的魅力来影响下属。

(2) 采取的手段不同。管理者强调理性及控制,采用有组织的规范的方法来解决问题,主要依靠规章制度、规范和标准约束下属的行为;而领导者除了依据制度和规范等对下属进行领导外,更多的则是采用灵活的方法和运用领导艺术,影响和激励下属朝某个方向努力。领导者和管理者的具体区别如表5-1所示。

表5-1 管理者与领导者的区别

管理者	领导者
强调的是效率	强调的是结果
接受现状	强调未来的发展
注重系统	注重人
强调控制	培养信任
运用制度	强调价值观和理念
注重短期目标	强调长远发展方向
强调方法	强调方向
接受现状	不断向现状挑战
要求员工顺从标准	鼓励员工进行变革
运用职位权力	运用个人魅力
避免不确定性	勇于冒险

(徐小平、孙庆莉主编《管理学》,科学出版社,2010版)

二、领导权力及其权力来源

领导者之所以能够实施领导,其基础是领导权力,即领导者影响或改变被领导者心理及行为的能力,是使人信服的力量和威望。领导权力主要来自两个方面:一是职位权力,二是非职位权力。

(一) 职位权力

职位权力是指领导者在组织中担任一定的职务而获得的权力,它由组织正式授予管理者并受法律保护。这种权力与特定的个人没有必然联系,只同职位相联系,个人的权力随着任职职位的变动而变动。职位权力是管理者实施领导行为的基本条件,职位权力主要包括以下权力。

(1) 法定权,指组织赋予组织等级体系中各管理职位的合法性权力。这种合法性权力又可以分为由国家相关法律规定的法定权力和由组织内部规定的正式权力。如我国有限责任公司和股份有限公司的董事长职权就是由公司法明确规定的。而公司总经理的职权一方面由公司法规定,即总经理对董事会负责,行使公司法所规定的职权。如主持公司的生产经营管理工作,组织实施董事会决议;组织实施公司年度经营计划和投资方案;拟订公司内部管理机构设置方案等各项职权。另一方面总经理还具有公司法中规定的"公司章程和董事会授予的其他职权"。公司章程是公司根据公司法的规定另行起草形成的本公司的章程。

(2) 强制权,指领导者对下属进行各种惩罚的权力,这种权力的基础是下属的惧怕。在组织中,当下属人员意识到违背上级的指示或意愿将会导致某种惩罚,如降薪、扣发奖金、降级、调任、免职等,就会被动地服从其领导。这种权力对那些认识到不服从命令就会受到惩罚或承担其他不良后果的下属比较有效。

(3) 奖励权,指决定对下属给予还是取消奖励报酬的权力。这种奖励包括物质的,如奖金、晋职等,也包括精神的,如表扬等。奖励权建立在利益性遵从的基础上,当下属认识到服从领导者的意愿能带来更多的物质或非物质利益的满足时,就会自觉接受其领导,领导者也因此享有了相当的权力。

(二) 非职位权力

非职位权力是由领导者自身的素质和行为造就的影响力。这种影响来源于下属服从的意愿,有时会比正式权力显得更有力量。当下属或追随者对其领导产生崇拜心理时,这种非正式权威的影响力是比较大的。非职位权力主要来源于以下四个方面。

(1) 专长权,指领导者具有各种专门知识和特殊技能或学识渊博而获得同事及下属的尊敬与佩服,从而在各项工作中展现的对下属的影响力。

(2) 感召权,指领导者由于具有优良的领导作风、思想水平、品德修养,而在组织中树立德高望重的影响力,这种权力建立在下属对领导者承认的基础之上。

(3) 背景权,指领导者由于以往的经历而获得的权力。

(4) 感情权,指领导者由于与被影响者感情比较融洽而获得的权力。

总之,作为一名领导者,应该注意将职位权力和非职位权力有机地结合起来,以达到有效实现领导的目的。领导只关注职位权力而不注重非职位权力的建立,会在下属心目中失去亲和力,使下属惧而远之,职位权力也难以长久。同时,非职位权力也必须与前者结合起来,没有职位权力支持的非职位权力必然不能长久。

三、领导者及其类型

领导者就是致力于实现组织目标并在行动过程中施加影响的人。根据在工作中表现出来的比较固定的和经常使用的行为方式和方法,领导可以划分为不同类型。这里有一种比较具有代表性的划分方式,即勒温根据行使权力和发挥影响力方式的不同,提出的专制型、民主型和放任型三种领导类型。

(1) 专制型领导。这种领导者依靠个人的能力、经验、知识和胆略来指挥组织的活动。一切由领导者决定,下属只能执行,由领导者去监督执行情况。这种领导者大多数独断专行,对下属缺乏应有的尊重。

(2) 放任型领导。这种类型的领导者只布置任务,既不监督执行,也不检查完成情况,对下属放任自流或无为而治。一切活动方式都任由组织成员自我摸索,组织的方针和计划也由下属自行决定。

(3) 民主型领导。这种类型的领导者平易近人,平等待人,尊重下属,使下属由衷地愿意追随并愿意接受其领导。组织内的成员在很大程度上能参与决策,通过集体讨论,可以在一定范围内自己决定工作内容和工作方法,工作有一定的自主权。

三种领导者类型孰优孰劣,关键是看环境条件。如果遇到紧急情况,采用专制型领导方式或许更有效;在组织平稳运行时期,可能民主型领导方式更受欢迎。因此,不能简单说哪种领导方法有效,关键在于依据具体情况,选择合适的领导者类型。

【案例 5-1】 领导风格转换案例

云华临危受命,担任某全球食品饮料公司的一个分公司的经理。当时分公司正陷入一场严重的危机,连续六年完不成指标,最近一年亏损严重。最高管理层士气低落,彼此抱怨,毫无信任。总公司给云华的指令是明确的:必须扭亏为盈。

上任伊始,云华意识到必须在短时间内展示自己高效的领导能力,并且与管理团队建立融洽与信任的关系。同时她也明白,当务之急就是要有人告诉她问题出在哪里。因此她首要的任务就是听取关键人员的意见和想法。

在上任的第一周,她与管理团队的每一位成员共进晚餐和午餐,目的是让每一个人都理解分公司目前的处境。当时她的用意与其说是理解每个人如何看待问题,不如说是理解他们本人。

同时她还尽力帮助团队成员实现个人梦想。例如,有一位经理总是得到负面反馈,他向云华吐露了烦恼。大家对他的意见很大,抱怨他没有团队精神,但是他自己却不这样想。云华看出他是一为很能干的管理人员,对公司来说很有价值,于是就与他达成了一项协议:一旦他的行为看起来有些违背团队精神,云华会悄悄地告诉他。

在3天的外出会议期间,云华继续与员工们一对一地促膝谈心。此时她的目的是建设团队,号召大家为当前出现的危机献计献策。她在这时扮演的是一种风格的领导者,鼓励大家畅所欲言,表达自己的困惑与不满。

次日,云华要求团队成员集中精力解决问题,每个人都必须拿出3个具体方案,阐明应该采取的措施。当云华把大家的方案集中到一起,她惊讶地发现,大家对于分公司的当务之急已形成了共识,比如都意识到了要削减成本。

远景目标清晰了,云华开始采用一种新的领导方式。她将任务落实到人,要求每个管理人员都对自己的任务负责。

在随后的几个月里,云华不停地阐述分公司最新的远景目标,让每位员工牢记自己与这一目标紧密相连。特别是在计划开始的几个星期里,云华认为这是成败的关口,如果此时有人不能尽职尽责,那么她有理由采取专制的方法。"在监督计划实施方面我必须毫不留情,用铁的纪律和全身心的投入来保证完成任务。"最终,工作氛围焕然一新,员工不断创新,他们谈论分公司的远景目标,并争相表达自己愿意为这一明确的新目标奋斗。她仅仅上任7个月,分公司的利润就达到5 000万美元,超过了分公司全年利润指标。

思考题:
(1) 云华在不同阶段分别用的是什么领导方式?
(2) 如何才能做到各种领导方式的灵活转变?

四、领导的作用

领导意味着组织成员的追随与服从。领导者在组织中的地位只有通过下属和组织其他成员的追随与服从才得以确立。下属和组织的其他成员之所以追随和服从其领导者,是因为他们的领导者能够满足他们的愿望和需求。在领导过程中,领导者正是通过巧妙地将组织成员个人愿望和需求的满足与组织目标的实现结合起来达到领导的目的。这种巧妙的结合过程,即领导者对被领导者进行指挥引导、激励鼓舞和沟通协调的过程,也即领导工作的基本内容。这些内容也正是本章及后面两章所要讲的内容。

领导活动对组织绩效具有重要作用。研究表明,在管理过程中管理者仅通过行使计划、组织和控制等管理职能,也可以取得工作效果,实现组织目标,但员工的才智只能发挥60%;如果管理者能够有效地履行领导职能,则可以引发员工其余40%的才智并且能够更充分地调动组织成员的积极性,使员工的工作更加顺利,组织目标将更容易实现。具体来讲,领导的作用表现在以下几个方面。

(1) 有利于组织目标的实现。管理工作中的各项职能,如计划的制订和实施,组织机构的设立和运行,以及实行有效控制等都要靠组织中的各级、各类人员来完成。离开了人,就不可能有管理活动的存在。但由于组织成员个人知识、能力、信念等方面的差异以及外部各种因素的影响,容易对组织目标、技术和客观情况等方面产生不正确的理解和认识,从而发生偏离组织目标的现象。领导工作就是要引导组织中的全体人员有效地领会组织目标,协调组织中各个部门、各类人员的各项活动,从而确保实现组织目标。

(2) 有利于调动人的积极性。组织中的每一个人都具有不同的需求、欲望和态度。组织成员之所以选择参加某一组织,根本动因在于组织能够满足个人的需要和欲望,以实现其个人目标。但大量事实证明,在组织活动过程中,大多数组织成员并不能以持续的热情与信心去追求个人的目标,或者在原个人目标达到后不能自觉树立更高目标,从而出现工作积极性不高的现象。领导工作就是围绕组织目标的实现,将组织成员对满足各种需求和欲望的追求作为个人目标激发出来,不断地转化为强烈的工作动机和积极的工作行为,使组织成员在追求个人目标的过程中为实现组织目标做出贡献。所以,领导工作的作用在很大程度上表现为调动每一个组织成员的积极性,使之以高昂的士气自觉地为组织做出贡献。

(3) 有利于个人目标与组织目标相结合。组织运行状况如何,一个很重要的决定因素就是组织目标同组织成员业已存在的和被激发出来的个人目标的结合程度。当一个组织目标和个人目标紧密结合在一起时,该组织运行状况是良好的,是高效率的。反之,则不利于组织目标的实现。通过领导工作,使组织成员明白,个人的利益与组织的利益密切相关,只有组织利益的最大化才能实现个人利益的最大化。所以,组织成员要对组织承担必要的义务,自觉地让个人目标服从组织目标,放弃一些不符合客观实际的目标。同时,领导者也要创造一种环境,在实现组织目标的前提下,在条件许可的范围内,满足个人的需求,使组织成员对组织产生一种信任感,从而为实现组织目标做出更大的贡献。把个人目标与组织目标有机结合起来的过程,正是领导工作作用的体现。

第二节　领导方式及其理论

在管理实践中,要进行有效的领导,领导者还必须选择恰当的领导方式。20 世纪 50 年代以来,人们从不同的角度对领导方式进行了探讨,形成了很多有价值的理论。

一、领导特质理论

领导特质理论是研究领导者的心理特质与其影响力及领导效能关系的理论。心理学家们首先研究了领导者个人素质与领导成败的关系,他们根据领导效果的好坏,找出好的领导者与差的领导者在个人素质方面的差异,然后由此确定成功的领导者应具备哪些素质,进而再根据成功领导者的素质要求,考察并选拔领导者,这就是对领导者特质(素质)的研究。领导特质理论按其对领导特性来源所做的不同解释,可以分为传统领导特质理论和现代领导特质理论。

(一) 传统的领导特质理论

20 世纪 50 年代以前,学者们试图分析领导者的个人品质、特性,并以此描述和预测其领导成效,认为领导者与被领导者之间存在着个性品质的明显差异,并且提出领导者的品质是与生俱来的,只要是领导者就一定具备超人的素质。传统的特质理论把着眼点放在领导者所具有的生理特性上,认为素质主要是由先天遗传决定的。

吉普(Gibb)提出,天才的领导者应具备下列品质:善言谈、外表潇洒、智力过人、具有自信心、心理健康、较强的支配欲望和外向而敏感。

斯托格弟(Stogdill)比较了成功的领导者与被领导者的特质差异,指出有几项特质与有效领导相关,包括较高的智力水平、主动性、人际交流能力、自信、愿意承担责任及诚实正直。

(二) 现代领导特质理论

现代领导特质理论认为领导者的基本素质是在社会实践中形成的,能够通过教育训练培养形成并得到提升。

美国管理学家、经验主义学派的代表人物德鲁克认为,有效的领导者应具备五个方面的素质:① 善于处理和利用自己的时间;② 努力方向明确,注重贡献;③ 善于发现别人的长处,并能用人所长;④ 能分清工作主次,集中精力于主要工作;⑤ 能听取不同意见,做出准确判断并果断进行决策。

美国管理协会对在事业上取得成功的1 800名管理人员进行了调查,发现成功的领导者一般具有以下20种能力:① 工作效率高;② 主动进取,总想不断改进工作;③ 逻辑思维能力强,善于分析问题;④ 有概括能力;⑤ 有很强的判断能力;⑥ 有自信心;⑦ 能帮助别人提高工作能力;⑧ 能以自己的行为影响别人;⑨ 善于用权;⑩ 善于调动别人的积极性;⑪ 善于利用谈心做工作;⑫ 热情关心别人;⑬ 能使别人积极而乐观地工作;⑭ 能实行集体领导;⑮ 能自我克制;⑯ 能自行做出决策;⑰ 能客观地听取各方面的意见;⑱ 对自己有正确估价,能以他人之长补自己之短;⑲ 勤俭;⑳ 管理人员还必须具有技术和管理方面的知识。

日本企业界把领导者的素质归纳为十项品德和能力,十项品德是指使命感、胜任感、依赖感、积极性、忠诚老实、进取性、忍耐力、公平、热情、勇气;十项能力包括思维决策能力、规划能力、判断能力、创造能力、洞察能力、劝说能力、对人的理解能力、解决问题能力、培养下级能力和调动积极性能力。

领导特质理论强调了良好的个人品质对于开展领导工作与提高领导效能的重要意义,有助于选拔和培养领导人才。但该类理论也存在一定局限性,一些学者认为领导者的特性与非领导者的特性没有本质差别,同时,领导者的特性与领导效果之间的相关性也并不大。

二、管理方格理论

管理方格理论(management grid theory)是由美国德克萨斯大学的行为科学家罗伯特·布莱克和简·莫顿在1964年出版的《管理方格》一书中提出的。

管理方格理论是研究企业的领导方式及其有效性的理论,这种理论倡导用方格图表示和研究领导方式。他们认为,在企业管理的领导工作中往往出现一些极端的方式,或者以生产为中心,或者以员工为中心,或者以X理论为依据而强调监督,或者以Y理论为依据而强调相信人。为避免趋于极端,克服以往各种领导方式理论中的"非此即彼"的绝对化观点,他们指出:在对生产关心的领导方式和对员工关心的领导方式之间,可以有使二者在不同程度上互相结合的多种领导方式。为此,他们就企业中的领导方式问题提出了管理方格法,使用自己设计的一张纵轴和横轴各九等分的方格图,纵轴和横轴分别表示企业领导者对员工和对生产的关心程度。第一格表示关心程度最小,第九格表示关心程度最大。全图总共81个小方格,分别表示"以员工为中心"和"以工作为中心"这两个基本因素以不同比例结合的领导方式(见图5-1)。

(1) 1.1型领导——贫乏型领导方式

其目标在于保住职位,敷衍了事。在沟通上只做信息的传递者,绝不在上级指示中添枝加叶,不以决策者身份出现。在人员选择上的态度是"管他是谁,给我就要"。对于冲突,他们采取不介入的中立态度。从不迟到早退,还常常把休息时间让给别人,在关键时

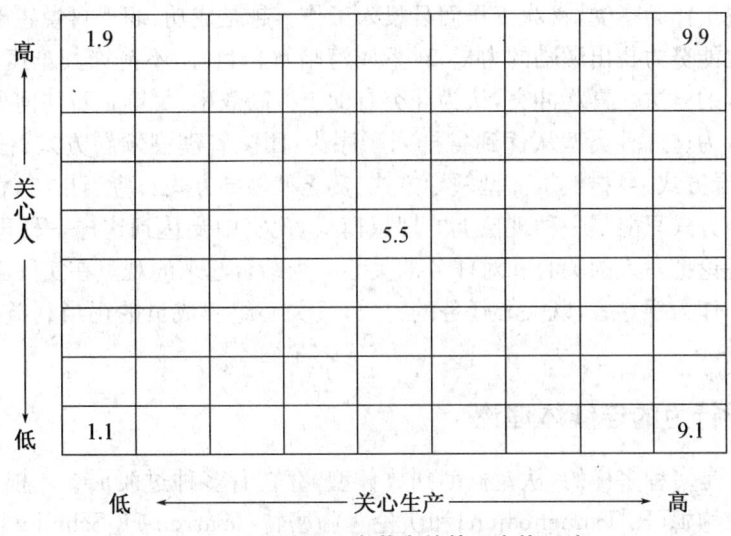

图 5-1　罗伯特·布莱克的管理方格理论

刻,他们总是首先跑到前面,但在那里却无法提出有效的解决办法。对事情还常常拖延不办,脚踏两只船。这种领导适合日常单调、重复又无挑战的工作,在某些天时地利的情况下才会有些成绩。

(2) 9.1 型领导——任务型领导方式

他喜欢监督、处罚别人,喜欢把自己的意志强加于人,意志力强,做出决策绝不改变。喜欢充硬汉子。喜欢能力强的下属,但要求他们不能对自己的权威提出挑战。在失败时常常发怒,把失败的责任归于他人。不喜欢冲突,认为冲突与矛盾意味着控制被打破。

这类领导在竞争激烈的有限时间内,领导效果显著,但时间长了,领导与被领导者关系疏远,会造成生产效率的下降。

(3) 1.9 型领导——乡村俱乐部型领导方式

他们自己渴望被认可,被拥戴。乐于缔造愉快气氛,与所有职工打成一片。很少发表不同意见,在不得不做决定时,也先去下边摸清情况,看大家赞同怎么办。对下属表扬得过多,而对上级唯唯诺诺。对他人的思想行为过分敏感,常常道歉,乐于调解下属中的不和。如果下属大发雷霆,他会说"他是被逼成这样的"。对下属过于宽容忍让,懒散气氛使组织严重失控。一部分人工作满意度高,一部分人会失望地离开。

(4) 5.5 型领导——中间型领导方式

乐于弄清多数人的意见,以他人所想为自己所想,显得通情达理。乐于接受忠告;管理成功时,职工有份;失败时,责任也分摊到职工身上。反对命令和指导,喜欢激励与沟通。恳求说服代替了使用权力。用人原则是"能合得来的""能配合自己的人"。对工作需求和个人需求都不忽视,不喜欢冲突,喜欢巨大的办公室,人人可以见面。

5.5 型领导比 1.9 型和 9.1 型都好,对于日常事务多、规则方式多的组织较适用,会给下属的成长带来影响,使他们圆滑,看领导的眼光行事,易退回 1.1 型。

(5) 9.9 型领导——团队管理型领导方式

认为效率与个人的投入状态有关。追求那些既是个人需求又是组织需求的目标,努力使人人都视工作为享受,喜欢工作而且投入工作。越是成功,职工喜悦感越强。对于无激励的目标也能努力找出激励的力量,对下属清晰解释目标,不掩饰其难度,具体分析和研究达到目标的方法。喜欢冲突,认为冲突有助于提高效率,关键是看如何处理冲突。

布莱克认为这五种类型从优到劣排列顺序为:团队管理型领导方式、任务型领导方式、中间型领导方式、乡村俱乐部型领导方式、贫乏型领导方式。应当指出,管理方格论中的团队型领导方式只能是一种理论上的理想模式,现实中要达到这样一种理想状态并不容易。但该理论把对人的关心和对任务的关心应当结合起来的观点在实际工作中具有重要指导意义。作为领导者,既关心任务的完成,又关心组织成员的正当利益,才能使领导工作卓有成效。

三、领导行为的连续体理论

领导方式是多种多样的,从专权型到放任型,存在着多种过渡形式。根据这种认识,美国学者坦南鲍姆(R. Tannenbaum)和沃伦·施密特(Warren H. Schmidt)于1958年提出了领导行为连续体理论。他们认为,经理们在决定何种行为(领导作风)最适合处理某一问题时常常产生困难。他们不知道是应该自己做出决定还是授权给下属做决策。为了使人们从决策的角度深刻认识领导作风的意义,他们提出了下面这个连续体模型(见图5-2)。

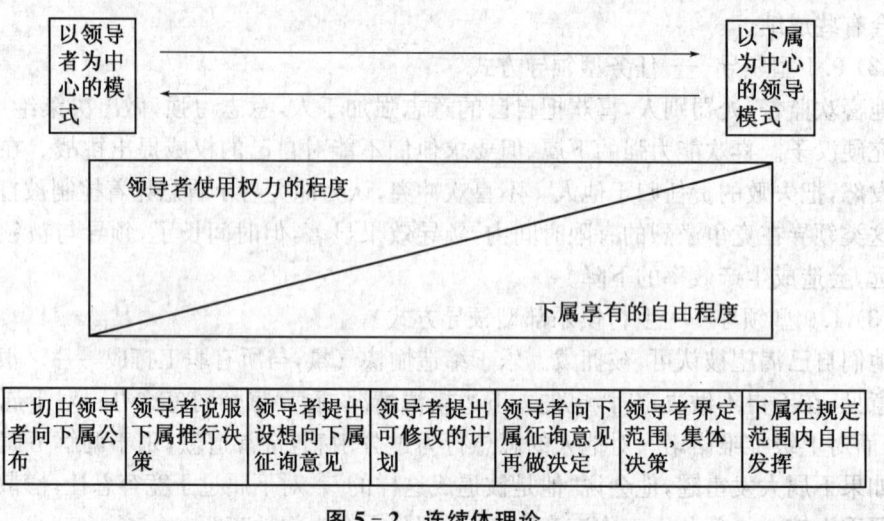

图5-2 连续体理论

(1)一切由领导者向下属公布。在这种模式中,领导者确定一个问题,并考虑各种可供选择的方案,从中选择一种,然后向下属宣布执行,不给下属直接参与决策的机会。

(2)领导者说服下属推行决策。在这种模式中,同前一种模式一样,领导者承担确认问题和做出决策的责任。但他不是简单地宣布实施这个决策,而是认识到下属中可能会存在反对意见,于是试图通过阐明这个决策可能给下属带来的利益来说服下属接受这个决策,消除下属的反对。

(3)领导者提出设想并征求下属的意见。在这种模式中,领导者提出了一个决策,并希望下属接受这个决策,他向下属提出一个有关自己的计划的详细说明,并允许下属提出问题。这样,下属就能更好地理解领导者的计划和意图,领导者和下属能够共同讨论决策的意义和作用。

(4) 领导者提出可修改的计划。在这种模式中,下属可以对决策发挥某些影响作用,但确认和分析问题的主动权仍在领导者手中。领导者先对问题进行思考,提出一个暂时的可修改的计划,并把这个暂定的计划交给有关人员征求意见。

(5) 领导者向下属征询意见再做决定。在以上几种模式中,领导者在征求下属意见之前就提出了自己的解决方案,而在这个模式中,下属有机会在决策做出以前就提出自己的建议。领导者的主动作用体现在确定问题,下属的作用在于提出各种解决的方案,最后,领导者从他们自己和下属所提出的解决方案中选择一种他认为最好的解决方案。

(6) 领导者界定问题范围,集体决策。在这种模式中,领导者已经将决策权交给了下属的群体。领导者的工作是弄清所要解决的问题,并为下属提出做决策的条件和要求,下属按照领导者界定的问题范围进行决策。

(7) 下属在规定的范围内自由发挥。这种模式表现出极度的团体自由。如果领导者参加了决策的过程,他应力图使自己与团队中的其他成员处于平等的地位,并事先声明遵守团体所做出的任何决策。

领导风格与领导者运用权威的程度和下属在做决策时享有的自由度有关。在连续体的最左端,表示的领导行为是专制的领导;在连续体的最右端表示的是将决策权授予下属的民主型的领导。在管理工作中,领导者使用的权威和下属拥有的自由度之间是一方扩大另一方缩小的关系。

一个专制的领导掌握完全的权威,自己决定一切,他不会授权下属;而一位民主的领导在制定决策过程中,会给予下属很大的权力,民主与独裁仅是两个极端的情况,这两者中间还存在着许多种领导行为。

四、生命周期理论

领导生命周期理论是由美国学者科曼于1966年首先提出,后由美国学者赫西和布兰查德进一步予以发展的。该理论认为有效的领导应根据下属的成熟程度以及环境的需要采取不同的领导方式。

这一理论认为,领导的有效性应按照下属成熟程度的具体情况具体分析。图5-3中,横坐标表示以任务为主的工作行为,纵坐标代表以关心人为主的行为,第三个坐标则为成熟度。根据下属的成熟度(从M1到M4),有四种不同的情况。成熟度、工作行为及关系行为间有一种曲线关系。随着下属成熟程度的提高,领导方式(从S1、S2、S3至S4)应按顺序逐步转移。四种不同的领导方式为:S1为高工作,低关系(指示型的领导方式);S2为高工作,高关系(推销型的领导方式);S3为高关系,低工作(参与型的领导方式);S4为低关系,低工作(授权型的领导方式)。

(1) 对于低成熟度(M1)的职工,他们通常由于缺少工作经验,因此不能也不会对工作自觉承担责任,这时应使用S1的领导方式,领导者可以明确规定其工作目标和工作规程,告诉他们做什么,如何做,在何地、何时去完成。

(2) 对于较不成熟(M2)的下属,虽然他们已开始熟悉工作,并愿担负起工作责任,但

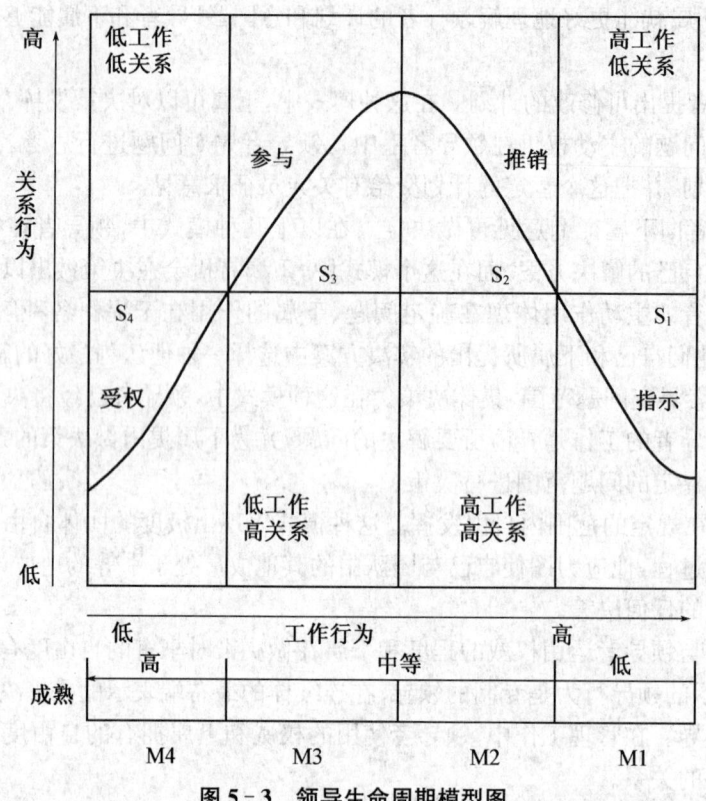

图 5-3 领导生命周期模型图
(摘自吴志清主编,《管理学基础》,机械工业出版社,2007年版)

他们尚缺乏工作技能,不能完全胜任工作,这时,S2 的领导方式更为有效,领导者应对他们的意愿和热情在感情上加以支持。这种领导方式通常仍由领导者对绝大多数工作做出决定,但领导者需把这些决定推销给下属,通过解释和说服以获得下属心理上的支持。此时的领导者应对其下属充分信任,并不断给予鼓励。

(3) 当下属比较成熟(M3)了,他们不仅具备了工作所需的技术和经验,而且也有完成任务的主动性并乐于承担责任。由于他们已能胜任工作,因此不希望领导者对他们有过多的控制与约束。这时,领导者应减少过多的工作行为,鼓励下属共同参与决策,继续提高对下属感情上的支持,不必再去具体指导下属的工作。因此,高关系、低工作的领导方式(S3)是恰当的。

(4) 授权型领导(S4),则适用于高度成熟(M4)的下属。由于下属已具备了独立工作的能力,也愿意并具有充分的自信来主动完成任务和承担责任。此时,领导者应充分授权下属,放手让下属"自行其是",由下属自己决定何时、何地和如何完成任务。

第三节 激 励

一、激励的概念

激励本来是心理学的概念,它是表示某种动机所产生的原因,即发生某种行为的动机是如何产生的,又是在什么环境中产生的。

人们通常把激励理解为单纯的外力刺激作用,如精神鼓励、物质鼓励、提职、加薪等外部的刺激,这种理解是不全面的。一般情况下,激励表现为外界所施加的推动力或者吸引力,与个体自身的需要与动机结合,转化为自身的动力,使得组织目标变为个人行为目标。

一个人的行为,必须受到外界的推动力或吸引力的影响,这种吸引力和推动力通过个体自身的消化和吸收,产生一种"自动力",才能使个体由消极的"要我做"转化为积极的"我要做"。自动力越大,行为越积极;反之亦然。而自动力的大小固然与外力作用的强度有关,但是离不开个体自身的因素(需要与动机),同样强度的推动力与吸引力,对于不同的人可能会产生强弱悬殊的自动力,对人的行为产生不同的影响。自动力是一个内在变量,是内在的心理过程,它不能直接被观察,只能通过行为表现来衡量与推动。

激励就是指激发人的动机,使人产生一种内在的动力,朝向所期望的目标前进的心理活动和行为过程。

行为科学家做过许多试验,证明经过激励的行为与未经过激励的行为,效果大不一样。有的试验结果说明了激励对绩效的作用,揭示了激励方式对行为的影响;有的研究反映出工作绩效不仅取决于工作能力,同时还取决于激励水平或激励的方式。

二、激励的意义

激励是一项重要的管理职能,对于组织目标的实现、提高组织的绩效水平、增强组织的凝聚力、提高员工的积极性等都有十分重要的作用。

1. 激励有助于实现组织的目标

管理是通过他人达到目标的行为,所以,管理的效益就取决于"他人"的行为。有效的激励能提高员工的自觉性、主动性、创造性,从而使员工积极主动而不是消极被动地向目标努力,因此有助于组织目标的实现。

2. 激励有助于凝聚人心

通过适当的激励,可以吸纳组织所需要的人才,它既可以使员工自愿参加组织,也可以使员工愿意留在组织中。激励可以使员工忠于组织目标从而增加组织的凝聚力与向心力。

3. 激励可以调动员工的积极性、创造性

员工工作的目的,是为了满足自己的各种需要。通过激励可以激发人的需求欲望,以及想要获得满足的强烈动机,从而激励员工积极的行为。这种动机作用到事业上就是工作积极性,激励是努力工作的"发动机"。

4. 激励有助于引导规范员工的行为

提倡什么,反对什么,可以通过奖、惩这两种手段体现出来,这样可以引导员工向提倡、奖励的方向努力,从而达到规范员工行为的目的。

5. 激励有助于提高员工的绩效水平

美国哈佛大学的威廉·詹姆斯教授在对员工激励的研究中发现,按时计酬的分配制度仅能让员工发挥20%～30%的能力,如果受到充分激励的话,员工的能力可以发挥出80%～90%,两种情况之间60%的差距就是有效激励的结果。管理学家的研究表明,员工的工作绩效是员工能力和受激励程度的函数。如果把激励制度对员工创造性、革新精神和主动提高自身素质的意愿的影响考虑进去的话,激励对工作绩效的影响就更大了。

三、激励的过程

心理学家认为,所有人的行为都是打算达到一定的目的和目标。这种"目标—导向"行为又总是围绕着满足需求的欲望进行的。可以说某种未满足的需求是调动积极性的起点,是引起一系列导向的初始动机。由于这一活动是针对某一目的的,目的到达时,需求满足,激励过程即告结束。因此,激励过程以未能得到满足的需求开始,以需求得到满足结束,这是一种比较简单的关系。

而事实上人的需求不仅具有多样性,并且人的需求也不会因为上一次的满足而终止,而是又会产生新的需求,并且反馈到下一循环过程中去。

行为科学家认为,个体行为的一般规律是:需求引发动机,动机支配行为,行为的方向则是寻求目标以满足需求。所以,动机是行为的直接原因,它驱动和诱发人们从事某种行为,规定行为的方向。动机是指引起与维持人的行为并将行为导向一定的原因或条件。当动机产生之后,个体便会采取一定的行为达到所追求的目标。但并不是说通过某种行为就一定能达到目标。在完成"行为"向"目标"的转化之后,个体的行为还会延续,会有两种情况出现——到达目标或未达到目标。① 当个体达到目标,即满足需要之后,又会产生新的需要;② 个体未达到目标,即因未满足需要而受到了挫折,人们通常会采取两种反应,即采取积极行为和消极行为。但是,不论个体需要是否得到满足,都会返回到下一次循环的起点,即又会产生新的需要。这个过程构成了基本激励过程(图5-4)。

图5-4反映了需求、动机、行为、目标之间的基本关系,同时也说明了得到满足和受到挫折之后采取的相应的积极行为和消极行为,可以增强管理人员对有关激励过程的了解。

由图5-4可见,激励具有一般规律:一切行为都是受到激励而产生的,而未满足的需求是产生激励的起点。人的需要总是处于一个周而复始的过程中,因而没有一个永恒的、一劳永逸的管理措施。作为一个领导者和管理者,应该是一个清醒的、能够唤醒人的精神状态的激励者。尤其是个人的一些行为表现往往比较复杂,不一定能轻易被推测和窥探到真正的动机。所以,组织的管理者要对人的需求、动机、行为进行深入细致的研究,采用适当的激励方法,以收到管理的最大效果。

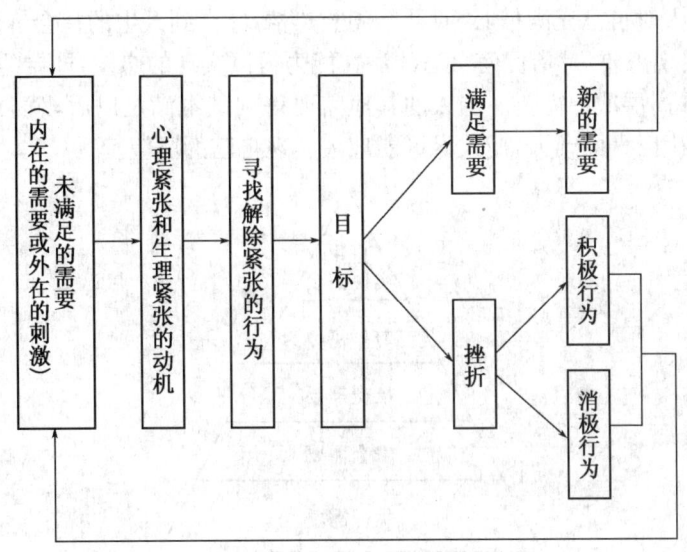

图 5-4 激励的基本过程

四、激励理论

(一) 需要层次理论

亚伯拉罕·马斯洛是一位人本主义心理学家,他于1943年出版的《人的动机理论》一书中提出了需要层次理论,随后于1954年出版的《动机与人格》一书中做了进一步阐述,经过不断地补充和修正,该理论成了西方最有名的激励理论。

1. 需要层次理论的主要内容

马斯洛把人的需要归纳为五个层次,由低到高依次为生理需要、安全需要、社交需要、尊重需要和自我实现需要(见图5-5)。

(1) 生理需要,是指一个人对维持生存所需的衣、食、住等基本生活条件以及性、生育等延续后代的需求。这是任何动物都有的需要。在一切需要中,生理需要是最基本、最优先的,人类的这种需要如果得不到满足,生命都可能受到威胁,也就谈不上别的需要了。因此,生理需要是最强烈而且是必须得到满足的需要。

(2) 安全需要,是指对人身安全、就业保障、工作和生活的环境安全、经济保障等的需求。它包含两方面的内容,一类是现在的安全需要,即希望自己目前生活的各个方面都可以得到满足,要求自己在目前社会生活的各方面均有所保障,如人身安全、职业安全、劳动安全、生活稳定等;另一类是未来的安全需要,希望未来的生活得到保障,如职业稳定、老有所养等。

(3) 社交需要,是指人希望获得友谊、爱情及归属的需要,希望得到别人的关心和爱护,希望成为社会的一员,在他所处的群体中占有一个位置。社交需要得不到满足,人就会感到孤独,郁郁寡欢。

(4) 尊重需要,是指自尊和受人尊重的需要。自尊是在自己取得成功时获得的一种自豪感,受人尊重是指当自己获得成功,取得成绩时希望受到别人的认可和赞赏。尊重需要的满足,能使人对自己充满信心,对社会满腔热情,体会到人生的社会价值。

(5) 自我实现需要,是指促使自己的潜在能力得以实现的愿望,即希望成为自己所期望的人。这是最高层次的需要。当人的其他需要得到基本满足以后,就会产生自我实现的需要,它会产生巨大的动力,使人尽可能地去实现自己的愿望。

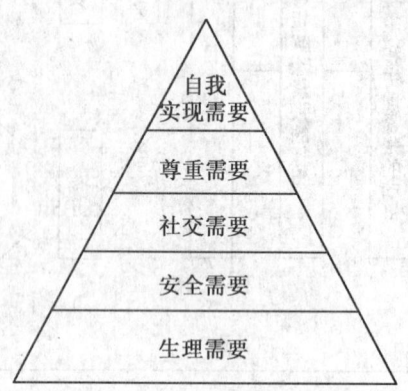

图5-5 马斯洛需要层次理论

【案例5-2】 小明的工作烦恼

小明已经45岁了,回首这二十多年的奋斗历程,他很为自己早年艰苦而又自强不息的日子感慨。自己在没有稳定工作的时候就结了婚,妻子是位孤女,有父母一栋虽然面积不小但很破旧的平房。妻子在待业之中,为生计发愁。后来,小明在某企业找到了一份固定的工作,并很快被提拔为工段长,接着又成为车间主任,进而升为生产部部长。他记得那段日子对他个人和公司来说,都是极为重要的转折。他努力工作,很为自己是公司的一分子而感到自豪。他的付出也给他带来了丰厚的回报,他的工资收入已相当可观了,更重要的是,他在不断地提拔、升级中得到了权力和地位,很令妻子为他感到自豪。有段时间,他自己也沾沾自喜过,可现在细细想来,他觉得自己并没有成就什么,心里老是空落落的。他现在是企业生产环节的总指挥官,可他看着企业一年比一年不景气,很想在开发新产品方面为企业做些更大的贡献,可他在研究开发和销售方面并没有什么权力。他多次给企业领导提议能否变革组织设计方式,使中层单位能统筹考虑产品的生产、销售及研究开发等问题,以增强企业的活力和创新力。可领导一直没有这方面的想法。所以,小明想换个单位,换个职务不要太高,但能真正发挥自己潜能的地方。可自己都步入中年了,"跳槽"的决定又谈何容易。

思考题:

(1) 请运用有关激励理论,对小明走过的历程中所体现的个人需要的满足以及他目前的困惑心境做分析。

(2) 如果小明有意跳槽到你所领导的单位来工作,你应该在哪些方面采取措施以吸引他并给他提供所看重的激励?

2. 马斯洛需要层次理论的基本观点

(1) 人的需要是分层次等级的,一般按照由低层次到高层次循序发展。生理需要是人最基本、最优先的需要,自我实现是最高层次的需要。大多数情况下,人们首先追求满足较低层次的需要,只有在低层次的需要基本满足以后,才会进一步追求较高层次的需要,而且低层次需要满足的程度越高,对高层次需要的追求就越强烈。

(2) 人在不同的时期、发展阶段,其需要结构不同,但总有一种需要发挥主导作用。因此,管理者必须注意当前对员工起主要作用的需要,以便有效地加以激励。

(3) 各种需要相对满足的程度不同。实际上,绝大多数人的需要只有部分能得到满足,同时也有部分得不到满足,而且随着需要层次的升高,满足的难度相对增大,满足的程度逐渐减小。

【案例 5-3】 马斯洛需要层次理论应用案例分析

某民营企业的老板通过学习有关激励理论,受到很大启发,并着手付诸实践。他赋予下属员工更多的工作和责任,并通过赞扬和尝试来激励下属员工。结果事与愿违,员工的积极性非但没有提高,反而对老板的做法强烈不满,认为他是在利用诡计来剥削员工。

思考题:请根据所学习的有关激励等理论,分析该老板做法失败的原因并提出建议。

(二) ERG 理论

ERG 理论是美国耶鲁大学教授克雷顿·奥尔德弗在马斯洛需要层次理论基础上提出的。奥德弗认为,在管理实践中,将员工的需要分为三类较为合理,即生存需要(existence needs)、相互关系需要(relatedness needs)和成长需要(growth needs)。因此,这一理论也被称为 ERG 理论。

1. ERG 理论的主要内容

(1) 生存需要,是指人生理和安全方面的需要,也是最基本的需要,如衣、食、住、行等各个方面。组织中的报酬、工作环境和工作条件等都和这种需要有关。这一类需要相当于马斯洛需要层次中的生理需要和部分安全需要。

(2) 相互关系需要,是指在工作环境中对人与人之间的相互关系和交往的需要。在人的生存需要得到满足之后,自然就会要求通过与他人分享和交流感情来满足相互关系的需要,这种需要类似于马斯洛需要层次中的部分安全需要、全部社交需要和部分尊重需要。

(3) 成长需要,是指人要求得到提高和发展的内在欲望。成长需要的满足要求充分发挥个人的潜能,有所作为和取得成就,并不断地创新和前进。这类需要的满足要求个人所从事的工作能充分发挥他的才能,以及通过工作能培养新的才能。成长需要相当于马斯洛需要层次中部分尊重需要和全部自我实现需要。

2. ERG 理论的基本观点

(1) 某个层次的需要得到满足得越少,则这种需要就越为人们所渴望。比如,满足生存需要的工资越低,人们就越渴望得到更高的工资。

(2) 较低层次的需要越是能够得到较多的满足,对较高层次的需要就越渴望。比如,满足生存需要的工资越是得到满足,人们对人与人关系的需要和工作成就的需要就越强烈。

(3) 较高层次的需要越是满足得少,对较低层次需要的渴求也越多。比如,成长需要得到的满足越少,则对人与人的关系需要渴求就越大。

(三) 双因素理论

双因素理论也称激励—保健因素理论,是美国的行为科学家弗雷德里克·赫茨伯格提出来的。20世纪50年代末期,赫茨伯格在企业中进行了广泛的调查,调查对象主要是工程师、会计师等"白领"。赫茨伯格设计了很多问题,如"什么时候你对工作特别满意"、"什么时候你对工作特别不满意""满意与否的原因是什么"等。调查发现职工感到不满意的因素大多与工作环境或工作关系有关,使职工感到满意的因素主要与工作内容或工作成果有关。赫茨伯格提出"双因素理论",认为应从人的内部,要用工作本身来调动人的积极性,工作对人的吸引力才是主要的激励因素。

1. 双因素理论的主要内容

(1) 保健因素,是指与工作环境有关的因素,包括工资水平、工作环境、福利、安全和适当的政策等。这类因素不具备或强度太低,容易导致员工不满意,但即使充分具备、强度很高也很难使员工感到满意,因此,赫茨伯格将这类因素称为"保健因素",又称作"维持因素"。这些因素类似卫生保健对身体健康所起的作用:卫生保健不能直接提高健康状况,但有预防效果;同样,保健因素不能直接起激励员工的作用,但能预防员工的不满情绪。

(2) 激励因素,是指与工作本身或工作内容有关的因素,包括成就、赞赏、工作所带来的挑战性、责任和进步等。这类因素具备后,可使员工感到满意,但员工感到不满时却很少是因为缺少这些因素,因此,赫茨伯格将这类因素称为"激励因素"。只有这些因素才能激发起人们在工作中的积极性、创造性,产生使员工满意的积极效果。激励因素和保健因素见表5-2。

表5-2 保健因素和激励因素的内容

保健因素	激励因素
公司政策与管理	成就
上级监督	赞赏、认可
工作环境	工作本身
工资	责任
与同事的关系	进步
个人生活	成长
个人职务地位	
安全	

2. 双因素理论的基本观点

(1) 保健因素不能直接起到激励人们的作用,但能防止人们产生不满的情绪。保健因素改善后,人们的不满情绪会消除,但并不会导致积极后果。只有激励因素才能产生使职工满意的积极效果。

(2) 和传统观点不同,满意的对立面不是不满意,而是没有满意;不满意的对立面也不是满意,而是没有不满意。也就是说,有了激励因素,就会产生满意;而没有激励因素,则没有满意,但也没有不满意。有了保健因素,不会产生满意;但没有保健因素,则会产生不满意。

(四) 公平理论

公平理论是由美国心理学家斯戴西·亚当斯于1956年提出的,又称为社会比较理论,其目的是研究在社会比较中个人所做出的贡献与他所得到的报酬之间如何平衡的问题,研究报酬的公平性对人们工作积极性的影响。

公平理论认为,当一个人做出了成绩并取得报酬以后,他不仅关心自己所得报酬的绝对量,而且关心自己所得报酬的相对量。也就是说,每个人都会自觉不自觉地把自己所获的报酬与投入的比率同他人的收支比率或本人过去的收支比率相比较。其中,报酬是指如工资、奖金、提升、赏识、受人尊敬等,包括物质方面和精神方面的所得;投入是指如工作的数量和质量、技术水平、努力程度、能力、精力、时间等。参照对象通常是自己的同事、同行、邻居、亲朋好友(一般是与自己状况相当的人)等,也可能是自己的过去。付出与报酬的比较方式有两种:① 横向比较,即员工将自己的所得、付出比与他人的所得、付出比相比较。② 纵向比较,即员工也会将自己目前所得、付出比与自己的过去进行比较,这种比较被称为纵向比较。

$$\frac{个人所得报酬}{个人付出劳动} = \frac{他人(或历史上个人)所得报酬}{他人(或历史上个人)付出劳动} \rightarrow 公平的感受$$

$$\frac{个人所得报酬}{个人付出劳动} \gtrless \frac{他人(或历史上个人)所得报酬}{他人(或历史上个人)付出劳动} \rightarrow 不公平的感受$$

由上述公式可知,如果员工感觉自己在工作中的所得与付出比,与其他人是等同的,则为公平状态,他的积极性和努力程度一般不变;如果员工感觉自己在工作中的所得与付出比,较其他人高,员工一般不会要求减少报酬,而有可能会自觉地增加自己的付出,但过一段时间他就会因重新过高估计自己的付出而对高报酬心安理得,于是付出又会回落到以前的水平;还有另外一种情形,当事人可能担心这种不公平会影响工作伙伴对自己的评价,从而影响自己在正式组织或非正式组织中的人际关系,因此会在以后的工作中谨慎小心,同样不利于调动其积极性。如果自己所得、付出比,比其他人要低,员工则会要求加薪,或减少付出以达到心理上的平衡。

总之,当事人会采取多种方法来减小和消除与参照对象比较的差异,使之相等。

(五) 强化理论

强化理论是由美国心理学家斯金纳首先提出的。该理论认为人的行为是对其所获刺激的函数。如果这种刺激对他有利,则这种行为就会重复出现;若对他不利,则这种行为就会减弱直至消失。因此,管理者要采取各种强化方式,以使人们的行为符合组织的目标。根据强化的性质和目的,强化可以分为正强化和负强化两大类型。

1. 正强化

正强化就是奖励那些符合组织目标或为达到组织目标而做出贡献的行为,以便使这些行为得到进一步加强。正强化的刺激物不仅仅包含奖金等物质奖励,还包含表扬、提升、改善工作关系等精神奖励。为了使强化能达到预期的效果,还必须注意实施不同的强化方式。有的正强化是连续的、固定的,譬如对每一次符合组织目标的行为都给予强化,或每隔一固定的时间给予一定数量的强化。尽管这种强化有及时刺激、立竿见影的效果,但久而久之,人们就会对这种正强化有越来越高的期望,或者认为这种正强化是理所应当的。管理者要不断加强这种正强化,否则其作用会减弱甚至不再起刺激行为的作用。另一种正强化的方式是间断的,时间和数量都不固定的,即管理者根据组织的需要和个人行为在工作中的反映,不定期、不定量实施强化,使每一次强化都能起到较大的效果。实践证明,后一种正强化更有利于组织目标的实现。

2. 负强化

负强化就是惩罚那些不符合组织目标的行为,以使这些行为削弱直至消失,从而保证组织目标的实现不受干扰。实际上,不进行正强化也是一种负强化,譬如,过去对某种行为进行正强化,现在组织不再需要这种行为,但基于这种行为并不妨碍组织目标的实现,这时就可以取消正强化,使行为较少或不再重复出现。同样,负强化也包含着减少奖酬或罚款、批评、降级等。实施负强化的方式与正强化有所差异,应以连续负强化为主,即对每一次不符合组织的行为都应及时予以负强化,消除人们的侥幸心理,减少直至完全避免这种行为重复出现的可能性。

第四节 沟 通

一、沟通的概念

沟通也称为信息沟通,是指在个人之间或群体当中,进行事实、思想、意见和情感等方面的传递与交流,使组织成员的理解与认识基本达成一致的过程。沟通的目的是通过相互间的理解与认同来使个人或群体间的行为相互适应。

沟通是意义的传递与理解。完美的沟通,如果其存在的话,应该是经传递之后被接收者感知到的信息与发送者发出的信息完全一致。这说明意义的传递与理解二者同样重要。如果说话者没有听众,或写作者没有读者都不能构成沟通。因此,沟通就应具备如下两个基本条件:

(1)沟通必须要有沟通主体与客体,即信息的发出方与信息接收方,涉及两个人以上。这种人与人之间的沟通可以是面对面的沟通,也可以是信息发出者与信息接收者之间,通过其他媒介物有目的地进行信息传递和沟通。例如,开会时两位管理者个别交换工作意见是面对面沟通,领导通过写信的方式发送到企业每一位员工手中的新年贺卡也是沟通。

(2)要有一定的沟通媒介。人际沟通所要传递的意思和信息需要通过一定的沟通媒介,如语言、书面文字、电话、网络等沟通方式,才能实现沟通的目的。

【案例5-4】 如何与上级的上级进行沟通?

你是某公司市场部的基层管理人员,硕士研究生毕业已经有三年了。你部门的经理是专科毕业,很有闯劲。由于年龄、文化程度等方面原因,你对经理在管理过程中的一些做法有不同意见,比如,经理更多地采用经验式管理方法;在激励方面,过于注重过程导向,却忽视结果导向,缺乏目标激励。你曾经与经理谈起过自己的想法,建议采用目标管理思路,从结果导向对员工进行考核激励,但经理好像没有反应。对此你感到非常不满,你一直在考虑,希望与公司主管经营的副总经理做一次沟通。

思考题:

(1) 与上司的上司沟通(副总经理)是否合适?

(2) 如何与副总经理沟通? 请根据自己对管理沟通的理解,设计一个与上司的上司沟通的办法。

二、沟通的意义

1. 沟通是实现组织目标的重要手段

组织中的个体、群体为了实现一定的目标,在完成各项具体工作时需要相互交流、统一思想、自觉地协调。信息沟通使组织成员团结起来,把抽象的组织目标转化为组织中每个成员的具体行动,从而实现组织目标。

2. 沟通是正确决策的必要前提

正确地收集、处理、传递和使用信息是科学决策的前提。在决策过程中利用信息传递的规律,选择一定的信息传播方式,可以避免延误决策时间而导致的失败。管理者通过一定的方式推行决策方案,赢得上级的支持和下级的合作,没有有效的沟通是不会达到这一目标的。

3. 沟通是组织协调的重要途径

由于现代组织是建立在职能分工基础上的,不同职能部门之间不易相互了解和协调配合。通过有效的沟通,可以使组织内部分工合作更为协调一致,从而保证整个组织体系的统一指挥、统一行动,实现高效率的管理。

4. 沟通是改善人际关系的重要条件

组织中每个成员都有受人尊重、社交和关爱的需要,人与人之间的沟通和交流可以使这些需要得到满足。经常性的沟通和交流也可以使人们彼此了解,消除彼此的隔阂和误会,消除和解决矛盾和纠纷,从而有利于良好人际关系的形成。

三、沟通的过程

沟通是一个由发出信息方与接收信息方共同完成的过程。完整的沟通过程大致包括以下七个环节(见图 5-6)。

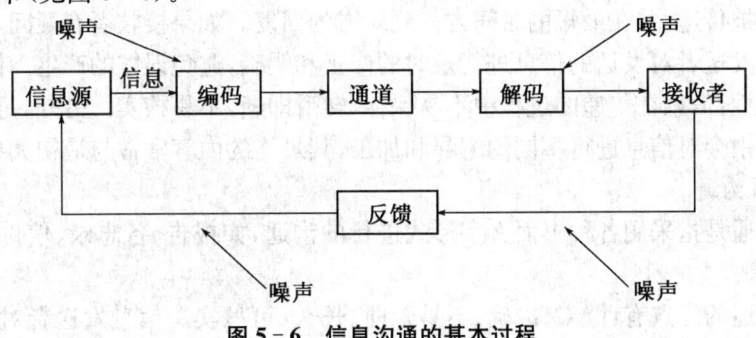

图 5-6 信息沟通的基本过程

(1) 信息源,是指持有信息、意图、观念的人,又叫发送者。作为发送者,最重要的是确立概念,明确自己要传递的信息。被编码的信息受到四个条件的影响:技能、态度、知识和社会文化系统。

(2) 信息,是指某种思想、想法或意图,起着连接沟通过程的各个部分的作用。

(3) 编码,是指适当的传递符号,如语言、文字、图片、模型、身体姿势、动作表情等。人际沟通的主要编码是语言。

(4) 通道,是指传递信息的媒介物,即信息传递渠道。如面对面讲话、通电话、会议、备忘录、政策条例等。如口头交流的通道是空气;书面交流的通道是纸张。通道由信息发送者选择,一个具体的信息可以通过不同的通道发送。

(5) 解码,是指信息接收者对接收到的信息所做出的理解和解释。

(6) 接收者,是指接收并解释信息的个人。沟通的接收者会受自身的技能、态度、知识及社会文化系统的限制,同一信息,不同接收者会有不同的理解,即使是同一个接收者,由于接收信息时的情绪状态或场合不同,也可能做出不同的解释。信息源应该擅长于写或说,接收者应擅长于读或听,而且二者均应具备逻辑推理能力。一个人的知识水平不仅影响着他传送信息的能力,同样影响着他的接收能力。

(7) 反馈,是指接收者把所接收到的信息返还给发送者。经过反馈可使发送者知道信息是否被接受,或及时做出正确的解释,及时修正沟通内容。若无反馈,沟通就是单向的,有了反馈,它才能成为双向沟通。

此外,在整个过程中,还易受到噪声的影响。噪声指的是信息传递过程中的干扰因素,如难以辨认的字、接收者的疏忽大意、生产设备中的背景噪声等。噪声可能在沟通过程中的任何环节造成信息的失真。

四、沟通的类型

(一) 按照沟通的方法划分

1. 口头沟通

借助口头语言进行的沟通称为口头沟通,如演讲、讨论、会谈等。在一个管理者的工作中,与下属谈话、向上司请示及汇报工作、与外单位谈判等,是再常见不过的沟通。口头沟通是一个极为普遍又十分重要的管理技巧和沟通活动。

口头沟通的优点为:快速传递、快速反馈和信息量大。在这种方式下,信息可以在最短的时间内被传递,并在最短的时间内得到对方的回复。如果接收者有疑问,也可以通过迅速反馈使发送者对发送的信息进行及时的修正和明确,避免误解的产生。但是,这种方式也有局限性:信息在传递的过程中不易保存,转瞬即逝,不易核实。另外,每个人在传递信息的过程中会对信息进行不同的解释和加工,其最终的内容常常与最初大相径庭。

2. 书面沟通

书面沟通是指采用各种书面文字形式进行的沟通,如报告、备忘录、信件、文件、内部期刊、布告等。

书面沟通的优点有:严肃、准确、不易歪曲、长久、可核实。信息发送者对要传递的信息内容可以认真推敲,并用最好的方式表达出来,信息接收者也可反复阅读以增强理解。

书面沟通的信息可以长期保存,以便核实信息。但是,书面沟通也有其不足之处:书面沟通方式更为精确,但耗费了更多的时间,效率较低。另一个缺陷是缺乏反馈,无法保证所发出的信息能被接收到;即使被接收到,也无法保证接收者能够理解发送者的本意。一旦误解,其影响的时间更为长远。

3. 非语言沟通

一些沟通既非口头形式也非书面形式,而是通过非语言的形式加以传递。当与人沟通时,特别是面对面交流时,会伴随大量的非语言形式,这些非语言比语言本身更有意义,甚至有时,无需语言,就可以从对方的表情、姿势、态度、动作等非语言信号中得到很多有价值的信息并做出评价。但是,非语言信息传递距离有限,并且其"只可意会、不可言传"的特点也易造成误解。

(二)按照沟通的组织系统划分

1. 正式沟通

正式沟通是通过组织机构明文规定的渠道进行的沟通,如组织之间人员的往来、请示性汇报制度、会议制度等,都属于正式沟通。正式沟通所传递的信息一般具有计划性、目的性、系统性和权威性。其基本目的在于有效确立和实施组织目标,实现组织的经济效益和社会效益。

正式沟通的优点是:沟通效果好、严肃可靠、约束力强、易于保密、沟通信息量大、具有权威性。其缺点在于:对组织机构依赖性较强而造成速度迟缓,沟通形式刻板,如果组织管理层次多,沟通渠道长,容易形成信息损失。

2. 非正式沟通

非正式沟通是指以组织中的非正式系统或个人为渠道的信息沟通。这类沟通不受组织监督,是由组织成员自行选择途径进行的,比较灵活方便。员工中的人情交流、生日聚会、工会组织的文娱活动、走访、议论某人某事、传播小道消息等都属于非正式沟通。

非正式沟通的优点是:传递信息的速度快,形式不拘一格,并能提供一些正式沟通所不能传递的内幕消息。缺点是:传递的信息容易失真,容易在组织内引起矛盾,且较难控制。

(三)按照信息传递的方向划分

1. 下行沟通

下行沟通是指信息从上级管理者流向下级成员的沟通。例如,组织和群体的领导者对职工进行的信息沟通。下行沟通可以使下级明确工作任务、目标和要求,增强其责任感和归属感,协调企业各层次的活动,增强上下级之间的联系等。但在逐层向下传达信息时应注意防止信息误解、歪曲和损失,以保持信息的准确性和完整性。

2. 上行沟通

上行沟通是指信息从下级成员流向上级管理者的沟通。例如,下级主动向上级传递信息、汇报思想、反映意见、提出建议等。上行沟通是管理者了解下属和一般员工意见和想法的重要途径。上行沟通畅通无阻,各层次管理者才能及时了解工作进展的真实情况,了解员工的需要,体察员工的不满和怨言,从而加强针对性的管理。

3. 平行沟通

平行沟通是指同级成员之间的沟通。平行沟通是组织中更为大众化的沟通形式。通过平行沟通,有助于加强成员间的相互了解,有利于各种关系的平衡和协调,有利于群体成员之间达成融洽的关系,从而提高员工的工作效率,改善员工的工作态度。

4. 斜向沟通

斜向沟通是指处于不同层次的没有直接隶属关系的成员之间的沟通。这种沟通方式有利于加强信息的流动,促进理解,并为实现组织的目标而协调各方面的努力。

五、组织内部的沟通渠道

组织内部的沟通渠道可以分为正式沟通渠道和非正式沟通渠道。

(一) 正式沟通渠道

正式沟通渠道是指组织明文规定的信息沟通方式,它与组织结构紧密相关,有五种典型的信息沟通网络:链式、轮式、Y式、环式和全通道式。假定一个组织由五个成员组成,图5-7给出了这五种信息沟通网络。

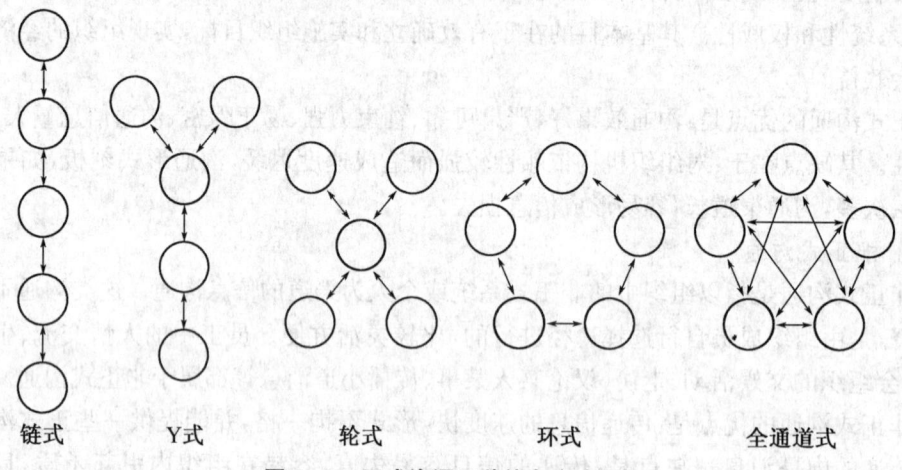

图5-7 正式沟通五种信息交流网络

(1) 链式。信息链条式地顺序传递,并且传递速度较快,正确性较高,领导者的地位较突出,但其他成员的士气较低。这种方式下,能缓慢地形成相当稳定的组织。

(2) Y式。信息交流也有一个中心人物,但其集中程度没有轮式高。这种方式兼有链式和轮式沟通的优点和缺点,信息传递速度较快,成员的满意度较低。

(3) 轮式。信息交流的中心人物居中,其他成员围绕着中心人物来联系。信息传递速度快、正确性高,领导地位非常突出,其他成员士气很低。在这种方式下,能迅速地形成稳定的组织。

(4) 环式。没有一个中心人物,允许每一个成员与邻近的成员联系,但不能跨越这一层次与其他成员联系。传递速度慢,正确性低,但成员的满意度较高。这种方式不易形成固定的组织。

(5) 全通道式。允许团体中每个成员与其他成员直接进行信息交流,传递速度快、正确性较高,没有领导者,团体成员的满意度较高。这种方式不易形成固定的组织。

(二) 非正式沟通渠道

群体中的信息传播,不仅有正式沟通渠道,而且也有非正式沟通渠道。非正式沟通渠道是由于组织成员感情上的需要而形成的,通过组织内部的各种社会关系来进行,这种社会关系超越了部门、单位及层次的限制。在组织中,有四种非正式沟通渠道,即单线式、偶然式、流言式和集束式,如图5-8所示。

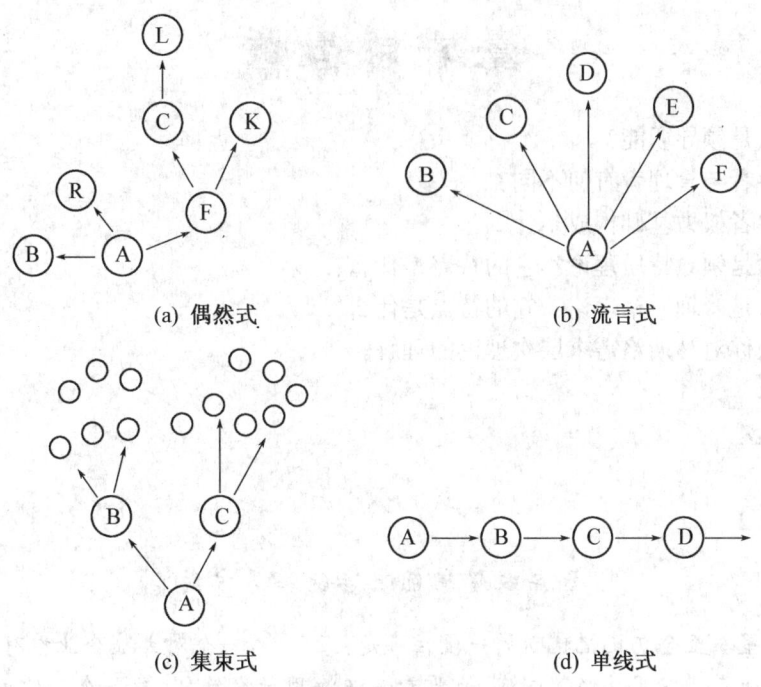

图5-8 非正式沟通的信息交流网络

(1) 偶然式,是按偶然的方式传播小道消息。每一个人都是随机地将信息传递给其他人,道听途说就是其中的一种形式。

(2) 流言式,是指由一个人主动把小道消息传播给所有其他人。这种传播往往带有一定的目的性。

(3) 集束式,是把小道消息有选择地告诉与自己亲近的人或有关的人,而这些对象在获得信息后又传递给自己的亲近者。集束式又称葡萄藤式沟通系统。

(4) 单线式,该种传播方式是通过一连串的人把消息传播给最终的接收者。而这一连串的人之间并不一定存在着正规的组织关系。

在非正式沟通中,谁是信息发送者取决于所传递的信息内容。如果某个人对这一信息内容感兴趣,他就忍不住要告诉别人,如果不感兴趣,他就不会再进一步传播这一信息。戴维斯的研究结果证明,小道消息传播的最普通形式是集束式。小道消息的传播者往往只把消息告诉经过选择的对象,即按集束式传播消息。一般讲,集束式传播速度最快、面最广,而单线式和偶然式传递速度最慢,失真可能性也最大。

小道消息的传播者往往是固定的一些人。在任一群体中,总有这么一些喜欢闲聊并发布"新闻"的人。其他人不是从领导,而是从这些人口中得知群体中将要发生的事情,许多重要信息就是通过这一渠道传播的。

关于小道消息的传播存在着不同的观点。一些人认为传播小道消息是散布流言蜚语,应加以禁止。另一些人认为通过非正式沟通渠道散布小道消息,也能在组织中有一定的积极作用。应该说,非正式沟通是客观存在的,关键是管理者能否利用它为组织的目标服务。

复习思考题

1. 什么是领导职能?
2. 领导者与管理者有何不同?
3. 领导者权力基础构成是什么?
4. 什么是领导特质理论?它的特点是什么?
5. 什么是管理方格理论?它的特点是什么?
6. 谈谈你对马斯洛需求层次理论的理解。

延伸阅读

【材料一】

青岛双星集团汪海的领导方式

青岛双星人至今仍记忆犹新的一段往事是:五年前,一个对大陆企业抱有很深成见的台商气冲冲地来找双星总经理汪海,他要看看汪海用什么绝招,把一个和他做了20多年生意的美国大客户抢走了。他在双星一个车间一个车间地连转了三天,怒气慢慢变成了服气,最后,他抓住汪海的手,发自内心地说道:"真没想到双星规模这么大,真没想到你领导双星那么好!"不光台商没想到,就是美国的大鞋商到双星看后也感到惊讶,但惊讶过后,则把他们在韩国、菲律宾的订货单拿到了双星。

纽约《世界鞋报》记者从美国鞋商口中知道了双星的情况,在双星举办的新闻发布会上,他问总经理汪海:"请问您是怎样领导这样大规模企业的?采取了什么先进的管理办法?"对美国人的疑问,汪海的回答简单明了:"我们针对制鞋业劳动密集型、手工操作的特点,提出'人是兴厂之本,管理以人为主',坚持管理以人为本,采取了'超微机的管理',并且形成了一整套自己的管理理论和管理哲学,创造了具有鲜明特色的'双星九九管理法'。"

对管理,汪海曾在字面上做过这样的诠释:"管",就是对人的管理。双星公司总经理曾专门研究了日本松下公司的管理,他发现,松下公司取得成功,除了得力于组织机构、管理技巧、科学技术外,更重要的是得力于其经营理念,一种"繁荣、幸福、和平"的企业文化。它把人的历史传统、价值标准、道德规范、生活观念等统一于企业内部共同目标之下,使企业如大家庭般上下忠诚和谐。他更发现松下的这套东西不过是秉承中国的"诚意正心、修身齐家、治国平天下"的儒家思想。汪海开始琢磨：徒尚如此，况师乎？社会主义市场经济，必然要受传统文化的影响，而传统文化又必然要接受现代市场经济意识的洗礼。经过认真思考和分析，汪海紧紧抓住了"人"这个决定因素，以对人的九项管理为纵轴，以对生产经营的九项管理为横轴，为双星的管理勾画出一个直角坐标，提炼出物质文明与精神文化互相促进的"双星九九管理法"。

在人的管理上，双星人要达到三环、三轮原则。他们继承传统的并借鉴国外的以创造自己的，以此三环来刻意求新；他们把思想教育当前轮，经济手段、行政手段当后轮，同步运行，共同提高效能。

在生产经营上，双星人要实现三分、三联、三开发。他们分级管理、分层承包、分开算账，以此增强企业的活力；他们搞加工联产、销售联营、股份联合，进一步增强了企业的实力；他们进行人才、技术产品和市场的全方位开发，使双星在市场上提高了竞争力。

汪海在实施九九管理法的纵横交叉中，终于找到了把人与物的管理相结合的最佳结合点。

现在，双星集团公司总经理汪海又在积极探索新的领导方式，力争把双星集团公司带入国际大公司行列，实现"世界的鞋业在中国，中国的鞋业在双星"的宏伟战略目标。

(陈建萍主编《企业管理学》，中国人民大学出版社，2008年版)

【材料二】

迪士尼公司对人员的培训与激励

自1983年以来，世界著名的迪士尼公司经过艰苦卓绝的尝试，终于在1988年使每股股票股利由1984年的0.69美元上升到3.8美元。而且，迪士尼王国的规模也不断扩大：拥有了沃尔特迪士尼制片厂、沃尔特迪士尼世界以及东京迪士尼乐园。

迪士尼公司在短短的几年间取得如此大的成功，除其最高主宰沃尔特迪士尼慧眼定位的产品——欢乐——具有特殊价值外，更重要的一点是迪士尼公司在对人力资源的培训与激励上具有独到之处。让成千上万的游客心甘情愿付出高额代价，去享受迪士尼的超值服务是该公司的宗旨，因此，精心规划、培养训练有素的员工成为公司的首要任务。

随着迪士尼公司兼并旅馆及其他休闲设施事业的发展，新员工来源更加广泛，这些人员有两种分配方向：计时员和支援专业人员的员工。前者从事身着传统服饰扮演美国拓荒英雄以及各种卡通人物以吸引游客的工作，后者则可能成为设计师或构想新计划的理财专家等职务的管理者。

由于员工的需要不同，对其培训的方式也应不同。为此，在20世纪60年代，沃尔特先生创办了迪士尼大学。该大学负责研究与分析公司员工的需要，并提出训练计划来满足这些要求。大学根据各个营业点面临的不同问题，成立了众多训练基地，针对不同的工作人员设计训练课程。例如，对"卡通人物"的要求，他们强调"这不是在做一项工作，而是在扮演一个角色"。对前往应聘的人，他们首先要求其做自我估价，找到合适自己的位置，之后，会放一段影片给应聘者看，详细介绍工作纪律、训练过程及服饰，然后才能进入面谈，最后再经过评选，被选中的卡通人物方能由穿着全套角色服饰的教师带领进入受训阶段。迪士尼大学的教师大多由各相关单位指派的杰出卡通人物担当,这类杰出人选的主要工作与其他卡通人员一样,但每周有一部分时间要承担上课任务。

迪士尼大学的课程之一是 8 小时的新人指导课,目的是让新人了解公司的历史、哲学和对顾客的服务标准。这一时期是他们接受无形产品——欢乐——的时候。课程之二就是让他们了解自己所要担任的角色,并学习如何扮演。训练目的是使新人更加敏锐。接下来就是老手带新手的"配对训练",时间长短视参与的节目而定,一般是 16~48 小时。在这期间,新手可以向备受尊敬的优秀员工直接学习,同时培养以迪士尼为荣的理念,使他们更加热情地投入工作,并努力自我要求。在完成这一部分的学习,并熟练掌握训练单上所列的项目之后,新手才能单独接待游客。

迪士尼的干部有 25% 是从内部提升的,为此,公司制定了"迪士尼乐园实习办法"作为主要的人力规划手段。对新人的指导课包括密集训练和主管介绍,以了解公司的产品和历史。之后再对各部门高级主管访谈,以了解各部门的目标及其在组织结构中所扮演的角色,例如,如何从销售或财务的角度为游客创造欢乐。最后,是参加一个正式的训练课程,了解公司策略及节目的制作过程。这些来自各部门具有管理才能发展潜力的人,在接受 6 个月的在职训练(他们每天要穿上卡通人物服饰)之后要通过期末考试才算结业,但结业并不保证晋升。受训目的不只是训练在职干部,更是训练储备干部,及早发掘人才。对初级管理者进行密集训练,一旦晋升到中级阶层,他们对公司的期望已经完全了解,并且具备了必要的专业技能,其后的训练就没有那么密集了。

迪士尼的卡通人物日复一日、年复一年、天天回答同样的问题、干同样的工作,这也是重复枯燥的,而且迪士尼将"面带微笑,服务顾客"视为宗旨,期望所有的卡通人物都遵守公司高标准的要求。因此,为使卡通人物每天都能设法翻出一些新花样,让游客在这里看米老鼠时会感受到神奇的滋味,迪士尼公司提供了各种奖励措施,包括服务优良奖、同仁表扬活动、全勤奖,以及服务期满 10 年、15 年及 20 年的特别奖励会餐。此外,公司餐厅提供免费啤酒以助于提高士气,公司还辅助进行各种社团活动。

另外,为更好地激励员工,公司还在各类节日期间,以各种方式感谢卡通人物及其家属。例如,在圣诞节期间,园区为其开放,干部则穿上各种角色的服装,取代卡通人物的工作,向员工庆贺,迪士尼乐园中,管理者充当售货员,贩卖汉堡包和热狗。所有活动的共同目标是:激发员工的活力、热忱、投入和荣耀,使他能在适合自己的工作岗位上自我要求,认同公司,与管理者一起,为顾客提供更好的服务。

(http://www.51test.net/show/998170.html)

案例分析

王嘉廉的领导风格

1998 年 5 月 13 日,"北京高新技术产业周"拉开帷幕。会上,美国 CA 有限公司和日本富士通有限公司联合宣布,共同推出二者合作开发的中文 Jasmine。CA 公司年营业额达 45 亿美元,是全球第四大软件公司;富士通是年销售额逾 360 亿美元的信息技术产业巨人。二者联袂亮相,自然给会议带来不小的轰动。然而,这其中更为引人关注的,却是一位以往在国内并不声名显赫的美籍华人——王嘉廉先生。

如果用业绩来衡量,王嘉廉应在当今最成功的企业家之列。1976年,王嘉廉抱着"技术必须服务于商业"的信念,赤手空拳与三位员工创建了CA公司。21年后,CA已成为在43个国家拥有11 000名员工,市场资本近300亿美元,年营业额达45亿美元的大型软件公司。CA曾被美国《财富》杂志评为美国最有价值的100家公司之一。他的成功,让羁旅异乡的华人感到骄傲,像20世纪80年代叱咤美国电脑界的王安一样,王嘉廉在创办高技术企业上的非凡成就,证明了华人在海外除了开饭店、洗衣房外,在其他事情上也往往出类拔萃。

一个成功企业的成长过程,是一个渐渐形成自身独有风格的过程。而这一风格,又往往与领导者的作风及其独特的领导方式有着最直接的联系。

王嘉廉的个性非常突出,有着过人的精力,动作麻利,工作效率高,说话心直口快、不拐弯抹角。因而也就有了"积极进取""坚定不移""温和""桀骜不驯""激情""冷静""斗志高昂"等描述他的词汇,不断在众多报刊上出现。美国广播公司曾标榜他是"最具独创性和最有效率的主管之一"。

王嘉廉最讨厌也最怕官僚系统,视其为腐蚀人心、摧毁企业的罪魁祸首,因而在他身上,你看不到老板架子。他要员工有话直说,有困难直接找他。为了破除官僚系统,CA公司每年4月有一次"大地震"——人事组织的变动。你今年在某一部门工作,明年就会被调到另一个部门工作,今年你在这个国家任职,明年又会被换到另一个国家。这种岗位的互换制,不仅使员工总是在面对挑战的环境中自我成长为精英,更重要的在于激发出员工个人的潜能与才智,使他们自觉地体会到团队精神和整体表现才是把握成功的关键。

王嘉廉建立的CA,是一个没有等级观念的公司,这里的工作方式是追求高效而不是拘于形式。CA的每一个部门都有自主权,做决策可以直达最高主管而无需浪费时间在写报告上。像许多大公司一样,CA也有大大小小开不完的主管会议。但这些会议并非是例行或事先安排好的,而是根据实际需要随时召开。在CA的一次重要会议现场,看到的是在其他公司看不到的情景:一大群高级主管正准备开会,有些人手持咖啡、早点;有些人交头接耳;有的人忙着把笔记本电脑连接在大电视屏幕上。这里没有传统和正规的会议规则,会议的气氛时而轻松、时而激烈。他们可以声嘶力竭地争论,毫无顾忌地彼此交换意见。在碰到意见不同时,任何人都可以打断董事长、上司的话而不会被视为冒犯。讨论的过程不是单向的,王嘉廉的话亦不会被员工奉为圣旨。双方一来一往的激辩,其他人有不同的意见也不时地切入,没有所谓的发言次序。两个多小时的会议上,只有嗓门提高的声音,却见不到有人打盹儿、打哈欠,一个生硬的电脑议题便在轻松的气氛中,找出了一个完善的解决方案,而这一方案很可能会给CA增添一大笔收益。

王嘉廉提拔人才不看重学位,而是看他的工作热诚与能力。他认为拥有硕士学位或名校出身者,并不一定就是最适合在CA工作的人。CA最迫切需要的是具有自发精神、不畏挑战而又善于因地制宜的人。CA最重要的哲学之一是"有失败的权力"。王嘉廉告诉员工,犯错误没有关系,但谁都没有权力掩饰过失,因而相互指责、推卸责任的现象不会在CA出现。员工敢于冒险、独立思考、不怕发表自己的看法,每一个人都不会忙着掩饰自己的过失,这是CA和许多大公司不同的地方。"我们并不比其他公司的人聪明,但不同的是,我们节省下许多相互指责的时间来从错误中学到教训,不断成长。在CA工作的人,多是自动自发,希望共同为CA闯出一番天地的人。"王嘉廉以此为傲。

在美国电脑界大公司工作,员工们能得到很高的薪金待遇,而CA给员工的薪金报酬甚至比世界头号电脑公司IBM还高出1/3。"你必须给予他们报偿,而且重重地报偿他们。当你找到一个全心投入的工作者时,付他两倍的工资,因为他可以顶三个人的工作。"王嘉廉认为,尽可能地向员工提供丰厚的薪金与福利待遇,是CA一直在努力做的,因为只有为员工提供一个轻松愉快、"大家庭"式的温馨环境,才能激励他们热爱公司,并以主人翁的态度对待工作。在美国的大公司中,CA这种以人为本的企业文化,使人感到是受中国文化传统的影响,因而有人称CA公司是"颇具东方色彩的西方公司"。

尽管在规模与待遇上CA颇显大公司实力,但在经营上却把自己当小公司来经营,这是他们一直努力保持的心态。"因为一旦你将自己视为大公司,你就会失去工作的积极性与乐趣,因而尽管我们的确是电脑软件界规模最大的公司之一,但在思考及工作的方式上,都是以小公司为基准的。"王嘉廉说。

(徐小平等主编《管理学》,科学出版社,2010年版)

问题:

1. 请概括王嘉廉的领导风格。
2. 王嘉廉的领导风格对于他的成功有什么作用?
3. 如果把王嘉廉的领导风格与领导方式直接移植到劳动密集型的服装生产加工业或玩具制造企业,可能会产生什么样的结果?为什么?

实 训

【内容一】

情景模拟

1. 情景设计:一位同学扮演陌生人,另一位同学则主动与其交流某个问题,并动员其与你共同做一件事情。
2. 运用沟通的理论与艺术,要有精心的策划。
3. 结束后进行总结,试分析你成功或失败的原因是什么。

【内容二】

突发事件管理

1. 教师进行情景设计,设计几个突发事件的场景。
2. 各公司抽签选择突发事件场景,并现场制订应急预案。
3. 就该事件以及该公司在处理过程中的表现,进行交流与讨论:作为一个公司的领导者,在突发事件的处理过程中,应该担任起什么样的角色?

第六章　控制职能

🏵 重点知识要求 🏵

- 了解控制的概念与特征
- 了解控制的目的与作用
- 掌握控制类型的分类方法
- 能掌握各种类型控制的优缺点
- 了解控制的七种方法

🏵 重点能力要求 🏵

- 掌握控制的基本程序
- 掌握各种类型控制的运用技巧

导入案例

　　经过长达15年的精心准备，耗资15亿美元的哈勃太空望远镜最后终于在1990年4月发射升空。但是，美国国家航天局却发现望远镜的主镜片存在缺陷。由于直径达94.5英寸的主镜片的中心过于平坦，导致成像模糊。因此，望远镜对遥远的星体无法像预期那样清晰地聚焦，结果造成一半以上的实验和许多观察项目无法进行。

　　更让人觉得可悲的是，如果事先进行更好的控制，这些是完全可以避免的。镜片的生产商珀金斯-埃默公司，使用了一个有缺陷的光学模板生产如此精密的镜片。具体原因是，在镜片生产过程中，进行检验的一种无反射校正装置没设置好。校正装置上的1.3 mm的误差导致镜片研磨、抛光成了误差形状。但是没有人发现这个错误。具有讽刺意味的是，与其他许多美国国家航天局的项目所不同的是，这一次并没有时间上的压力，而是有足够充分的时间来发现望远镜上的错误。实际上，镜片的粗磨在1978年就开始了，直到1981年才抛光完毕，此后，由于"挑战者号"航天飞机的失事，完工后望远镜又在地上待了两年。

　　美国国家航天局（NASA）负责哈勃项目的官员，对望远镜制造中的细节根本不关心。事后航天管理局一个6人组成的调查委员会的负责人说，"至少有三次明显的证据说明问题的存在，但这三次机会都失去了。"

　　（单凤儒主编《管理学基础》（第二版），高等教育出版社，2004年版）

思考题：哈勃望远镜出现问题的根源是什么？

第一节　控制职能概述

一、控制的概念

控制与我们的工作、学习甚至生活息息相关。例如,我们在去上班或上课的路上、赴朋友约会的途中,经常会抬起手腕看看手表;医生给患者量完血压后,会告知血压正常或偏高,或偏低;汽车、飞机、轮船的驾驶和机器的操作等等都是"控制"原理在起作用;生产的调度、战争的指挥也是一种控制;党纪国法的约束、良心的谴责,目的在于调节人们的社会行为,是一种内容更复杂的控制。

从广义的角度来理解,控制工作实际上应包括纠正偏差和修改标准者两个方面的内容。这是因为,积极、有效的控制工作,不能仅限于针对计划执行中的问题采取"纠偏"措施,它还应该能促使管理者在适当的时候对原定的控制标准和目标采取适当的修改,以便把不符合客观需要的活动拉回到正确的轨道上来。就像在大海中航行的船只,一般情况下船长只需对照原定的航向调整由于风浪和潮流作用而造成的航线偏离,但当出现巨大的风暴和故障时,船只也有可能需要整体改变航向,驶抵新的目的地。我们将管理中的控制职能定义为:由管理人员对组织运行过程中是否符合预定的目标进行测定并采取确保组织目标实现的过程。

二、控制的特点

控制具有不同于一般机械控制系统的特点,具体如下:

(1) 目的性。管理控制无论是着眼于适应环境的变化,还是纠正执行中的偏差,都要保证组织的各项活动按计划或标准进行,最终保证组织目标的实现。

(2) 整体性。其含义包括:一是从控制的主体看,组织的全体成员都参与管理控制;二是从控制的对象看,管理控制对象覆盖组织活动的各个方面。因此,要了解掌握各部门和单位的工作情况并予以控制,使各方面工作能协调一致,达到整体最优。

(3) 动态性。由于组织的内部条件和外部环境是动态变化的,因此控制标准和方法也需要不断调整,以保证控制工作的有效性和灵活性。管理控制不是简单地把管理活动维持在一个平衡点上,而是在实现组织目标的过程中不断提高控制过程的适应性和有效性。

(4) 人本性。管理控制本质上是对人的行为进行控制并由人来执行控制工作,因此在管理控制工作中存在更明显的人为因素干扰,控制应努力降低人为因素所产生的负面影响。管理控制的纠偏工作只有被员工认识并具备矫正能力时,偏差才会真正被纠正。另外,控制不仅仅是监督,而且更重要的是指导和帮助员工分析偏差产生原因,指导其采取纠偏措施,并提高员工的管理能力、业务能力和自我控制能力。

三、控制的必要性

控制是日常生活中的常见现象。如球队教练在赛前给球队确定的赛场战术,赛中利用暂停指示队员改变战术,比赛时经常换人等,这些措施都是为了确保球队取得预期的成绩。控制更是管理工作过程中不可缺少的环节。管理者可以制订周密翔实的计划,如果计划从来不需要修改,而且是在一个全能的领导人的指导之下,由一个完全均衡的组织完美无缺地来执行,那么就没有控制的必要了。但现实中这样的理想状态几乎不存在,原因具体如下。

1. 组织环境的不确定性

任何组织的目标和计划都是在特定的时间、特定的环境下制订的,变化是亘古不变的规律,组织不可能面对完全静态的环境。实际上现代组织所面临的环境大多是复杂多变和不确定的。在计划的实施过程中,外部环境和内部条件都可能发生变化,导致实际执行结果和预期目标不完全一致。这种内外部相关因素总是发生着变化,甚至是重大变化,必然要求组织通过控制对原定的计划和目标进行有效的调整和修正。

2. 组织协调的复杂性

现代各种组织的规模和内部结构日趋庞大与复杂,每一个组织要实现自身的目标,都必须从事一系列极其艰巨的活动或工作,而每一项活动又都可能涉及组织的各个部门,这就需要进行大量的组织协调工作。同时,由于管理层次的形成,企业的管理权限都制度化地分散在各个管理部门和层次,管理人员需要经常检查下属的工作,以保证被授予的权力得到正确利用,使利用这些权力的业务活动符合计划与组织目标的要求。如果没有控制,没有为此建立的相应的控制系统,管理人员就不能定期或者不定期地检查下级的工作,即使出现权力不负责任地被滥用,或活动不符合计划要求,抑或出现部门间的本位主义等其他情况,管理人员也无法发现,更谈不上采取及时的行动保证各部门的活动紧紧围绕组织目标,从而保证每一项具体活动或工作的顺利进行。

3. 管理失误的不可避免性

任何组织在其发展过程中,都不可避免地会犯一些错误,出现一些失误。因为即使组织制订了全面完善的计划,经营环境在一定时期内也相对稳定,但由于不同组织成员的认识能力和工作能力有差异,对计划要求的理解可能发生偏差,成员的实际工作未必能完全按照计划进行,实际工作结果可能在质和量上与计划要求不符。某个环节可能产生的这种偏离计划的现象,势必使组织产生一些错误或失误。而控制是任何组织发现错误、纠正错误的有效手段。通过对实际活动的反馈,管理者可以及时发现失误;通过对产生的偏差进行原因分析,可以使管理者明确问题所在,从而监视组织各方面的活动和环境的变化,以采取措施纠正偏差。因此,控制是改进工作、推动工作不断前进的有效手段。

四、控制工作的目的和作用

(一)控制工作的目的

1. 维持现状

在早期的管理活动中,往往是通过财务审计来进行控制工作的。那时的组织规模不大，涉及的范围较小，业务活动种类也比较简单，所以进行财务审计的目的是防止有限的资金在使用过程中出现浪费和流失，并保证能获得最大的收益。随着社会和科学技术的进步，组织的活动规模越来越大，活动内容也增加并日益复杂，因而控制工作的内容也越来越多，已不仅仅是财务审计所能概括得了的。尽管如此，财务审计仍不失为一种重要的控制方法。在现代管理活动中，无论采用哪种方法来进行控制工作，要达到的第一个目的，也就是控制工作的基本目的，是要"维持现状"，即在变化的内外环境中，通过控制工作，随时将计划的执行结果与标准进行比较，若发现有超过计划容许范围的偏差时，则及时采取必要的纠正措施，以使系统的活动趋于相对稳定，实现组织的既定目标。

2. 打破现状

控制工作要达到的第二个目的是要"打破现状"。在某些情况下，变化的内、外部环境会对组织提出新的要求。如主管人员对现状不满，要改革，要创新，要开拓新局面。这时，就势必要打破现状，即修改已定的计划，确定新的现实目标和管理控制标准，使之更先进、更合理。

在一个组织中，往往存在两类问题：① 经常产生的可迅速、直接地影响组织日常经营活动的"急性问题"；② 长期存在的会影响组织素质的"慢性问题"。解决急性问题，多是为了维持现状。而打破现状，就需解决慢性问题。在各级组织中，大量存在的是慢性问题，但人们往往只注意解决急性问题而忽视解决慢性问题。这是因为慢性问题是在长期的活动中逐渐形成的，产生的原因复杂多样。人们对其已经"习以为常"，以至适应了它的存在，不可能发现或者即使是已经发现了也不愿意承认和面对慢性问题所带来的对组织素质的影响。要使控制工作真正起作用，就要像医生诊治疾病那样，重点解决慢性问题，打破现状，求得螺旋形上升。

(二) 控制工作的作用

1. 限制偏差的累积

一般来说，任何工作的开展都不免出现一些偏差。虽然小的偏差和失误不会立即给组织带来严重的损害，但在组织运行一段时间后，随着小差错的积少成多和积累放大，最终可能对计划目标的实现造成威胁，甚至给组织酿成灾难性的后果。防微杜渐，及早地发现潜在的错误和问题并进行处理，有助于确保组织按预定的轨迹运行下去。所以，有效的管理控制系统应当能够及时地获取偏差信息，采取矫正偏差措施，以防止偏差的累积而影响到组织目标的顺利实现。

2. 适应环境的变化

组织计划和目标在制订出来后总要经过一段时间的实施才能够实现。在这段实施过程中，组织内部的条件和外部环境可能会发生一些变化，如组织内部人员和结构的变化、政府可能出台新的政策和法规等，这些变化的内外环境不仅会妨碍计划的实施进程，甚至可能影响计划本身的科学性和现实性。因此，任何组织都需要构建有效的控制系统，帮助管理人员预测和把握内外环境的变化，并对这些变化带来的机会和威胁做出正确、有力的反应。

第二节 控制过程

控制工作作为管理工作中相对独立的一个环节,也是由若干活动步骤组成的。我们知道,医生看病要以健康人作为标准来对比病人,找到病人和健康人的差别后要设法把病因找到,才能对症下药、开出处方、把病治好。确立标准、发现病情、找出病因、对症下药,这些就是医生看病的过程。同理,管理工作中,不论控制的对象是新技术的研究与开发,还是产品的加工制造,或是市场营销宣传;是企业的人力条件,还是物质要素,或是财务资源,控制的过程,都包括三个基本环节:① 拟订标准;② 根据标准评定活动成效;③ 分析原因,采取措施,消除偏离标准和计划的情况。具体如图6-1所示。

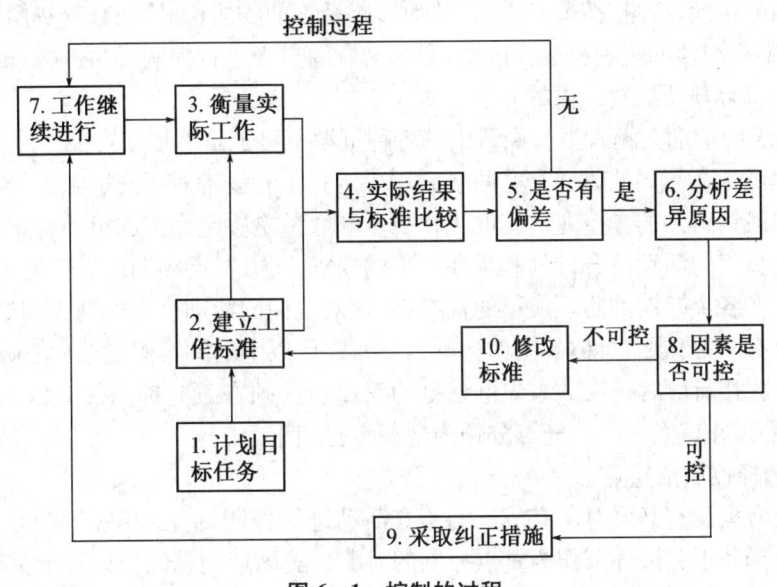

图 6-1 控制的过程

一、拟订标准

控制标准的订立对计划工作和控制工作实际起着承上启下或连接的作用。标准是人们检查和衡量工作以及结果(包括阶段结果与最终结果)的规范,制定标准是进行控制的基础。没有一套完整的标准,衡量绩效或纠正偏差就失去了客观依据。

(一) 确定控制对象

标准的具体内容涉及需要控制的对象。那么,企业经营与管理中哪些事或物需要加以控制呢?这是在建立标准之前首先要加以分析的。

经营活动的成果是需要控制的重点对象。控制工作的最初始动机就是要促进企业有效地取得预期的活动成果。因此,要分析企业需要什么样的结果。这种分析可以从营利性、市场占有率等多个角度来进行。确定了企业活动需要的结果类型后,要对它们加以明确,尽可能定量的描述,也就是说,要规定需要的结果在正常的情况下应达到的状况和水平。

要保证企业取得预期的成果，必须在成果最终形成以前进行控制，纠正与预期成果的要求不相符的活动。因此，需要分析影响企业经营结果的各种因素，并把它们列为需要控制的对象。影响企业在一定时期经营成果的主要因素有以下三点。

（1）关于环境特点及其发展趋势的假设。企业在特定时期的经营活动是根据决策者对经营环境的认识和预测来计划和安排的。如果预期的市场环境没有出现，或者企业外部发生了某种无法预料和抗拒的变化，那么原来计划的活动就可能无法继续进行，从而难以为组织带来预期的结果。因此，制订计划时所依据的对经营环境的认识应该作为控制对象，并列出"正常环境"的具体标志或标准。

（2）资源投入。企业经营成果是通过对一定资源的加工转换得到的。没有或缺乏这些资源，企业经营就会成为无源之水、无本之木。投入的资源，不仅会在数量和质量上影响经营活动的按期、按量、按要求进行，从而影响最终的物质产品，而且其费用会影响生产成本，从而影响经营的营利程度。因此，必须对资源投入进行控制，使之在数量、质量以及价格等方面符合预期经营成果的要求。

（3）组织的活动。输入生产经营中的各种资源不可能自然形成产品。企业经营成果是通过全体员工在不同的时间和空间上利用一定技术和设备对不同资源进行不同内容的加工劳动才最终得到的。企业员工的工作质量和数量是决定经营成果的重要因素，因此，必须使企业员工的活动符合计划和预期结果的要求。为此，必须明确员工的工作规范、各部门和员工在各个时期的阶段成果的标准，以便对他们的活动进行控制。例如，麦当劳快餐店就制定有非常详尽、具体的工作标准：其一，95％以上的顾客进餐馆后三分钟内，服务员必须迎上去接待顾客；其二，事先准备好的汉堡包必须在五分钟内热好以供应顾客；其三，服务员必须在就餐人员离开五分钟内把餐桌打扫干净。

（二）选择控制的重点

企业无力也没有必要对所有成员的所有活动进行控制，而必须在影响经营成果的众多因素中选择若干关键环节作为重点控制的对象。美国通用电气公司关于关键绩效领域（key performance areas）的选择或许能给对我们提供某种启示。

通用电气公司在分析影响和反映企业经营绩效的众多因素的基础上选择了对企业经营成败起决定作用的八个方面，并为它们建立了相应的控制标准。这八个方面如下。

（1）获利能力。通过提供某种商品或服务取得一定的利润，这是任何企业从事经营的直接动因之一，也是衡量企业经营成败的综合标志，通常可用与销售额或资金占用量相比较的利润来表示。它们反映了企业对某段时期内投资应获利润的要求。利润率实现情况与计划的偏离，可能反映了生产成本的变动或资源利用效率的变化，从而为企业采取改进方法指明了方向。

（2）市场地位。市场地位是指对企业产品在市场上占有份额的要求。这是反映企业相对于其他厂家的经营实力和竞争能力的一个重要标志。如果企业占有的市场份额下降，那么意味着由于价格、质量或服务等方面的原因，企业产品相对于竞争产品来说其吸引力降低了，因此应该采取相应措施。

（3）生产率。生产率标准可用来衡量企业各种资源的利用效果，通常用单位资源所能生产或提供的产品数量来表示。其中最重要的是劳动生产率标准。企业其他资源的充分利用在很大程度上取决于劳动生产率的提高。

（4）产品领导地位。产品领导地位通常指产品的技术先进水平和功能完善程度。通用电气公司是这样定义产品领导地位的：它表明企业在工程、制造和市场方面领导一个行业的新产品和改良现有产品的能力。为了维持企业产品的领导地位，必须定期评估企业产品在质量、成本方面的状况以及在市场上受欢迎的程度。如果达不到标准，就要采取相应的改善措施。

（5）人员发展。企业的长期发展在很大程度上依赖于人员素质的提高。因此，需要测定企业目前的活动以及未来的发展对职工的技术、文化素质的要求，并与他们目前的实际能力相比较，以确定如何为提高人员素质采取必要的教育和培训措施。要通过人员发展规划的制订和实施，为企业及时供应足够的经过培训的人员，为员工提供成长和发展的机会。

（6）员工态度。员工的工作态度对企业目前和未来的经营成果有着非常重要的影响。测定员工态度的标准是多方面的。比如，可以通过离职率、缺勤率来判断员工对企业的忠诚；也可通过统计改进作业方法或管理方法的合理化建议的数量来了解员工对企业的关心程度；还可以通过定期调查的评价分析来测定员工工作态度的变化。如果发现员工的态度不符合企业的预期，那么任其恶化是非常危险的，企业应该采取有效的措施来提高他们在工作或生活上的满足程度，以改变他们的态度。

（7）公共责任。企业的存续是以社会的承认为前提的。而要争取社会的承认，企业必须履行必要的社会责任，包括提供稳定的就业机会、参加公益事业等多个方面。公共责任能否很好地履行关系到企业的社会形象。企业应根据有关部门对公众态度的调查，了解企业的实际社会形象同预期的差异，改善对外政策，提供公众对企业的满意程度。

（8）短期目标与长期目标的平衡。企业目前的生存和未来的发展是相互依存、不可分割的。因此，在制定和实施经营活动时，应统筹长期与短期的关系，检查各经营时期的经营成果，分析目前的高利润是否会影响未来的收益，以确保目前的利益不是以牺牲未来的利益和经营的稳定性为代价而取得的。

（三）制定标准的方法

控制的对象不同，为它们建立标志正常水平的标准的方法也不一样。一般来说，企业可以使用的建立标准的方法有三种：① 利用统计方法来确定预期结果；② 根据经验和判断来估计预期结果；③ 在客观的定量分析的基础上建立工程（工作）标准。

（1）统计性标准。统计性标准也叫历史性标准，是以分析反映企业经营在历史上各个时期状况的数据为基础来为未来活动建立的标准。利用本企业的历史性统计资料为某项工作确定标准，具有简便易行的好处。但是，据此制定的工作标准可能低于同行业的作业水平，甚至是平均水平。这种条件下，即使企业的各项工作都达到了标准要求，但也可能造成劳动力水平的相对低下，造成成本的相对高昂，从而使经营成果和竞争能力劣于竞争对手。未来在克服这种局限性，根据历史性统计数据制定工作标准时，充分考虑到行业的水平并研究企业竞争的经验是非常必要的。

（2）根据评估建立标准。实际上，并不是所有工作的质量和成果都能用统计数据来表示的,也不是所有的企业活动都保存着历史统计数据。对于新从事的工作,或对于统计资料缺乏的工作,可以通过管理人员的经验、判断和评估来为之建立标准。利用这种方法来建立工作标准时,要注意利用各方面的管理人员的知识和经验,综合大家的判断,给出一个相对先进、合理的标准。

(3) 工程标准。严格地说,工程标准也是用统计方法制定的控制标准,不过它不是对历史性统计资料的分析,而是通过对工作情况进行客观的定量分析来进行的。比如,机器的产出标准是其设计者计算的在正常情况下被使用的最大产出量;工人操作标准是劳动研究人员在对构成作业的各项动作和要素的客观描述与分析的基础上,经过消除、改进和合并而确定的标准作业方法;劳动时间定额是利用秒表测定的受过训练的普通工人以正常速度按照标准操作方法对产品或零部件进行某个(些)工序的加工所需的平均必要时间。

【案例 6-1】 关于"文件核算制"

据某报报道:每年2月,是机关文印室最繁忙的时期,但A市C区政府文印室今年并不紧张——区政府新设的"文件核算制"改变了往年文件堆积如山的现象。该区规定,每打印一份文件,8开纸收费8元,16开纸收费4元,加印一张双面8开纸收费一角,单面8开纸收费7分,16开纸3.5分。文印费由批准打印的部门从该部门业务费中开支,节约有奖,超支自负。此令一出,各部门反映强烈,"文山"不推自倒。

思考题:
(1) C区政府的做法是否真正有效?
(2) 请结合本问题分析制定控制标准应依据的原则。

二、根据标准评定活动成效

对照标准衡量实际工作成绩是控制过程的第二步,它又分为两个步骤:一是测定或预测实际工作成绩;二是进行实绩与标准的比较。实际业绩的确定直接关系到控制措施的采取,掌握实绩可以通过两种方式:一是测定已产生的工作结果,二是预测即将产生的工作结果。无论哪种方式,都要求搜集到的信息能为控制工作所用。控制工作对信息的要求可以从五个方面考虑:① 信息是及时的吗? ② 测量单位是适宜的吗? ③ 收到的信息有多大的可靠性和准确性? ④ 信息是否适用有效,即对所要解决的问题有用处吗? ⑤ 信息是否送给了需要该信息的权力机构? 为了能够及时、正确地提供反映偏差的信息,同时又符合控制工作在其他方面的要求,管理者在衡量工作成绩的过程中应注意以下几个问题。

(一) 通过衡量成绩,检验标准的客观性和有效性

衡量工作成效是以预定的标准为依据的,但利用预先制定的标准去检查各部门在各个阶段的工作,这本身也是对标准的客观性和有效性进行检验的过程。

检验标准的客观性和有效性,是要分析通过对标准执行情况的测量能否取得符合控制需要的信息。在为控制对象确定标准的时候,人们可能只考虑了一些次要的因素,或只重视了一些表面的因素,因此,利用既定的标准去检查人们的工作,有时并不能达到有效控制的目的。比如,衡量职工出勤率是否达到了正常水平,不足以评价劳动者的工作热情、劳动效率或劳动贡献;分析产品的数量是否达到计划标准,不足以判定企业的营利程度;计算销售人员给顾客打电话的次数和花费在推销上的时间,不足以判定销售人员的工作成效。在衡量过程中对标准本身进行检验,就是要找出能够反映被控制对象的本质特征,从而制定最适宜的标准。要评价员工的工作热情,可以考核他们提供有关经营或技术改造合理化建议的次数;要评价他们的工作效率,可以统计他们提供的产品的数量和质量;要分析企业的营利程度,可以统计和分析企业的利润额及其与资金、成本或销售额的百分比;要衡量推销人员的工作绩效,可以检查他们的销售额是否比上年或平均水平高出一定数量等。

由于企业中许多类型的活动难以用精确的手段和方法加以衡量,建立标准也就相对困难,因此,企业可能会选择一些易于衡量,但并不反映控制对象特征的标准。比如,科研人员和管理人员的劳动效果,并不总能用精确的数字表示出来。有关领导可以根据研究小组上交研究报告的数量和质量来判断其工作进展;或根据科室是否整齐划一,办公室是否挂满了各种图表来判断其管理人员的工作努力程度。然而,根据这些标准去进行检查,得到的可能是误导信息:科研人员用更多的时间去撰写数量更多、结构看似更严谨的报告,而不是将这些精力真正花在科研上;管理人员花更多的精力去制作和张贴更漂亮的图表,而不是用这个时间去扎扎实实地进行必要的管理基础工作。

衡量过程中的检查就是要辨别并剔除这些不能为有效控制提供必需信息、容易产生误导作用的不适宜标准。实绩衡量应该围绕构成高绩效的重要特征项来进行,不可偏废。

(二) 确定适宜的衡量频度

控制过多或不足都会影响控制的有效性,这种"过多"或"不足",不仅体现在控制对象及需要衡量的标准数目的选择上,而且表现在对同一标准的衡量次数和频度上。对影响某种结果的要素或活动过于频繁地衡量,不仅会增加控制的费用,而且可能引起有关人员的不满,从而影响他们的工作态度;而检查和衡量的次数过少,则可能使许多重大的偏差不能及时发现,从而不能及时采取措施。

以什么样的频度,在什么时候对某种活动的绩效进行衡量,取决于被控制活动的性质。例如,对产品的质量常常需要以小时或日为单位进行,而对新产品开发的控制则可能只需以月为单位进行就可以了。需要控制的对象可能发生重大的变化的时间间隔是确定适宜的衡量频度所需考虑的主要因素。

(三) 建立信息反馈系统

负有控制责任的管理人员只有及时掌握反映实际工作与预期工作成效之间偏差的信息,才能迅速采取有效的纠正措施。然而,并不是所有的衡量成效的工作都是由主管直接进行的,有时需要借助专职的检测人员。因此,应该建立有效的信息反馈网络,使反映实际工作情况的信息适时地传递给适当的管理人员,使之能与预定标准相比较,及时发现问题。这个网络还应能及时将偏差信息传递给予被控制活动有关的部门和个人,以使他们及时知道自己的工作状况,为什么错了,以及需要怎样做才能有效地完成工作。建立这样的信息反馈系统,不仅更有利于保证预定计划的实施,而且能防止基层工作人员把衡量和控制视作上级检查工作、进行惩罚的手段,从而避免产生抵触情绪。

三、纠正偏差

利用科学的方法、客观的标准对工作成效进行衡量，可以发现计划执行中出现的偏差。纠正偏差就是在此基础上，分析偏差产生的原因，制定并实施必要的纠正措施。这项工作使得控制过程完整，并将控制与管理的其他职能相互联结：通过纠偏，使组织计划得以实施，使组织结构和人事安排得到调整，使领导活动更加完善。

为了保证纠偏措施的针对性和有效性，必须在制定和实施纠偏措施的过程中注意下述问题。

(一) 找出偏差产生的主要原因

并非所有的偏差都可能影响企业的最终成果。有些偏差可能反映了计划制订和执行工作中的严重问题，而另一些偏差则可能是一些偶然的、暂时的区域性因素引起的，因而不一定会对组织活动的最终结果产生重要的影响。因此，在采取任何纠正措施以前，必须先对反映偏差的信息进行评估和分析。首先，要判断偏差的严重程度，是否足以构成对组织活动效率的威胁，从而决定是否值得去分析原因，采取纠正措施；其次，要探寻导致偏差产生的主要原因。

纠正措施的制定是以偏差原因分析为依据的，而同一偏差则可能由不同的原因造成：销售利润的下降既可能是因为销售量的降低，也可能是因为生产成本的提高；销售量降低既可能是因为市场上出现了技术更加先进的新产品，也可能是由于竞争对手采取了某种竞争策略，或是企业产品质量下降；生产成本提高既可能是原材料、劳动力消耗和占用数量的增加，也可能是由于购买价格的提高。不同的原因要求采取不同的纠正措施。要通过评估反映偏差的信息和对影响因素的分析，透过表面现象找出造成偏差的深层原因，从而在众多的深层原因中找出最主要的原因，为纠偏措施的制定指出方向。

(二) 确定纠偏措施的实施对象

需要纠正的可能不仅是企业的实际活动，也可能是组织这些活动的计划或衡量这些活动的标准。大部分员工没有完成劳动定额，可能不是由于全体员工的抵制，而是定额水平太高；企业产品的销售量下降，可能并不是由于质量劣化或价格不合理，而是由于市场需求的饱和或周期性的经营萧条，等等。在这些情况下，首先要改变的不是或不仅是实际工作，而是或者而且是衡量这些工作的标准或指导工作的计划。

预定计划或标准的调整是由两种原因决定的：一是原来正确的标准和计划，由于客观环境发生了预料不到的变化，不再适应新形势的需要。负有控制责任的管理者应该意识到，外界环境发生变化以后，如果不对预先制订的计划和行动准则进行及时的调整，那么，即使内部活动组织得非常完善，企业也不可能实现预定的目标。比如，消费者的需求偏好转移，这时，企业的产品质量再高，功能再完善，价格再低，也仍然不可能找到销路，不会给企业带来期望的利润。

(三) 选择恰当的纠偏措施

针对产生偏差的主要原因，可以制订改进工作或调整计划与标准的纠正方案。纠偏措施的选择过程中应注意以下几个方面。

(1) 使纠偏方案双重优化。纠正偏差，不仅在实施对象上可以进行选择，而且对同一对象的纠偏也可采取多种不同的措施。所有这些措施，其实施条件和效果相比，经济性都要优于不采取任何行动而让偏差任其发展。有时最好的方案也许是不采取任何行动，如果行动的费用超过偏差带来的损失的话。这是纠偏方案选择过程中的第一重优化。第二重优化是在此基础上，通过对各种经济可行方案的比较，找出其中追加投入最少、纠正偏差效果最好的方案来组织实施。

（2）充分考虑原先计划实施的影响。对客观环境认识能力的提高，或者客观环境本身发生了重要变化而引起的纠偏需要，可能会导致对原先计划与决策的局部甚至全局的否定，从而要求对企业活动的方向和内容进行重大的调整。这种调整有时被称为"追踪决策"，即"当原有决策的实施表明将危及决策目标的实现时，对目标或决策方案所进行的一种根本性修正"。因此，在制订和选择追踪决策方案时，要充分考虑到伴随着初始决策的实施已经消耗的资源，以及这种消耗对客观环境造成的种种影响。

（3）注意消除人们对纠偏措施的疑虑。任何纠偏措施都会在不同的程度上引起组织的结构、关系和活动的调整，从而会涉及某些组织成员的利益。不同的组织成员会因此而对纠偏措施持不同态度，特别是纠偏措施属于对原先决策和活动进行重大调整的追踪决策时。虽然一些原先反对初始决策的人会幸灾乐祸，甚至夸大原先决策的失误、反对保留其中任何合理的成分，但更多的人对纠偏措施持怀疑和反对态度，原先决策的制定者和支持者可能会认为改变决策标志着自己的失败，从而会公开或暗地里反对纠偏措施的实施；执行原决策、从事具体活动的基层工作人员则会对自己参与的已经形成的或开始形成的活动结果怀有感情，或者担心调整会使自己失去某种工作机会，影响自己的既得利益而极力抵制任何重要的纠偏措施的制定和执行。因此，控制人员要充分考虑到组织成员对纠偏措施的不同态度，特别是要注意消除执行者的疑虑，争取更多的人理解、赞同和支持纠偏措施，以保证避免在纠偏方案的实施过程中可能出现的人为障碍。

第三节　控制的类型

在组织中，由于控制的性质、内容、范围不同，控制可分成许多不同的类型。了解控制的各种类型，根据实际情况选择合适的控制类型，对于实施有效的控制是十分必要的。

一、负反馈控制与正反馈控制

从控制目的和对象的角度，可以将控制工作划分为纠正执行偏差和调整控制标准两种类型，用"控制论"的术语来说，它们实际上就是负反馈控制和正反馈控制。前者是使执行结果符合控制标准的要求，为此需要将管理循环中的实施环节作为控制对象；后者则是为了使控制标准发生变化，以便更好地符合内外现实环境条件的要求，其控制作用的发生主要体现在管理循环中的计划环节，也就是这种控制的对象包括了控制标准本身。这里的"负反馈"意味着使偏差得到缩小，"正反馈"意味着使控制标准和目标发生变动。正反馈控制和负反馈控制应该并重使用。

当然，要处理好这两个方面的控制工作的关系，在现实中确实不容易。增进适应性的正馈控制，有时很易于被用来作为无视"控制"的借口，因为以前的标准不再是合理的，因而就容易说控制是行不通的，不再进行控制（指负馈控制）。而这样做的结果，就会导致系统运行的不稳定、不平衡。但同时，平衡不应该是静态的平衡。现代的企业面临复杂多变的环境。环境条件变了，计划的前提与以前不一样了，如果还僵硬地抱着原先设定的控制标准不放，不做任何调整，那么组织很快就要衰亡。现代意义下的控制，应该持一种动态平衡的观念，应能促进被控制系统在展现朝向目标的行为的同时适时地根据内外环境条件做出调整、适应和变化。例如，一家公司如果预料到生产所需的原料将出现市场短缺，那现在就可能需要增加储备，提高库存水平；企业在发现产品供大于求、价格大幅跌落时，需要改变原定的生产计划，以减少或停止该产品的生产。这两个例子中，作为控制标准的合理库存量和产品产量均发生了变更，这是适应环境条件的正馈控制。对预期需求的水平做出改变和保证预期水平的达成，这是既相互对立又往往需要得到统一的两种不同的需求。现代企业控制的难点就在于，如何妥善地处理好适应性和稳定性、正馈控制和负馈控制的关系。

二、前馈控制、反馈控制和现场控制

根据控制信息获取的方式与时间地点不同，可以将管理控制划分为前馈控制、现场控制和反馈控制。

（1）前馈控制是指一个组织在一项活动正式开始之前所进行的管理上的努力。前馈控制旨在获取有关未来的信息，依此进行反复认真的预测，将可能出现的执行结果与计划要求的偏差事先确定出来（此为负前馈），或者事先觉察内外环境条件可能发生的变化（此为正前馈），以便提前采取适当的处理措施预防问题的发生。前馈控制亦称预先控制，未雨绸缪地采取防患于未然的行动，主要是对活动最终产出的确定和对资源投入的控制，其重点是防止组织所使用的资源，在质和量上产生偏差。例如，猎人打飞鸟，总是把瞄准的方向定在鸟儿飞行前方的某一预估距离。而在企业经营管理中，在进厂之前或投入生产过程之前便对原料进行把关检验，要求工作人员"持证上岗"确保能力素质，以及对设备进行预防维修等，这些都是前馈控制的例子。

（2）反馈控制是在活动完成之后，通过对已发生的工作结果的测定来发现偏差和纠正偏差（此为负反馈），或者是在企业内外环境条件已发生了重大变化，导致原定标准和目标脱离现实时，采取措施调整计划（此为正反馈）。反馈控制实际上是一种事后的控制，故反馈亦称作后馈或事后控制。这是历史最悠久的控制类型，传统的控制方法几乎都属于此类。企业中使用最多的反馈控制包括财务报表分析、产品质量检验、工作人员成绩测评等。反馈控制的主要特征是，根据事先确定的控制标准对实际工作绩效进行比较、分析和评价，对于本次所完成的活动已不再具有纠偏的作用，但它可以防止将来的行为再出现类似的偏差。亡羊补牢仍然为时不晚，否则，小失误常常会酿成大问题。例如，有一企业采购部门在购买某种稀缺原材料的谈判中没能按标准价格成交，答应了该供应商提价2%的要求。这一让步在单批订单中没造成明显的损失。对大企业来说，10万美元的订货中多付出2 000美元的费用，也许是微不足道的，但是当订货积累到一定数量后，如总订货增加到500万美元时，那么将发生10万美元的损失，这就不再是一个小数目了。但如果该企业及时发现了2%的提价是个"问题",设法寻求新的货源,则可使企业避免这笔巨额损失。这是反馈控制防微杜渐的作用。

(3) 与前馈控制和反馈控制都不同,现场控制则是一种同步、实时的控制,即在活动进行的同时就施予控制。管理者亲临现场进行指导和监督,就是一种最常见的现场控制活动。现场(同步)控制的方法可分为两种:一是驾驭控制,有如驾驶员在行车当中根据道路情况随时使用方向盘来把握行车方向。这种控制是在活动进展过程中随时监视各方面情况的变动,一旦发现干扰因素介入立即采取对策,以防执行中出现偏差。二是关卡控制,它规定某项活动必须经由既定程序或达到既定水平后才能继续进行下去。如企业中规定,某产品售价是否可以调整或某项投资是否继续都要经过有关主管人员的同意,以及生产过程中对在制品质量进行分段检验等,这些都起着关卡控制的作用。日本汽车业在20世纪70年代末80年代初以低价质优的产品有力地打击了美国汽车商,一条重要的经验就是充分使用了关卡控制法。在日本的汽车厂中,装配线上的每个工人同时又是产品质量的检查员,负责对其前一道工序产品质量进行检查、筛选、剔除,及时发现不合格品,从而降低成本、提高质量,使其竞争力超过美国本土汽车品牌。生产过程中的进度控制和生产报表、学生的家庭作业和期中考试均属此类控制。

三、集中控制、分散控制和分层控制

根据控制权力集中的程度,可以将控制分为集中控制、分散控制和分层控制。

1. 集中控制

集中控制是指在组织中建立一个相对稳定的控制中心,由控制中心对组织内外的各种信息进行统一的加工处理、发现问题并对组织的重大项目与事务进行直接统一的控制。这种控制方式比较简单,适合于规模不大的组织。

集中控制的具体做法是把各种信息都集中传送到集中控制机构,由集中控制机构进行统一监督、控制与处理,并对整个组织进行控制。在此基础上,集中控制机构根据整个组织的状态和控制目标,直接发出控制指令,控制和操纵所有部门和成员活动。例如,企业中的生产指挥部、中央调度室、汽车公司各线路公交车运行的调度室等都属于行使集中控制的机构。集中控制方式的指标控制统一,便于整体协调,但缺乏灵活性和适应性,机构的变革和创新困难。当组织规模十分庞大,地点分散且距离较远时,就宜采用分散控制方式。

2. 分散控制

分散控制是指组织管理系统分为若干相对独立的子系统,每一个子系统独立地实施内部直接控制。

分散控制的具体做法是由若干分散的部门和岗位及全体员工,根据自己的实际情况,对日常的一般性、常规性事务自行控制。例如,大学任课教师在每学期上课之前必须制订该门课程的授课计划,目的是自我控制一学期当中授课的内容与时间进度。这属于比较典型的分散控制。

分散控制适应了组织结构复杂、功能分工较细的特点,由于反馈环节少,故反应快、控制效率高、应变能力强。即使个别控制环节出现了失误或故障,也不会引起整个系统的瘫

痪。分散控制的缺点主要是难以使各分散系统相互协调,难以保证各分散系统的目标与总体目标一致,从而危及整体的优化,严重的甚至会导致失控。

3. 分层控制

分层控制是一种把集中控制和分散控制结合起来的控制方式,是指将管理组织分为不同的层级,各个层级在服从整体目标的基础上,相对独立地开展控制活动。

分层控制的主要做法是将整个管理系统分为若干层次,上一层次的控制机构对下一层次各子系统的活动进行指导性、导向性的间接控制。各子系统都具有各自独立的控制能力和控制条件,从而有可能对子系统的管理实施进行自主处理。

四、战术控制和战略控制

这是从问题的重要性和影响程度来划分的。

(1) 战术控制亦称任务控制、运营控制、业务控制,主要是针对基层生产作业和其他业务活动而直接进行的控制。战术控制多是采用负馈控制法,其目的是确保有关人员或机构按既定的质量、数量、期限和成本标准要求完成所承担的工作任务。

(2) 战略控制是对战略计划和目标实现程度的控制。战略控制不仅需要进行负馈控制,而且更需要进行正馈控制。也就是说,在战略控制过程中常有可能引起原定战略方案的重大修改或重新制订。也正因为这个缘故,人们倾向于将战略的计划与控制系统笼统地称作战略计划系统,而将任务的计划与控制系统称作战术控制系统。这说明,在较低层次的管理控制中,以负馈为手段的常规控制占主要地位,随着组织层次的提高和考虑环境变化的需要与责任的加重,正馈控制的成分就会加大。

五、外在控制与内在控制

这是按控制力量的来源分类的。

(1) 外在控制是指一个单位或个人的工作目标和标准的制定以及为了保证目标和标准的顺利实现而开展的控制工作,由其他的单位或个人来承担,自己只负责检测、发现问题和报告偏差。例如,上级主管的行政命令监督、组织程序规则的制约等,都是这种外在强加的控制。

(2) 与外在控制不同,内在控制不是"他人"控制(既不是来自上级主管的"人治",也不是来自程序规则的"法治"),而是一种自动控制或自我控制(称为自治)。自我控制的单位或个人,不仅能自己检测、发现问题,还能自己订立标准并采取行动纠正偏差。例如,目标管理就是一种让低层管理人员和工人参加工作目标的制定(上下协商确定目标),并在工作中实行自主安排(自己决定实现目标的方法、手段)、自我控制(自己检查评价工作结果并主动采取处理措施)的一种管理制度和方法。目标管理通过变"要我做"为"我要做",使人们更加热情、努力地去实现自己参与制定的工作目标。当然,目标管理只有在个人目标与组织目标差异较小、员工素质普遍较高时采用才容易奏效。而在目标差异较大、员工素质较低时,较多的外在强加控制则是更为必要的。

【案例 6-3】

某 A 煤炭销售公司在江西有一 B 公司销售代理商。P 先生是该公司负责 M 地煤炭销售主管,并与当地的各销售代理商做好发货收货及双方对账工作。2006年12月21日,P先生冒充B公司的名义,并私刻B公司的公章,伪造了一份"要货计划书"发送给A公司,并指明送货地址是"M乡某区某街道某号"(后查明,该地址不是B公司的办公地址),该笔煤炭货款价值为20万元;2007年4月A公司与B公司进行季度对账工作时候发现该笔款项有疑问,当即打电话给所在地的销售主管P,而P一口咬定是B公司内部管理混乱,是B公司内部员工所为。为慎重起见,A公司与B公司将该笔款项所附带的"货物运输合同"仔细查看,发现签收的收货人不是B公司,而是C公司。通过向C公司追问,才发现,这笔货是P先生委托C公司代为签收,然后再由P先生回签的。这笔货早已被P先生提走。至此,真相大白,A公司立即报案,后P先生被公安机关抓获,检察院以职务侵占罪提起公诉,经法院审理,判P先生犯职务侵占罪,判处有期徒刑2年。但P已经将所提的煤炭低价销售给了其他经销商,P本人也无偿还能力,A公司即使通过民事诉讼程序,也很难去追回自己所遭受的损失。

思考题:对A公司而言,在内控方面存在哪些严重缺陷?

第四节 控制的方法

控制工作可以按其发生的专业领域进行分类。不同类型组织中所开展的具体专业活动是不一样的,所以控制的内容也不尽相同。从企业来看,其管理控制职能可以通过预算、会计技术、质量控制、生产控制和销售控制等得到应用。下面介绍几种基本的控制方法。

一、预算控制

预算主要是一种计划方法,但是它也履行控制职能,预算是使用财务数字或非财务数字来表明预算的结果,以此为标准来控制执行工作中的偏差的一种计划和控制手段。预算有许多种,包括销售预算、生产预算、费用预算、投资预算、现金预算、资产负债预算、资本成本预算等。

预算控制的优点是:它能把整个组织内所有部门的活动用可考核的数量化方式表现出来,以便查明其偏离标准的程度并采取纠正措施。预算控制的缺点是:过度预算,即详细的费用支出预算剥夺了管理者为管理其部门所需的自由;过多地根据预算数字来苛求项目计划无疑会导致控制不灵活,那么预算的作用将会被削弱或无效,尤其是长期预算。

为了使预算控制良好运行,首先,管理者应牢记预算仅仅是所设计的工具而不能代替管理,它有局限性。其次,预算的制定和管理必须得到高层管理的全力支持。再次,确保所有与预算有关的管理者都能参与预算的准备和制定,而不仅仅是被迫接受已定的预算。最后,要想使预算控制有效,管理者要关注其部门在预算内的实际业绩和预测业绩方面的信息。这些信息必须能及时得到,否则,避免预算偏差就为时太晚。

二、会计技术控制

会计技术控制包括责任会计、成本会计、标准会计等。例如,在责任会计中每一位管理者的责任都明确,会计记录的设置对于这些责任是合适的。在成本会计中,成本会计的方法主要是对成本进行详细分析,并显示为提供某一产品和运营某一部门所耗费的成本。成本会计使用标准成本为衡量工具,每个产品的标准成本在生产之前已有预先估计,并在生产后与实际成本相比较,这样标准成本成为控制标准。

三、内部和外部审计

审计是对组织中的经营活动和财务记录的准确性和有效性进行检查、监测和审核的一种控制工具。审计的内容很多,财务审计是其中最重要的部分。按其开展的方式,审计可分为外部审计和内部审计两种。前者是指由非本单位的专门审计人员和机构(如注册会计师和国家审计部门)对某一单位的财务程序和财务经济往来进行有目的的综合检查审核,以监督其行为的合法性、真实性等。内部审计则不只考虑合法性的要求,而且更加关注企业生产经营活动的有效性。执行内部审计的人员主要是本企业的高层经理人员、财务人员,以及专、兼职的审计人员,以便定期开展审计工作,确保组织活动的正常和顺利进行。

四、质量控制

质量是由产品使用目的所提出的各项适用特性的总称。对产品质量特性按一定的尺度、技术参数或技术经济指标规定必须达到的水平就形成了质量标准,它是检验产品是否合格的技术依据。质量控制就是以这些技术依据为衡量标准来检验产品质量的。为保证产品质量符合规定标准和满足用户使用目的,企业需在产品设计试制、生产制造直至使用的全过程中,进行全员参加的、事后检验和预先控制有机结合的、从最终产品的质量到产品赖以形成的工作质量的全方位的质量管理活动,即符合 ISO9000 标准的控制。

五、生产控制

生产控制是生产系统的主要组成部分。生产控制的目标是以最低成本及时生产出数量和质量都符合要求的产品。生产控制中一个最基本的活动就是在生产过程中监督和指导工作。生产控制包括根据订单计划生产的批量,安排产品的生产顺序,进行生产监控直到产品生产完成。

六、存货控制

存货控制是企业运作中一个必不可少的环节。存货过量会积压大量的资金,带来大量的利息支出。但是若不保持充足的存货,生产过程就可能中断或拖延,从而造成产品不能及时进入市场,导致销售损失。为了使生产系统运行有效并保持高效,必须在这两种情况之间保持一种平衡。存货控制技术就是用来达到这种平衡的。

七、人事管理控制

人事管理控制主要集中在对组织内人力资源的管理上。具体包括两大方面：一是主要人事比率的控制。即分析组织内各种人员的比率，如分析管理人员与职工的比率、后勤服务人员与生产工人的比率、正式职工与临时工的比率以及人员流动率和旷工缺勤率等是否维持在合理的水平上，以便采取调整和控制措施。如果反映调离和调进本单位的职工占职工总数比例的人员流动率太高，就会影响职工队伍的稳定，并增加了培训费用，但如果人员长期不调动，也会使组织缺少新的活力，因此人员流动率需要控制在一定的限度内。二是人事管理控制要对管理人员和一般员工在工作中的成绩、能力和态度进行系统的、周期性的、客观公正的考核、评价和分析鉴定，即进行业绩评估。这既有利于激励原来表现好的员工继续保持和发展，也有利于原来表现差的员工向着好的方向转化和进步。

复 习 思 考 题

1. 什么是控制职能？它的特点是什么？
2. 企业管理中为什么要进行必要的控制？
3. 简述控制的基本程序。
4. 在控制职能实施过程中，如何纠正偏差？
5. 比较不同类型控制的优缺点。
6. 管理职能有哪些具体的控制方法？

延伸阅读

【材料一】

戴尔公司与电脑显示屏供应商

戴尔公司创建于1984年，是美国一家以直销方式经营个人电脑的电子计算机制造商，其经营规模已迅速发展到当前120多亿美元销售额的水平。戴尔公司是以网络型组织形式来运作的企业，它联结着许多为其供应计算机硬件和软件的厂商。其中有一家供应厂商，电脑显示屏做得非常好。戴尔公司先是花费很大力气和投资，使这家供应商做到每百万件产品中只能有1 000件瑕疵品，在通过绩效评估确信这家供应商达到要求的水准后，就完全放心地让他们的产品直接打上"DELL"商标，并取消了对这种供应品的验收、库存。类似的做法也发生在戴尔其他外购零部件的供应中。

通常情况下，供应商需将供应的零部件运送到买方那里，经过开箱、触摸、检验、重新包装，经验收合格后，产品组装商便将其存放在仓库中备用。为确保供货不出现脱节，公司往往要储备未来一段时间内可能需要的各种零部件。这是一般的商业惯例。因此，当戴尔公司对这家电脑显示屏供应商说道"这种显示屏我们今年会购买400万至500万台，贵公司为什么不干脆让我们的人需要时随时提货"的时候，商界人士无不感到惊讶，甚至认为戴尔公司疯了。戴尔公司的经理们则这样认为,开箱验货和库存零部件只是传统的做法,并不是现代企业运营所必需的步骤,遂将这些"多余的"环节取消了。

戴尔公司的做法就是,当物流部门从电子数据库得知公司某日将从自己的组装厂提出某型号电脑××部时,便在早上向这家供应商发出采购相应数量显示屏的指令,这样等到当天傍晚时分,一组组电脑便可打包完毕配送到顾客手中。如此,不但可以节约检验和库存成本,也加快了发货速度。

(http://www.08.cn/8803259625.html)

【材料二】

"石油大王"的控制之道

美国得克萨斯州有一位"石油大王"名为保罗·盖蒂。有一次,保罗·盖蒂以高薪聘请一位叫乔治·米勒的人监管洛杉矶郊外的一些油田。这位乔治·米勒先生是美国著名的优秀管理人才,对石油行业很内行,而且勤奋、诚实,管理企业有本领。所以保罗·盖蒂以十分优厚的待遇把他聘请进来。

为了考察乔治·米勒的真正本领,保罗·盖蒂在乔治·米勒上岗一个星期后,便到洛杉矶郊外油田去视察,结果发现那里面貌没有多大变化,不少浪费现象及管理不善的现象仍然存在,如员工和机器有闲置现象,工作进度慢。另外,他还了解到乔治·米勒下工地时间很少,整天待在办公室。因此,该油田的很多问题得不到解决,企业的利润上不去。针对这些状况,保罗·盖蒂对乔治·米勒提出了改进的要求。

过了一个月,保罗·盖蒂又突然到那里去检查,结果他发现,改进还是不大,因此有点生气,很想把乔治·米勒训斥一顿。但思考后又冷静下来,他相信乔治·米勒是有才干的,但为什么他上任后没有多大建树呢?不妨找他谈谈。

保罗·盖蒂在乔治·米勒办公室坐下,虽然他没有板起面孔说话,但言语间透出严厉,他说:"我每次来这里时间不长,但发现这里有许多地方可以减少浪费、提高产量和增加利润,而你整天在这里竟没有发现。"

乔治·米勒虽然没有不高兴的表情,但亦不隐藏他的看法说:"保罗·盖蒂先生,因为那是您的油田。油田上的一切都跟您有切身的关系,那使您眼光锐利,看出了一切问题。"

乔治·米勒的回答使保罗·盖蒂大为震动,他几天都在想着乔治·米勒这番话。他想,人的行为动机、动力和利益是密切相关的,利益连接着动机。动机和利益一致了,就会产生动力。据此,保罗·盖蒂决定在用人上做一项大胆的尝试。他再次找乔治·米勒谈话,他见面后直截了当地说:"我打算把这片油田交给您。从今天起我不付给您工薪,而付给您油田利润的百分比,这正如您明白的,油田越有效率,利润当然越高,那么您的收入也越多。您看这个做法怎么样?"

乔治·米勒考虑了一下,觉得保罗·盖蒂这一做法确实能调动下属积极性,对自己虽然是个压力和挑战,但也是一个展示自己才干和谋求发展的机会,于是欣然接受了。从那一天起,洛杉矶郊外油田的面貌一天天地改观了。由于油田的盈亏与乔治·米勒的收入有切身的关系,他对这里的一切运作都精打细算,对员工严加管理。他把多余的人员遣散了,把闲置的机械工具发挥最大效用,把整个油田的作业进行一环扣一环的安排和调整,减少人力和物力的浪费。他自己也改进了工作方法,几乎每天到实地检查和督促工作,改变了过去那种长期坐在办公室看报表的管理办法。

两个月后,保罗·盖蒂又去洛杉矶郊外油田视察,这回他高兴极了,这里已找不着浪费的现象了,产量和利润都大幅度增长。这次尝试,乔治·米勒从中得到潜能的发挥和收入的增加,而保罗·盖蒂的收入更是呈几何级数增大,并探索出一条用人之道。

(陈建萍主编《企业管理学》,中国人民大学出版社,2008年版)

案例分析

客户服务质量控制

美国某信用卡片公司认识到高质量客户服务是多么重要。客户服务不仅影响公司信誉,也和公司利润息息相关。比如,一张信用卡早到客户手中一天,公司就可获得33美分的额外销售收入,这样一年下来,公司将有140万美元的净利润。及时地将新办理的和更换的信用卡送到客户手中,是客户服务质量的一个重要方面,但这远远不够。

公司决定对客户服务质量进行控制的想法,最初是由卡片分部的一个地区副总裁凯西·帕克提出来的。她说:"一段时间以来,我们对传统的评价客户服务的方法不太满意。向管理部门提交的报告有偏差,因为他们很少报告有问题但没有抱怨的客户,或那些只是勉强满意公司服务的客户。"她相信,真正衡量客户服务的标准必须基于或反映持卡人的见解。这就意味着要对公司控制程序进行彻底检查。第一项工作就是确定用户对公司的期望。对抱怨信件的分析指出了客户服务的三个重要特点:及时性、准确性和反应灵敏性。

了解了客户期望,公司质量保证人员开始建立控制客户服务质量的标准。所建立的180多个标准反映了诸如申请处理信用卡发行、账单查询反应及账户服务费代理等服务项目的可接受的服务质量。这些标准都基于用户所期望的服务的及时性、准确性和反应灵敏性,同时也考虑了其他一些因素。

除了客户见解,服务质量标准还反映了公司竞争性、能力和一些经济因素。比如:一些标准因竞争引入,一些标准受组织现行处理能力影响,另一些标准反映了经济上的能力。考虑了每一个因素后,适当的标准就成形了,公司开始实施服务质量控制的计划。

计划实施效果很好,比如处理信用卡申请的时间由35天降到15天,更换信用卡的时间从15天降到了2天,回答用户查询的时间从16天降到10天。这些改进给公司带来的潜在利润是巨大的。例如,办理新卡节省的时间会给公司带来1 750万美元的额外收入。另外,如果用户能及时收到信用卡,他们就不会使用竞争者的卡片了。

信用卡客户服务质量控制计划的成功,使公司其他部门纷纷效仿。无疑,它对该公司的贡献是非常巨大的。

(http://blog.myspace.cn/e/404358118.htm)

问题：
1. 该公司的客户服务质量控制是何种类型的控制？
2. 能否找出该公司对计划进行有效控制的三个因素？
3. 该质量控制计划给公司带来了哪些好处？

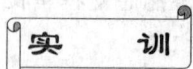

【内容一】

参观走访

1. 参观一家超市，了解其质量保证或库存管理的控制办法，提高对企业管理控制系统的整体认识。
2. 通过此次参观走访，结合自己所学知识和理论加以分析，并找出具体的关键控制点。
3. 写一份关于质量保证或库存管理办法的调查报告。

【内容二】

模拟公司综合评价

1. 经过一段时间的实践，由模拟公司的各个部门经理按工作性质的不同，写出自检评估报告；在此基础上，由总经理写出公司的全面工作总结。
2. 模拟公司每名成员给自己打出自评分数；并共同给总经理评分；总经理要给每位成员评分。
3. 召开交流与评估会，每位总经理都要在会上介绍本公司的绩效与经验；开展各公司之间的互评；教师进行总结。

下篇
管理实务篇

第七章　团队建设能力

❧ 重点知识要求 ❧

- 了解团队的含义和构成要素
- 了解团队和一般工作群体的区别
- 了解高绩效团队的特征
- 熟悉影响团队建设的障碍
- 掌握高绩效团队建设的方法

❧ 重点能力要求 ❧

- 培养团队建设的初步能力
- 培养解决团队冲突的能力

导入案例

> 法国农业工程师林格曼曾经设计了一个引人深思的拉绳试验：把被试者分成一人组、二人组、三人组和八人组，要求各组用尽全力拉绳，同时用灵敏的测力器分别测量其拉力。在一般人看来，几个人同时拉一根绳的合力应该等于每个人各拉一根绳的拉力之和。但结果却让人大吃一惊。
> 1. 二人组的拉力只是单独拉绳时二人拉力总和的95%；
> 2. 三人组的拉力只是单独拉绳时三人拉力总和的85%；
> 3. 而八人组的拉力则降到单独拉绳时八人拉力总和的49%。
> 　　(http://www.china-b.com/jyzy/qywh/20090504/1721828_1.html)
> 思考题：这个拉绳试验对你有什么启示呢？

　　团队是一个特殊的群体。团队凝聚力强、合作程度高、成员贡献意识强，因此，团队工作效率就比一般群体高，在团队中工作的成员的心情也比较愉快。团队对组织、对成员个人都有许多好处，因此管理者一般都喜欢团队的工作方式，津津乐道如何建设团队。但还有很多管理者对团队的认识很模糊，不知道该如何建设团队和领导团队。团队是一个特殊的群体，但究竟团队的本质是什么呢？

第一节 团队概述

一、团队的概念

团队是指由少数具有互补技能的人员组成,为了实现共同的目的、业绩目标而自觉合作、积极努力且勇于承担责任的一个具有凝聚力的社会群体。

一般来说,团队主要由以下五个主要因素构成,团队的 5 个要素(5P),包括:目标(purpose)、定位(place)、职权(power)、计划(plan)、人员(people)。

1. 目标

团队应该有一个既定的目标,为团队成员导航,知道要向何处去,没有目标这个团队就没有存在的价值。团队除了服从组织的大目标外,也应有自己的小目标,但是团队目标不能偏离组织的目标。

【案例 7-1】 团队目标的重要性

自然界中有一种昆虫很喜欢吃三叶草(也叫鸡公叶),这种昆虫在吃食物的时候都是成群结队的,第一个趴在第二个的身上,第二个趴在第三个的身上,由一只昆虫带队去寻找食物,这些昆虫连接起来就像一节一节的火车车厢。管理学家做了一个实验,把这些像火车车厢一样的昆虫连在一起,组成一个圆圈,然后在圆圈中放了它们喜欢吃的三叶草。结果它们爬得精疲力竭也吃不到这些草。

(http://baike.baidu.com/view/296931.htm)

思考题:你觉得在现实生活中没有目标的团队存在吗?

2. 人

人是构成团队的最核心力量,3 个(包含 3 个)以上的人就可以构成团队。

目标是通过人员具体实现的,所以人员的选择是团队中非常重要的一个部分。在一个团队中可能需要有人出主意,有人定计划,有人实施,有人协调不同的人一起去工作,还有人去监督团队工作的进展,评价团队最终的贡献。不同的人通过分工来共同完成团队的目标,在人员选择方面要考虑人员的能力如何,技能是否互补,人员的经验如何。团队的人数并非越多越好,10~12 人以下相对合适。数量多的人群,理论上可以成为一个团队,但实际上很可能再分出一些下级团队,而不是作为一个团队发挥作用。人数如果太多,则很难达成共识,相互间也难以配合而采取有效的行动。

3. 团队的定位

团队的定位包含两层意思:一是团队自身的定位,即团队在组织中处于什么位置,由谁选择和决定团队的成员,团队最终对谁负责,团队采取什么方式激励下属?二是个体的定位,即作为成员在团队中扮演什么角色?是订计划,还是具体实施或评估?

4. 权限

团队当中领导人的权利大小跟团队的发展阶段相关,一般来说,团队越成熟,领导者所拥有的权力相应越小,而在团队发展的初期阶段,领导权相对集中。

团队权限关系包括两个方面：一是整个团队在组织中拥有什么样的决定权？比方说财务决定权、人事决定权、信息决定权。二是组织的基本特征，比方说组织的规模多大，团队的数量是否足够多，组织对于团队的授权有多大，它的业务是什么类型？

5. 计划

计划也包含两层含义：一是目标最终的实现，需要一系列具体的行动方案，可以把计划理解成目标的具体工作的程序。二是提前按计划进行可以保证团队的顺利进度。只有按计划进行操作，团队才会一步一步地贴近目标，从而最终实现目标。

二、群体和团队的区别

人们常常把团队和群体混为一谈，但它们之间有根本性的区别。

团队是一种特定的正式群体，是属于群体的一种特定类型，具有群体的一些特征。团队与群体的区别可以通过图 7-1 来表示。

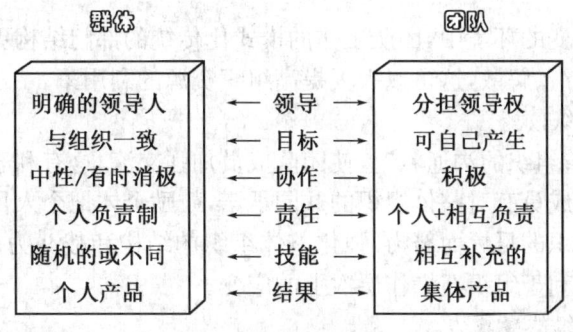

图 7-1 群体和团队的区别

(1) 领导方面。作为群体应该有明确的领导人；团队可能就不一样，尤其团队发展到成熟阶段，成员共享决策权。

(2) 目标方面。群体的目标必须跟组织保持一致，但团队中除了这点之外，还可以产生自己的目标。

(3) 协作方面。协作性是群体和团队最根本的差异，群体的协作性可能是中等程度的，有时成员还有些消极，有些对立；但团队中是一种齐心协力的气氛。

(4) 责任方面。群体的领导者要负很大责任，而团队中除了领导者要负责之外，每一个团队的成员也要负责，甚至要一起相互作用，共同负责。

(5) 技能方面。群体成员的技能可能是不同的，也可能是相同的，而团队成员的技能是相互补充的，把不同知识、技能和经验的人综合在一起，形成角色互补，从而达到整个团队的有效组合。

(6) 结果方面。群体的绩效是每一个个体的绩效相加之和，团队的结果或绩效是由大家共同合作完成的产品。

思考题：

1. 下面四个类型，哪些是群体，哪些是团队？龙舟队、旅行团、足球队、候机旅客。
2. NBA 在每赛季结束后都要组成一个明星队，由来自各个队伍中不同的球员组成一支篮球队,跟冠军队比赛,这个明星队是团队还是群体?

三、团队建设的意义

20世纪80年代开始,团队开始被引入一些公司的管理过程。现在,"团队"一词已经非常流行,在许多著名的、优秀的企业中,团队都是其重要的组织结构和管理方式。团队在当今企业界如此盛行,其原因在于它在组织的经营管理活动中具有以下意义。

1. 可以充分利用组织资源

首先,任何组织现存的各种资源都往往存在着不平衡,其部分冗余不可避免。实行团队制,可以在组织原有的工作不受影响的情况下开拓许多新的工作领域,完成更多的工作任务。

其次,当某种工作任务需要多种技能、渠道和经验时,显然,由若干成员组成各有特色并集思广益的团队来做,通常会比个人干得更好,因为团队有助于组织更好地利用雇员的才能。

此外,在复杂多变的环境中,团队工作的模式比传统的部门结构更灵活、反应更迅速,它能快速地组合、重组、解散,这可以大大提高组织资源的利用率。

2. 能够增强组织效能

团队有利于改善组织的沟通状况,使团队成员加强交流,这有利于弥补组织的一些缺陷。而且,团队及其成员有对整体组织的共同承诺,鼓励个体把个人目标升华为团队和组织的目标,共同为组织的目标而努力,强化整体组织的结构和战斗力。而且,团队能够增强组织的灵活性,有利于组织在操作层次上的应变。

3. 能够增强组织的凝聚力

每个团队都有特定的团队任务和事业目标,团队鼓励每个参与者把个人目标融入和升华为团队的目标并做出承诺,这就使企业文化建设中的核心问题——共同价值观体系的建立,变成可操作性极强的管理问题。同时,团队的工作形式要求其参加者只有默契的配合才能很好地完成工作,促使他们在工作中有更多的沟通和更好的理解,共同应付工作的压力。

4. 充分体现出人本管理思想

团队鼓励其成员一专多能,并对团队成员进行工作扩大化训练,要求团队成员积极参与组织决策。由于团队工作形式培养了团队成员的技术能力、决策和人际处理能力,使团队成员从机器的附属中解放出来,所以,团队充分体现了以人为本的管理思想。

5. 能多方面促进组织效益提高

团队这种形式有产生正向协同作用的功能,它可以大大提高局部组织的生产效率和整体的经济效益。当工作任务和日常决策权交给团队后,团队可以自动运转起来,管理层就能够摆脱日常事务管理而去思考和处理更重要的问题。同时,决策权下放给团队,团队就能够根据环境的变化灵活处理问题,有利于组织的目标和决策较好地实现,从而达到促进组织绩效提高和组织发展的目的。

四、团队的类型

团队的类型多种多样,规模有大有小,每种类型的团队都有明显的特征。我们一般根据团队存在的目的和拥有自主权的大小将团队分成四种类型。

(一) 问题解决型团队

在团队出现的早期,大多数团队属于问题解决型团队,就是由同一个部门的若干名员工临时聚集在一起而组成的团队,这些团队每周用几个小时来碰碰头,讨论如何提高产品质量、增加生产效率、改善工作环境、改进工作程序和工作方法,互相交换看法或提供建议。在问题解决型团队里,团队的主要责任是通过调查研究,集思广益,理清组织的问题、挑战和机会,拟订策略计划或执行计划。

【**案例7-2**】 丹尼尔·雷是如何塑造一个有效问题解决型团队

丹尼尔·雷是一个工作团队发展方面的专业咨询师。他回忆起一次令人难忘的工作经历:一个由五个黑人男子和五个黑人妇女所组成的"团队",他们负责保险信用卡的加工,与一家财政服务公司的合作。"他们在一起时矛盾重重",尽管期望能管理自身,但这个团队的成员还是发现在一起工作几乎不可能。相互之间憎恨、攻击和不负责任。合作与交流——成功团队的标志,他们都不具备。

丹尼尔·雷作为问题解决团队的促进者,进行了为期3个月的干预,让成员显露其不同之处。在历时3小时的课程中,丹尼尔·雷说:"有很多叫嚷声。"但一旦他们表达了相互间的顾虑、成见和想法后,他们就能着手从事手边的商业事务。一个月后,经过几次特殊的团队集会,生产力显著上升,一些成员在工作后有社交往来。随着人际氛围的改善,丹尼尔·雷的干预不再需要了。

(http://baike.baidu.com/view/296931.htm)

思考题:这个团队建设之初的矛盾是如何解决的?

(二) 自我管理型团队

自我管理型团队也称作依靠自我或者是自我指导的团队。这些团队与许多其他类型的团队迥然有别,他们拥有广泛的自主权和自由以及可以像经理般的行事能力,可以亲自执行解决问题的方案,并且对工作承担全部责任。这种类型的团队通常由10~16人组成,他们的工作是聚集在一起解决一般性的工作问题,承担以前是由自己的上司所承担的一些责任。自我管理型团队也被称为高绩效团队、跨职能团队或者超级团队。目前,像我们所熟知的通用汽车公司、百事可乐、惠普公司和施乐公司等,实行的都是自我管理型的团队。

【**案例7-3**】 联合食品公司的自我管理型团队

联合食品公司的自然食品连锁店,有多达1 400名雇员和90家商店。这是一个非常成功的组织。它关键的组织方式和管理哲学是运用授权的自我管理团队。

联合食品公司文化以分散的团队工作为前提。它超越等级构成了行动的单位。每个商店是一个利润中心,一般有10个自我管理团队,包括生产、杂货、成品,有选定的领导和明确的行动目标。每个商店中的领导是个领导团队,每个地区的商店领导也是团队,公司的六个地区主管同样是团队式的。

该公司文化以对生产力的共同承诺感为特征。雇员的参与加强了个人对绩效和利润的关注,坚实的财政基础使员工有更多创新自由。公司运作遵循以下三大原则:第一个原则是所有的工作都是团队工作。第二个原则是对任何值得做的事情进行评估是有价值的。第三个原则是成为你自己最有力的竞争者。

在联合食品公司,行为表现的压力来自于同伴而不是上级,并且它以一种内在的竞争形式出现。团队同自设的销售目标、成长和生产力目标竞争;他们也同本店的其他团队、不同商店或地区相似的团队竞争。这种竞争是为什么行为信息是如此重要的一个主要原因,它已成为每个团队以其他团队来评价自身的标尺。

(http://wiki.mbalib.com/wiki/General_Mills%E5%85%AC%E5%8F%B8)

思考题:你对自我管理型团队的内涵怎样理解?

(三) 多功能型团队

多功能型团队是团队形式的进一步发展。由来自同一等级、不同工作领域的成员组成,他们来到一起的目的是完成一项任务。可以说,盛行于今的项目管理与多功能团队有着内在的联系。

【案例7-4】 麦当劳的多功能型团队

麦当劳有一个危机管理队伍,责任就是应对重大的危机,由来自于麦当劳营运部、训练部、采购部、政府关系部等部门的一些资深人员组成,他们平时在一起共同接受关于危机管理的训练,甚至模拟当危机到来时怎样快速应对,比如广告牌被风吹倒,砸伤了行人,这时该怎么处理?一些人员考虑是否把被砸伤的人送到医院,如何回答新闻媒体的采访,当家属询问或提出质疑时如何对待?另外一些人要考虑的是如何对这个受伤者负责,保险谁来出,怎样确定保险?所有这些都要求团队成员能够在复杂问题面前做出快速行动,并且进行一些专业化的处理。

(http://baike.baidu.com/view/2193404.htm)

思考题:麦当劳的多功能型团队对你有什么启发?

随着团队管理在现代管理中的作用日益突出,团队类型出现了一些新的发展。

(四) 学习型团队

美国麻省理工学院彼得·圣吉教授于1990年提出了学习型组织理念,在圣吉理念的引导下,许多企业都提出了建立学习型团队的目标。

学习型团队代表的是一个团体,更多的是强调团队的学习力,在代表团队学习的同时,也包括了个人的学习,培养团队的学习气氛,进而形成一种符合人性的、有机的、扁平化的团队——学习型团队。

【案例7-5】 打造学习型团队势在必行

金德管业集团的发展速度令同行惊叹,六年的时间一跃成为中国管道行业的龙头,2006年有三个生产基地建成投产,广东清远生产基地也即将完工。八大生产基地的硬件战略布局结束后,将全力打造集团软件上的市场竞争力,而企业现有员工的学习提高是这项工程的重点。如今企业员工急剧增多,个体之间水平有所差异,要统一企业员工思想,紧跟企业的步伐与思路,就必须加强员工的学习与自我提高,通过学习来提升和凝聚团队的力量。而且,面对信息化市场经济的激烈竞争,我们必须从下至上,打造一支高素质的学习型团队,这样才能用最新的知识来武装我们的头脑,实现企业的创新与超越,并立于市场的不败之地。

(http://www.ginde.com/news/news_view.asp?kindid=1000&infoid=0000019761)

思考题：你认为在企业中打造学习型团队具有什么样的意义？

五、团队中的角色

英国剑桥大学的产业培训研究部在贝尔滨教授的领导下做了九年的团队研究。其中大部分研究是在亨利管理人员学院进行的，其中心任务就是在不同的假设和设计前提下研究团队的构成。

他们在试验中组建了120支管理团队，它们中的大多数都由六名成员组成。团队效率的衡量标准则是它们在管理游戏中所取得的财务业绩。还有另外70家"公司"也在他们的考察范围之内。它们或是由亨利的管理人员组建，或是由学员们自己组建。

通过这些试验，他们得到的一个最核心的概念就是团队角色。它定义了具有特定性格特征和能力的成员所能为团队做出的贡献。有用的团队角色数量有限，团队的成功要依赖于它们的组合模式以及它们履行职责的情况。

1. 实干者

这些人对于社会上出现的新生事物不感兴趣，甚至对新生事物存在着一种本能的抗拒心理。他们对喜欢接受新生事物的人很是看不惯，常常是水火不相容。他们对自己生活的环境很是满足，并不主动去寻求什么改变，逆来顺受。

当上司交给他们工作任务时，他们会按上司的意图兢兢业业、踏踏实实地把事情做好。他们常常会给别人特别是领导留下一种务实可靠的印象。

2. 协调者

当他们遇到突如其来的事情发生时表现得沉着、冷静，正如人们经常所说的遇事不慌。对事物具有判断是非曲直的能力；对自己把握事态发展的能力有充分的自信；处理问题时能控制自己的情绪和态度，具有较强的自制力。

3. 推进者

他们常常表现得思维敏捷，对事物具有举一反三的能力。看问题思路开阔，对一件事情能从多方面考虑解决问题的方法。

这类人往往性格开朗，容易与人接触，很快能适应新的环境；能利用各种资源，善于克服困难和改进工程流程。

4. 创新者

他们具有鲜明的个人特性，思想深刻，对许多问题的看法与众不同，对一些问题有自己独到的见解，考虑问题不拘一格，思维比较活跃。

5. 信息者

他们性格外向，对人、对事总是充满热情，表现出很强的好奇心，与外界联系比较广泛，各方面的消息都很灵通。

6. 监督者

担任监督者角色的人的头脑清醒，处理问题理智，对人、对事表现得言行谨慎，公平客观。他们喜欢比较团队成员的行为，喜欢观察团队的各种活动过程。

7. 凝聚者

他们擅长日常生活中的人际交往,能与人保持和善友好的关系,为人处世都相对温和,对人、对事都表现得较为敏感。

8. 完善者

他们具有持之以恒的毅力,做事注重细节,力求完美;性格内向,工作动力源于内心的渴望,几乎不需要外界的刺激;他们不大可能去做那些没有把握的事情,喜欢事必躬亲,不愿授权;他们无法忍受那些做事随随便便的人。

思考题:

《西游记》中的唐僧、孙悟空、猪八戒、沙和尚四个人在取经过程中分别扮演了什么角色?

第二节 影响团队建设的障碍

很长时间以来,无论是我们的组织机构,还是管理者和员工,都习惯于以组织机构、组织角色作为主导的传统的管理方式。这种方式在他们的头脑中根深蒂固,而且他们从来就是以此来塑造自己、衡量别人的。所以当组建团队这种与传统的管理方式完全不同的管理形式时,必然会遭到来自各个方面的阻力。影响团队建设的障碍主要有以下三个方面。

一、来自组织的障碍

1. 等级和官僚结构

很长时间以来组织实行的都是等级分明的管理方式,总经理就是总经理,部门经理就是部门经理,员工就是员工。员工要绝对服从部门经理的领导,部门经理要绝对服从总经理的领导。而团队形式恰恰是削弱了这种壁垒分明的等级制度。在很多时候,团队角色不如僵硬的组织等级差别重要,这种组织等级差别对有效的团队工作来说是严重的障碍,因此,那些采用团队工作方式的组织会尽力减少等级标志,这无疑会遭到来自传统管理方式的阻力。

2. 自上而下的管理方式

组织中长期以来一直保持着自上而下的金字塔式的管理方式,常常是一个部门经理管理所有的部门成员。而团队所采取的则是矩阵式的管理方式,部门中的每一位成员都参与部门的管理。这种不同于传统的管理方式在实践中常常会受到阻碍。

3. 死板、无风险的企业文化

一个企业、一个部门多年一直用这样的方式维持着,大家都感到很正常、很习惯,现在改用团队的方式来管理,大家普遍会想:"搞什么团队,谁知道团队到底是个什么样?"人们不相信团队能够带来什么效果,甚至有人会认为个人比团队更容易管理,弄不好搞团队还会带来更多的麻烦,还不如维持现状呢!

4. 信息的传递往往是自上而下的

在自上而下的管理方式下,人们已经习惯于听领导自上而下地传递着各种信息,而团队的管理方式是矩阵式的,并且在团队中有信息者这样的团队角色,所以信息的来源不再是唯一的。这是传统的管理方式所不容易接受的。

二、来自管理层的障碍

(一) 管理者害怕失去权力和地位

组织机构自上而下的管理方式决定了在组织中管理者具有很多的权力和相应的社会地位,而团队的工作方式削弱了管理者的权力。管理者出于自身利益的考虑,害怕失去自己的权力,动摇自己在成员心目中的地位,就会极力反对团队这种形式。

【案例7-6】 争功的销售经理

曾经有一位业务员,非常能干,推销能力很强,在公司连续四年被评为"金牌销售员"。后来,他当了区域销售经理,走上了管理岗位。很快,他与部属之间的冲突也随之而起。为了蝉联"金牌销售员"的荣誉称号,他不仅无法积极地向部属提供帮助,反而抢他们的单。于是,他的员工们只好纷纷离开了他,另寻出路。喜欢与部下争功的管理者,等待他的将是众叛亲离的悲惨结局。

(http://wenku.baidu.com/view/cc8633ea81c758f5f61f6756.html)

思考题:你觉得这位销售经理错在什么地方? 如果是你的话,如何摆正自己的位置?

(二) 管理者害怕团队不再需要他们

在传统管理方式下,组织机构中的领导对于成员是唯一的管理角色,只有他能对别人发号施令,成员却没有权力管他的事情。而团队中有不同的团队角色,他们都分别担当着相应的管理角色,所以领导们会感觉团队不再那么需要他们了,他们就会出来反对团队这种形式存在。

(三) 管理者没有及时授予他人权力

团队与组织机构的不同之处中有一点是很重要的,就是管理者要给团队成员及时地授权。在传统的管理方式下,管理者习惯于自己独揽大权,什么事都要向他请示汇报,成员只有让干什么就干什么,在这种情况下,成员的角色是单一的,大家都是一种角色。而团队需要有不同的团队角色,所以在管理者不及时授权的情况下,是组建不成团队的,它将成为组建团队的阻力。

【案例7-7】 刘先生为什么这么累?

刘先生2003年4月加盟A公司担任软件实施顾问。他工作认真负责,服务态度极佳,辅导客户上线成功率达100%,从未被客户投诉过。2006年1月,他调入业务部从事业务工作,从1月至9月,刘先生独立做单20件,成交额达400万元人民币,是A公司最优秀的业务员之一。2006年10月,公司正值用人之际,刘先生因业绩突出被任命为一分公司的区域经理兼电脑培训学校校长,负责管理5名老师、8名业务员。

因为当时情况较为紧急,刘先生未经过任何培训就走马上任了。上任后,刘先生立即着手打造一支高效的团队。但是24岁的他以前并没有管理经验,在成为经理不到三个月就表现出与所在的团队格格不入。员工的反馈显示,刘先生试图掌控每个人的销售情况及学校管理的每一个环节,甚至于学校后勤的柴米油盐、卫生打扫等小事都由其本人负责监督管理,这使得他所领导的老师及业务人员极为清闲,工作热情极为低下,也找不到成就感,导致新到任的2位老师及2名业务人员突然离职,其余成员士气也十分低落。刘的下属抱怨说,他每次开会都像个农村的长舌妇一样对大家喋喋不休,同样的问题重复多次,对下属未做好的工作,除了批评抱怨还是批评抱怨,从来不会表扬下属的优点、成绩与进步,在工作之余也从来不主动与下属进行沟通交流。

刘先生本人也感觉在分公司工作非常的疲惫,找不到做一个团队主管的乐趣,失去了以往作为一个业务员的单纯与快乐,为此他感到非常痛苦。

(http://blog.sina.com.cn/s/blog_5304b1b00100a7hp.html)

思考题:你觉得刘先生什么地方做错了?他应该如何改进?

(四)管理者没有提供足够的培训和支持

团队是与传统的组织机构完全不同的新的一种形式,成员对团队这种新的形式不了解,比如:他们不懂得在成员中怎样表达自己的观点和看法,不懂得自己应该在团队中扮演什么团队角色,怎样扮演这个角色等。这就需要管理者为成员提供足够的培训和指导。同时组建团队也需要有一些资源,这就需要管理者的鼎力相助。如果缺少管理者足够的培训和支持,组建团队也将障碍重重。

(五)管理者没有让员工担负起应负的责任

在团队中管理者在向团队成员授权的同时还应向团队成员授责。每一位团队成员在团队中担当不同的角色,他们都应该负起相应的责任。如果管理者没有让员工担负起应负的责任,那么他们就不能真正担当起团队的角色,团队仍然无法组成。

三、来自员工的障碍

1. 害怕失去个人回报和个人成就的认可

有些员工特别是优秀的员工他们独立干工作干得很出色,并且能得到很可观的回报,与此同时也显示出了他个人的能力。而在团队中更多的是体现整个团队的力量和价值,个人的作用显现得不明显。所以,他们对组建团队是持反对意见的。

2. 害怕失去个性

有些成员会想:"我们都是这样长大的",要想改变可真不容易。我们从读书、考学校到工作都一直在追求自己的成绩、个人的表现,习惯于单打独斗,现在要想转变理念和目标,以团队为中心,的确很困难。

3. 害怕团队会带来更多的工作

在组织机构中员工只要完成自己的工作职责,按照组织规定的绩效考核标准去做,就会得到应有的回报,而不用花太多的时间和精力去考虑其他的问题。在团队中,除了这样工作外还要担当某种团队角色,参与团队的管理,增加了许多工作量,所以对组建团队有抵触情绪。

4. 害怕承担责任

在团队中工作肯定是要比在组织机构中工作承担更多的责任。在组织机构中只要对自己的工作负责任就可以了，而在团队中工作还要担负起所担当角色的责任。比如：你是一个信息发出者，那么团队中如果因为缺乏信息而影响了团队的工作效率，你就要负责任了。有些成员因为不愿承担责任而反对组建团队。

5. 害怕冲突

在组织机构中，由于采用的是自上而下的管理方式，成员都是受管理者的统一领导，成员之间直接表达自己观点的机会比较有限，大多数时间都是你干你的，我干我的，与其他成员之间发生冲突的机会也就比较少。在团队中成员要担当一定的角色，与其他成员发生冲突的机会就会增多。比如：你在团队中是一个完善者，你就要经常给其他成员的工作挑毛病，其他成员不服气，这时就会发生冲突。所以，有些成员因为害怕冲突而拒不接受团队这种形式。

第三节　团队建设能力的培养

一、高绩效团队的特征

1. 明确的团队目标

团队中的每个成员都能够描述出团队的共同工作目标，并且自觉地投身于这个目标。成员对团队的目标十分明确，并且这个目标具有挑战性。

2. 共享

团队成员能够共享团队中其他人具有的智慧；能够共享团队的各种资源；能够共享团队成员带来的各种信息；团队成员共享团队的工作责任。

3. 不同的团队角色

一个团队中能具备不同的团队角色，有实干者、协调者、推进者、创新者、信息者、监督者、凝聚者、完善者。

4. 良好的沟通

团队成员之间肯于公开并且诚实地表达自己的想法。团队成员之间互相主动沟通，并且尽量了解和接受他人，团队成员积极主动地聆听他人的意见。同时，团队成员中间不同的意见和观点能够得到理解并受到重视。

5. 共同的价值观和行为规范

团队成员拥有共同的价值观，共同的价值观像电脑的操作系统一样，为不同的团队成员提供共同的、可兼容的统一的平台；否则，就像电脑无法操作一样，团队成员之间根本无法合作与沟通。

6. 归属感

归属感也就是凝聚力。成员喜欢他们的团队，愿意属于这个团队，具有一种自豪感。他们非常愿意留在自己的团队中，并且在必须离开这个团队时依依不舍。在具有归属感的团队中，成员之间可以分享成就，分担失败带来的忧虑和不能按时完成工作的焦急。团队成员之间愿意帮助别人克服困难，或是自觉自愿地多做工作。

7. 有效授权

团队领导使成员有渠道获得必要的技能和资源,团队政策和做法能够支持团队的工作目标。在团队中能够做到人人有职有权。

二、团队建设的阶段

团队建设的三项任务构成团队建设的系统工程。三个任务的完成呈现出一定的时间系列,形成团队建设完整过程的四个阶段:创建团队(组合阶段),逐步形成合作的基本规定或标准(过渡阶段),了解自己的角色与必须完成的任务(成长阶段),继续保持和发展团队优秀品质和优势(成熟阶段)。

在团队建设的过程中,贯穿始终的是团队的沟通、团队管理和团队领导。从组合团队的第一天开始,团队建设离不开良好的沟通、管理和领导。沟通、管理和领导的质量直接关系到团队建设的成效。

团队建设一般要经过以下四个阶段:

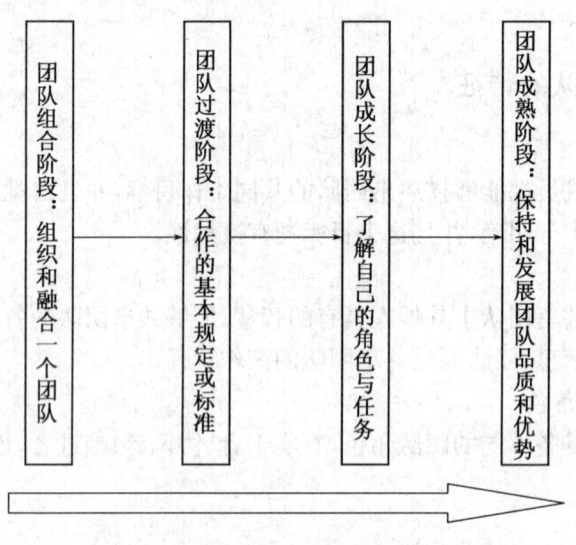

图 7-2 团队建设四个阶段的任务

1. 组合阶段

这个阶段其实是一种探索的阶段,其成员既很振奋,又有些迷茫。工作团队建立伊始,管理阶层所任命的正式监督者,仍会对团队的各种活动进行指挥与控制。按照现代团队的理念与模式进行教育与训练,逐渐地,这位监督者的职责会先被分派给某些团队成员,然后再分散至所有的成员身上。团队的成员必须解决属于自己团队中的问题,而监督者与团队领导者只负责提供技术方面的教授与训练,团队成员无法再依赖他们来解决问题。

2. 过渡阶段

团队逐步形成一些有关合作的基本规定或标准,团队工作人员的归属感越来越强,并以合作来取代竞争,沟通的门大开,而彼此之间的信任也逐渐加深。团队走出了相互敌对的状态,成员也开始注重彼此关系的维持,组织的生产能力有了提高。随着团队成员担负的与团队每日运作管理有关的职责越来越多,团队领导者的角色也逐渐由监督者变为协调者。团队的成员开始接管一些较为重要的管理工作,发展团队意识,解决团队内部的冲突,在无监督者指示的情况下做决定,并且从事一些改革政策、流程与执行例行工作方法相关的活动。

3. 成长阶段

随着团队建设的深入,团队信心大增,成员们了解了自己的角色与他们必须完成的任务。团队开始发展,并且利用建构好的流程与方式来进行沟通、化解冲突、分配资源、处理与其他团队的关系。在这个阶段中,团队领导者(或称协调者)脱离了团队,不再直接控制团队的活动。而团队成员则担负起制定例行决策的责任,根据不断积累起来的经验,他们能够正确地处理这些管理问题。

4. 成熟阶段

进入这一阶段,团队已经步入成熟。第一线的监督者角色也消失殆尽,团队成员完全负责团队的整个工作。除生产经营等基本工作职能外,他们还担负起那些较大范围的行政、财务、人事等工作,并且尽量不让外力介入的情况下,解决他们在技术与其他方面所遇到的问题。团队有很大的自主性,有较为完整的决策权,可以按着自己的意愿行事,高效地实现团队的目标。

在团队建设的整个过程中,贯穿始终的必不可少的组织要素是沟通、管理和领导。

三、建设高绩效团队的领导管理策略

(一) 保持团队的士气

1. 使团队成员愿意从事正在进行的工作

应以鼓舞人心的目标聚合团队的力量。领导者要与成员交谈沟通,向他们解释为什么要进行这个项目。人们只愿意做他们觉得值得做的事情,团队如果缺乏有意义的目标,就不会有高昂的士气。

2. 工作进程要稳定

正在进行的工作需要一个相对稳定的过程。如果过于频繁调整目标,就会使人们怀疑团队目标的价值和团队领导者的决策能力。一旦决定了的事情,不能轻易改变。

3. 尊重团队成员的个人生活空间

尊重团队成员的个人生活空间。每个人除了工作外都有自己的生活空间,个人只是部分地属于组织。应尽可能尊重个人的生活习惯;除了规定的上班时间外,尽可能不打乱工作时间以外的个人时间安排;让每个人感觉到团队是充分尊重个人的。

4. 分享成功的快乐

团队取得较大成功时,举行庆祝活动。庆祝成功的欢乐场面将感染每个人,增强团队成员的信心。

5. 面临特别困难时及时鼓舞士气

团队不免会遇到一些特别大的困难。这时,应召开团队会议,共同分析问题和困难,

交流可能的解决方法。团队的乐观者应起到鼓励人的作用。

【案例7-8】 松下为何不说"不"

日本松下电器总裁松下幸之助的领导风格以骂人出名，但是也以最会栽培人才而出名。

有一次，松下幸之助对他公司的一位部门经理说："我每天要做很多决定，并要批准他人的很多决定。实际上只有40%的决策是我真正认同的，余下的60%是我有所保留的，或者是我觉得过得去的。"

经理觉得很惊讶，假使松下不同意的事，大可一口否决就行了。

"你不可以对任何事都说不，对于那些你认为算是过得去的计划，你大可在实行过程中指导他们，使他们重新回到你所预期的轨迹。我想一个领导人有时应该接受他不喜欢的事，因为任何人都不喜欢被否定。"

(http://www.docin.com/p-55780488.html)

思考题：谈谈你对松下幸之助观点的看法。

(二) 提高团队情商

情商，是指在对自我和他人的情绪、情感认知、评估和分析的基础上，对情绪进行成熟的调节，使自己的行为方式和心理状态适应环境的一种调整适应能力。

团队的情商基础是成员个人的情商。但团队的情商不是每个成员情商的简单相加的和。团队成员在一起相处，相互影响，他们的个人情商融合在一起，交互作用，形成一个情商的综合效应——"情商场"。这个"情商场"对每个成员都有极大影响。例如，一个自我激励水平低落的人到了一个士气高涨、人人自我激励水平很高的团队里，自然会受到这个团队"情商场"的极大影响，从而提高自己的自我激励水平。反之，如果一个自我激励水平很高的人到了一个士气很低落的团队，也很快会丧失自己的工作动力。

提高团队情商需从个人情商和团队管理两个方面入手。

1. 提高个人情商

个人情商是构成团队"情商场"的要素。个人原来的气质和性格虽然决定了他的情商的基本状态，但气质和性格也是可以适当改变的。提高个人情商可以从以下几个方面着手：

(1) 有意识地磨炼自己控制情绪的能力，不轻易发脾气，遇事冷静。

(2) 树立乐观的生活和工作态度，增强自信。遇到困难不轻易放弃目标。

(3) 解除压抑心理。工作、生活压力给现代工作者造成很大的心理压力，一些人感到心理压抑。发现心理压抑时，要有意识地自我鼓励，或者找信任的同事、长辈倾诉，听取他们的意见。

(4) 严于律己，宽以待人。凡事理性思考、理性处理。对别人非原则的缺点不苛求指责。勇于承担工作责任，不诿过于人。

(5) 不自我封闭，增加与同事的人际沟通。

(6) 自我定位。对自己的长处和短处要有清醒的认识。对团队和组织对自己的要求和需要是什么也要有清醒的认识。知道自己在团队里该做什么，不该做什么。

(7) 以奉献为乐，以提携伙伴为乐。

(8) 对伙伴的需要保持敏感,耐心倾听伙伴的抱怨和诉苦。

【案例 7-9】 智商使人得以录用,而情商使人得以晋升

被誉为新泽西聪明工程师思想库的贝尔实验室的一位经理受命列出他手下工作绩效最佳的人。从他所列出的名单看,那些认为工作绩效最好的人不是具有最高智商的人,而是那些情绪传递得到回应的人。这表明,与在社会交往方面不灵、性格孤僻的天才相比,那些良好的合作者和善于与同事相处的员工更可能得到为达到自己的目标所需的合作。美国创造性领导研究中心的大卫·坎普尔及同事在研究"出轨的主管人员"(指昙花一现的主管人员)时发现,这些人所以失败不是因为技术上的无能,而是因为人际关系方面的缺陷。

(http://www.aierjf.com/newsshow.php? id=2797)

思考题:你认为工作中智商重要还是情商更重要?

2. 增加团队成员的情感交流机会

适当组织节假日的共同休闲和娱乐活动,增加团队成员交流情感的机会。在休闲和娱乐的时候,人们心情愉快放松,解除了工作压力,彼此交流情感更加容易。平时情感交流越多,人际的冲突管理就越容易。

(三) 处理团队的统一意志与成员个性的关系

团队的统一意志集中体现在团队统一目标和统一纪律两方面。目标是团队的方向,有了统一目标,大家的劲才能往一处使;团队纪律就像火车的轨道一样,成员有如一节节车厢,火车离不开轨道,而团队的活动离不开纪律。

团队目标和纪律是统一的,而成员之间的特长是不同的、相互补充的。每个人的特长发挥出来,集中起来,就成为一股超过个人功能简单相加的总和的系统功能。但系统功能毕竟依赖组成部分的功能的充分发挥。因此,团队的统一意志与成员个人的特长不是对立的。团队不仅不应压抑个人的特长,反而应当鼓励个人发挥特长。

【案例 7-10】 如何使成员个人发展与团队发展相结合

联想运动队和惠普运动队进行攀岩比赛。惠普队一开始就鼓舞士气,强调要齐心协力。联想队则在商议着怎样根据个人的特长分配成员的角色。联想队经过商议后,安排一个动作机灵的小个子首先攀岩,把女队员和身体壮实的安排在中间,最后的是具有独立攀岩能力的队员。最后联想队胜了惠普队。可见团队成员的特长和角色是互补的,必须发挥成员的个人特长。

(http://blog.china.alibaba.com/blog/dpdsjd.html)

思考题:在社会流动性和市场国际化程度高的社会中,团队成员很可能来自不同的社会和文化背景。你如何使团队可以适应成员的不同个性?

(四) 处理团队共同业绩与个人冒尖的关系

团队强调团队共同的业绩、成果,而共同的业绩是由每个人的表现点点滴滴汇合而成的。成员在工作过程中,可以看到自己的贡献体现在团队的共同业绩中,为共同的业绩而感到自豪,从中体会到个人工作的价值。

个人的表现差异是正常的,绝对一样是不可能的。其中少数有突出表现的拔尖人才对于团队的业绩起到关键的作用。比尔·盖茨多次说过:如果把微软公司顶尖的20个人挖走,微软就会变成无足轻重的公司。

【案例7-11】 冒尖的怎么没有了?

在一段时间里,某公司在培养销售团队的团队精神,业绩稳定上升,但原来有一两个员工业绩冒尖的现象却不再出现了。缘由是有的业务人员认为,如果自己做得太好,会不利于其他的同事。在不敢冒尖的观念支配下,最后自然是没有冒尖的"英雄"。

(http://www.du8.com/readfree/19/07936/3.html)

思考题:个人冒尖与团队共同进步是相互矛盾的吗?

团队需要在某方面表现突出的人才。团队工作过程中,常常会遇到极大的困难甚至是危机重重的关键时刻,这时不仅需要群体同心协力,也需要能够突破困境、化危机为机会的英雄。团队中的个人英雄对群体是一种极大的鼓舞,是一种榜样。没有个人英雄,团队在最困难的关键时刻难以打破停滞不前的局面。

所以对于团队中的冒尖人才和英雄,应当给予鼓励,但必须鼓励冒尖人才和英雄为团队目标做贡献。对于追求个人利益的个人主义"英雄"行为,则不应当鼓励。同时也应当鼓励冒尖人才帮助后进的成员。

对冒尖人才和团队的英雄奖励时,首先应当注意的是肯定团队整体的业绩,肯定团队的努力程度,然后才是肯定成员个人的优秀行为对团队的贡献。这样就表明了"团队第一、个人第二",团队精神也才能建立起来。

(五)处理团队内部合作与竞争的关系

合作能够"放大"个人的功能,竞争能够激发个人的潜能。可惜合作与竞争是一对矛盾,竞争可能削弱合作的意愿,而合作也可能削弱竞争的动机。怎样协调两者使之达到平衡,确实需要领导艺术。

团队强调成员相互协同合作。但是在一个团队活动中,有的成员不称职或不肯卖力,成为混在团队整体里的"南郭先生"。怎样消除"南郭先生"呢?无疑,团队内部需要适当的竞争。内部竞争可以是团队内小组之间的竞争,也可以是个人的竞争。但不论是哪种层次的竞争,都要注意处理好竞争与合作的关系。

1. 评价和奖励必须公平

竞争总是会分化出先进与落后或优与劣。为了区分优秀与差劣,管理上要求按照团队的标准和规范对各小组或个人的行为表现和业绩进行评价,但评价标准和程序必须是公平的,如果不能做到公平,就无法真正赏善惩恶,就会削弱团队的凝聚力。因此,评价的标准和程序必须尽可能公平,与此相应的报酬和奖励也应尽可能公平。

2. 应采取温情惩戒的方式

存在两种不同的惩戒方式。一种是严厉惩戒,对在竞争中不幸排在末尾的个人,没有情面可讲,立即淘汰出岗位。这种竞争是很激烈的,也是很残酷的,虽然竞争效果达到了,但凝聚力必将削弱,并不利于团队合作。

另一种惩戒方式是温情的,竞争的落后者不会被淘汰出局,而是得到善意的警告。假设竞争的奖惩是经济报酬的差别,如果报酬差别太大就可能引发各竞争单位的自我防卫机制,这时温情惩戒就转化为严厉惩戒。温情惩戒不是为了惩罚谁,而是要激励先进,警告后进。为了获得温情惩戒的良好效果,温情的惩戒方式要讲究一定的艺术性。

【案例7-12】 施乐公司的温情惩戒方式

美国复印机巨人施乐公司的某个销售区的小组竞争方式很有艺术性。每个月的月底,销售额最少的小组将得到象征落后的会旋转的面目滑稽可笑的玩具娃娃。在一个月内,这个玩具娃娃必须安放在"获奖"小组的办公台上,以示警告,直到下一轮的竞争失败者把它"夺走"。当然,没有人愿意保持这个象征落后的玩具娃娃,于是都勉力奋斗。施乐公司的这种温情竞争,不会伤和气,但又达到了竞争的目的。对于实在不愿为团队工作的懒惰者,当然应当淘汰出局。

(http://txt.duowan.com/chapter/47813_1718396.html)

思考题:请举出一个现实生活中温情惩戒方式的例子。

3. 鼓励先进帮后进

团队内的竞争,根本目的是为了整个团队能够前进。因此要鼓励先进单位帮助落后单位,对于帮助后进的单位和个人的行为要加以表彰和奖励。

在处理、平衡合作与竞争的关系时,我们仍然需要强调合作高于竞争。从总体上说,通向成功的途径是合作,而不是竞争。竞争是以胜过他人为目标。这与自己做得更好是有区别的。自己做得更好是超越自我,而竞争是超越他人。在团队内,胜利必须建立在"我们"的基础上,而不是"我超过同伙"的基础上。

(六) 处理附和与反对的关系

不论是团队或是一般的组织,当有一种主意或建议提出来后,可能有人反对,有人附和。反对与附和都是正常的组织行为过程所需要的。

如果任何意见提出后只有附和的声音,而没有任何反对的声音,就不是正常的组织行为方式,因为这说明组织内部存在一种"礼貌附和"现象。事实上,有不同想法而不说出来,藏在心里,相互之间难以真正沟通和交流,难以达成共识,对科学决策是不利的。

反之,如果任何意见一提出,就总是有人反对,也是不正常的,因为这可能是组织内部存在小团体冲突的迹象。小团体冲突往往脱离组织的目标和原则,这时意见的冲突不是根据是非来定夺支持还是反对,而是简单地反对对立的小团体,或者是从小团体的利益出发提出反对意见。

作为团队,对内部有人提出的意见,是采取附和还是反对立场,其原则是根据团队或者团队所在的整个组织的利益和目标来决定。既要反对无原则的"礼貌附和",也要反对出于小团体的利益进行的冲突。反对意见是需要的,有价值的,但这种反对必须是出于对组织利益、团队利益的忠诚的反对,而非出于一己私利的冲突。

愿意说话,表明成员对领导者宽容态度的信任,不愿说话,表明对领导者还不够信任。团队成员敢不敢说反对的意见,可以作为测定成员对领导者的信任程度的一个指标。

为鼓励"忠诚的反对",首先要求领导者大力提倡并且身体力行,以宽容的态度欢迎反对意见或不同的意见。其次,组织或团队要制定一套规则,从制度上保证人们愿意把心里话说出来。但制度是由人制定的,也会因人改变,因此,还需要第三种更稳定的力量来保障说话的权利。这第三种力量是民主的文化气氛。当民主的文化扎根于人心,人们普遍觉得不同意见就像人的面孔各不相同一样,都是很自然的时候,"忠诚的反对"才可能成为组织内部很平常的事情。

（七）处理平等沟通与使用权威的关系

团队的领导与团队普通成员是平等的关系，领导人把自己看作团队的一个成员。虽然分工不同，责任有大小，权力有大小，但在人格上是平等的。团队成员不因为责任和岗位的不同而有尊卑高下之分。

领导一个企业，包括充满团队精神的企业，仍然需要权威。没有权威，团队会成为一盘散沙。企业、团队需要权威，但又不能盲从权威，因为权威也会犯错误。普通员工中潜藏巨大的创新活力。许多创见可以来自基层员工。员工要尊重权威，而权威也需要尊重普通员工。权威与普通员工应平等沟通。仅让权威发言的团体不会长期保持活力。

为了避免犯错误，聪明的权威人物会认真听取普通员工的意见，并鼓励员工提出自己的见解。松下幸之助认为，在一个团体中，只要部属尊重上级的权威，而上级也能听取部属的意见，则一切都会顺利。

领导人如何平衡使用自己的两种权威？领导人怎样做到与下属平等沟通又不放弃自己的职权影响力呢？当自己没有定见时，听别人的话，许多领导人也许容易做到这点。难在第二种情况，即当与下属发生意见分歧时，领导人是否能够尊重甚至支持下属的意见。第三种情况是领导人自己有了坚定的想法，一般就会贯彻下去。

【案例 7－13】 柳传志与下属交往的三原则

联想集团总裁柳传志给我们提供了一个启发性的例子。柳传志说过："我跟下级交往，事情怎么决定有三个原则：同事提出的想法，我自己想不清楚，在这种情况下，肯定按照人家的想法做。当我和同事都有看法，分不清谁对谁错，发生争执的时候，我采取的办法是，按你说的做，但是，我要把我的忠告告诉你，最后要算总账，成与否要有个总结。你做对了，表扬你，承认你对，我再反思我当初为什么要那么做。你做错了，你得给我说明白，当初为什么不按我说的做，我的话，你为什么不认真考虑。第三种情况是，当我把事想清楚了，我就坚决地按照我想的做。"

（http://finance.sina.com.cn/roll/20030731/1750389054.shtml）

思考题：你怎么评价柳传志的三原则？

平等沟通与坚持领导权威，两者如何平衡，有时是比较难办的事情。柳传志的经验是值得我们借鉴的。他们并没有利用自己的权威轻易否决与自己有分歧的下属意见，如果自己还不是很理解的，则尊重下属提出的意见。

四、团队冲突的处理

团队冲突是指团队成员对于同一事物持有不同的态度与处理方法而产生的矛盾。团队冲突是团队发展过程中的一种普遍现象。美国管理协会进行的一项针对中层和高层管理人员的调查表明，管理者平均要花费 20% 的时间来处理冲突，可见，有效解决团队中的冲突问题至关重要。

（一）团队冲突的分类

团队冲突可以划分为角色冲突、人际冲突和团队冲突三类，每一类冲突均有各自独特的管理上的含义。

1. 角色冲突

角色冲突是指两人或更多的人之间由于所担负的角色不同而产生的不和谐。不同的角色依据其在团队中所处位置的不同,承担不同的职责和任务。每一种角色总是通过一组行为与其相联系。例如,工人被期望生产出更多、更好的产品,营销人员被期望开辟出新的市场空间。当某一团队成员被期望担负的角色与他实际所担负的角色不一致时,角色冲突就产生了。

2. 人际冲突

在存在两个或是更多人的情况下,每个个体之间也是有可能产生冲突的。

3. 团队冲突

团队冲突发生在不同的团队之间,其表现形式可能与人际冲突相似,但起因通常是不同的,即冲突原因更多的是来自团队的因素。由于团队冲突涉及人员更多,所以冲突的情形也更为复杂。

(二)团队冲突的过程

团队冲突可以分为五个阶段,如图7-3所示。

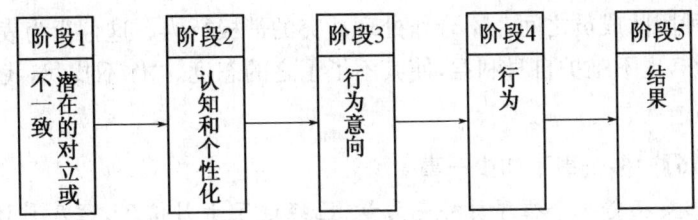

图7-3 冲突过程的五个阶段

1. 冲突过程第一阶段——潜在的对立或不一致阶段

潜在的对立或不一致是指团队中存在一些导致冲突的因素,虽然这些因素不一定就会直接导致冲突,但它们往往都潜伏在冲突的背后,成为冲突产生的"导火索"。

【案例7-14】 陈其的一次经历

才到A公司工作几个月的陈其遇到这样一个问题。他在出色完成了团队的任务后,本以为会得到主管的表扬,可是主管刘军却说:"小陈,你的工作方法是不是还有待改进?虽然按时完成了任务,但你的工作进度还是比其他部门慢。"陈其听后真是怒火中烧。其实,这位领导本想鼓励陈其继续工作,没想到由于自己的表达不当,导致了他们之间的冲突。

思考题:是什么原因导致了主管刘军和陈其之间的冲突?

2. 冲突过程第二阶段——认知和个性化阶段

认知是指矛盾的双方意识到冲突出现,感觉到冲突,而个性化的处理将决定冲突的性质,因为这时个人的情感已经介入其中。

比方说团队决定给某位团队成员加薪,这时其他成员中,有的人可能认为对自己没什么影响,无关紧要,把这个问题给淡化了,冲突就不会升级;而另外一个人不是这么看:团队总的工资是确定的,他加薪就意味着我的工资相对下降,不行,我得找领导说说。这样一来就可能带来冲突的升级。

3. 冲突过程第三阶段——行为意向阶段

行为意向阶段是指团队成员意识到冲突后,要根据自己对冲突的认识与判别,开始酝酿和确定自己在冲突中的行为策略和各种可能的冲突处理方式。一般团队成员所采取的方式有以下几种。

(1) 竞争

这是由于团队冲突的双方都采取独断行为所造成的,双方都站在各自的立场上,寻求自我利益的满足而不考虑他人,各不相让,"要么你们对了,要么我们错了",一定要分出个胜负和是非曲直来。

【案例 7 - 15】 该不该付款

由于客户坚持要求一次性付款,销售部的张经理到财务部要求马上提出货款 200 万元,而财务部的马经理说按照财务制度,高于 100 万元的款项,必须提前一周向财务部打报告。两人都认为自己是为公司争取利益,各不相让。

思考题:该不该付款?

(2) 回避

回避是一种团队成员之间互不合作处理冲突的消极行为。这种行为表现在对冲突双方采取既不合作,也不维护自身利益,使其不了了之的态度。"你不找我,我不找你",双方回避这件事情。

【案例 7 - 16】 多一事不如少一事

软件部提出要招聘几个程序员补充力量,已经过了十月份了,程序员还没有到岗,负责人张经理虽然一肚子气,但就是不找人力资源部,"管它呢!老总问起来再说吧。"人力资源部刘经理也采取多一事不如少一事的态度,不找张经理商量怎么招聘程序员。

(http://wenku.baidu.com/view/0c04dd8a6529647d2728520a.html)

思考题:你在生活中是否也曾经遇到这种事情呢?

(3) 迁就

团队冲突的双方中有一方高度合作,不独断,也就是说,只考虑对方的要求和利益,不考虑或牺牲自己的要求和利益;而另一方则是高度独断,不合作,也就是只考虑自己的利益,不考虑对方的要求和利益。

【案例 7 - 17】 不行就算了

后来,由于工作上的压力,张经理终于还是向人力资源部的刘经理询问招聘程序员的事情,但刘经理却说:"现在经济不景气,咱们公司名气不大,工资待遇又不高,程序员的招聘工作很不顺利呀!"张经理无奈地说:"实在招不到就算了。"

(http://wenku.baidu.com/view/0c04dd8a6529647d2728520a.html)

思考题:如果你是张经理,你会怎样处理?

(4) 妥协

妥协可以看作半积极意义的行为意向。具有这种行为意向的冲突双方都自愿放弃自己应得的一部分利益,以求事物的继续发展,双方也都共同承担后果。这种情形下,双方"你让三分,我让三分",双方都让出一部分要求和利益,但同时又保存了一部分要求和利益。

【案例 7-18】 如何用车

销售部和软件开发部都到行政部申请明天上午 9 点至 11 点派车,可是行政部只有一辆车可以外派,这时,销售部就与软件开发部商量,软件开发部做出一点牺牲,明天早上早一点,8 点至 10 点用车,销售部则 10 点至 12 点用车,牺牲一点自己中午休息的时间。

(http://wenku.baidu.com/view/0c04dd8a6529647d2728520a.html)

思考题:这种处理方式是否妥当?

(5) 合作

合作是一种积极行为意向。这种行为意向旨在通过与对方一起寻求解决问题的方法,进行互惠互利的双赢谈判来解决冲突。就是说冲突双方既考虑和维护自己的要求和利益,又要充分考虑和维护对方的要求和利益,并最终达成共识。

【案例 7-19】 小程该怎么办?

小程是某实验室的质量控制主管,有两名检验员先后找到他,就检验报告的递交程序提出不同的要求。检验员 A 建议把检验结果送给负责样品的生产部门领班,检验员 B 则要求将检验报告直接交给操作人员,以便尽快纠正。A 和 B 都是出色的员工,而且非常喜欢竞争,他们在这个问题上已经针锋相对地交换过意见,双方都有道理,无论采取谁的建议都会比目前的把报告递交给行政管理人员的做法好。小程可以采用下列做法:

① 独立地研究一下形势,确定谁是正确的,告诉他们两人执行决定。
② 等着瞧会发生什么事。
③ 让各人按自己的方式处理报告。
④ 要求他们制定出双方都能接受的解决方案,即让他们都做出一点让步。
⑤ 建议两人把各自的想法结合起来,以便双方都能达到自己的目标(把报告送给领班,复印件交给操作者)。

(http://www.wyfwgw.com/Article/6760_5.html)

思考题:假如你是小程,你会选择上述的哪种做法?

4. 冲突过程第四阶段——冲突出现阶段

冲突出现阶段是指冲突公开表现的阶段,也称行为阶段。进入此阶段后,不同团队冲突的主体在自己冲突行为意向的指导或影响下,正式做出一定的冲突行为来贯彻自己的意志,试图阻止或影响对方,努力实现自己的愿望。

这一阶段的出现,体现在冲突双方进行的说明、活动和态度上。此时,冲突的行为往往带有刺激性和对立性。

5. 冲突过程第五阶段——冲突结果阶段

冲突对团队会造成两种截然相反的结果。

(1) 积极的结果

这种冲突对实现团队目标是有帮助的,可以增强团队内部的凝聚力和团结性,调动员工的积极性,提供问题公开解决的渠道等,尤其是激发改革与创新。

（2）消极的结果

这种冲突会给团队带来一些消极的影响，如凝聚力降低、成员的努力偏离目标方向、组织资源被严重浪费等。更严重的是，如果不解决这种冲突，团队将会彻底瘫痪，甚至威胁到团队的存亡。

【案例 7-20】 团队冲突导致公司关闭

美国一家著名的律师事务公司倒闭，其原因只是因为 80 位合伙人不能和睦相处。一位法律顾问在解释时说："这个公司的合伙人之间有着原则性的差异，是不能调和的。这家公司没有经济上的问题，问题在于他们之间彼此相互憎恨。"可见，消极冲突的危害多么严重。

思考题：你能举一两个现实中的例子吗？

复习思考题

1. 什么是团队？团队的构成要素有哪些？
2. 一般工作群体和团队的区别是什么？
3. 团队有哪些类型？
4. 团队中有哪些角色？
5. 影响团队建设的障碍有哪些？
6. 高绩效团队的特征是什么？
7. 高绩效团队建设的策略有哪些？
8. 如何解决团队冲突？

管理定律

1. 华盛顿办事定律：团队合作不是人力的简单相加

【内容】

一个人敷衍了事，两个人互相推诿，三个人则永无成事之日。多少有点类似于我们"三个和尚"的故事。人与人的合作不是人力的简单相加，而是要复杂和微妙得多。在人与人的合作中，假定每个人的能力都为1，那么10个人的合作结果则有时比10大得多，有时甚至比1还要小。因为人不是静止的动物，而更像方向各异的能量，相互推动时自然事半功倍，相互抵触时则一事无成。我们传统的管理理论，对合作研究得并不多，最直观的反映就是，目前的大多数管理制度和行业都是致力于减少人力的无谓消耗，而非利用组织提高人的效能。换言之，不妨说管理的主要目的不是让每个人做到最好，而是避免内耗过多。

【启示】

我们必须坚持向管理要效益的方针，从建立管理制度入手，形成分工合理、职责明确、奖罚分明的管理机制；同时，不断提高员工整体素质，建立一个有利于人才竞争、有利于人才成长的舞台，形成尽可能揽天下英才为我所用的激励机制。

任何一个企业，不管是分工合作，还是职位升迁，抑或利益分配；不论其出发点是何其纯粹、公正,都会因为某些人的"主观因素"而变得扑朔迷离、纠缠不清。随着这些"主观因素"的渐渐蔓延,原本简单的上下级关系、同事关系都会变得复杂起来,办公室似乎每天都进行着一场场没有硝烟战火的较量。这就是"办公室政治"。

彻底解决"华盛顿合作定律"的问题,唯有创建高绩效团队的合作文化。

2. 蚁群效应:减掉工作流程中的多余

【内容】

蚂蚁的世界一直为人类学与社会学者所关注,它们的组织体系和快速灵活的运转能力始终是人类学习的楷模。蚂蚁有严格的组织分工和由此形成的组织框架,但它们的组织框架在具体的工作情景中有相当大的弹性。比如它们在工作场合的自主组织能力特别强,不需要任何领导人的监督就可以形成一个很好的团队而有条不紊地完成工作任务。

蚂蚁做事很讲流程,但它们对流程的认识是直接指向于工作效率的。比如,蚂蚁发现食物后,如果有两只蚂蚁,它们会分别走两条路线回到巢穴,边走边释放出一种它们自己才能识别的化学外激素做记号,先回到巢穴者会释放更重的气味,这样同伴就会走最近的路线去搬运食物。蚂蚁做事有分工,但它们的分工是有弹性的。一只蚂蚁搬食物往回走时,碰到下一只蚂蚁,会把食物交给它,自己再回头;碰到上游的蚂蚁时,将食物接过来,再交给下一只蚂蚁。蚂蚁要在哪个位置换手不一定,唯一固定的是起始点和目的地。

【启示】

"蚁群效应"的优势集中表现为:弹性——能够迅速根据环境变化进行调整;强韧——一个个体的弱势,并不影响整体的高效运作;自主组织——无须太多的自上而下的控制或管理,就能自我完成工作。蚁群效应无疑是现代企业在组织发展中所梦寐以求的。

3. 米格-25效应:整体能力大于个体能力之和

【内容】

苏联研制生产的米格-25喷气式战斗机,以其优越的性能而广受世界各国青睐,然而,众多飞机制造专家却惊奇地发现:米格-25战斗机所使用的许多零部件与美国战机相比要落后得多,而其整体作战性能达到甚至超过了美国等其他国家同期生产的战斗机。造成这种现象的原因是,米格公司在设计时从整体考虑,对各零部件进行了更为协调的组合设计,使该机在升降、速度、应激反应等诸方面反超美机而成为当时世界一流战机。这一因组合协调而产生的意想不到的效果,被后人称之为"米格-25效应"。

【启示】

事物的内部结构是否合理,对其整体功能的发挥关系很大。结构合理,会产生"整体大于部分之和"的功效;结构不合理,整体功能就会小于结构各部分功能相加之和,甚至出现负值。故要集思广益,重视不同个体的不同心理、情绪、智能,以及个人眼中所见、脑中所想的不同世界,吸收有益的东西,弥补各自的不足,整合资源,方能充分挖掘、激发整体协同效应。

人与人的合作不是人力的简单相加,而是要复杂和微妙得多,人与人很像方向各异的能量,相互推动时事半功倍,相互抵触时则一事无成。而团队很容易患上五种机能障碍:缺乏信任、惧怕冲突、欠缺投入、逃避责任、无视结果。这五种机能障碍并不是相互独立的,实际上它们会产生连锁反应,共同形成一个模式,这使得每一种障碍都可能成为团队的致命杀手。

> 延伸阅读

【材料一】

团队管理忌能人扎堆

在中国谈这个问题很有意味。

拿破仑曾经说过这样一句话:"狮子率领的兔子军远比兔子率领的狮子军作战能力强。"这句话一方面说明了主帅的重要性,另一方面还说明这样一个道理:智慧和能力相同或相近的人不能扎堆儿。

能人扎堆儿对企业发展不利。请看这样一个例子:三个能力高强的企业家合资创办了一家高新技术企业,并且分别担任董事长、总经理和常务副总经理的职位。一般人认为这家公司的业务一定会欣欣向荣,但结果却令人大失所望,这家企业非但没有赢利,反而是连年亏损,原因是不能协调,三个人都善决断,谁都想说了算,又都说了不算,最后啥事也没干成,管理层内耗导致企业严重亏损。这家公司隶属于某企业集团,总部发现这一情况后,马上召开紧急会议,研究对策,最后决定请这家公司的总经理退股,改到别家公司投资,同时也取消了他总经理的职位。有人猜测这家亏损的公司再经这一番撤资打击之后,一定会垮掉,没想到在留下的董事长和常务副总经理的齐心努力下,竟然发挥了公司最大的生产力,在短期内使生产和销售总额达到原来的两倍,不但把几年来的亏损弥补过来,并且连连创造出相当高的利润。而那位改投资别家企业的总经理,自担任董事长后,充分发挥自己的实力,表现出卓越的经营才能,也缔造了不俗的业绩。

这的确是一个值得研究的例子,三个都是一流的经营人才,可是搭配在一起却惨遭失败,而把其中一个人调开,分成两部分,反而获得成功,关键在人事协调上。习惯上,我们承认多数人的效益,因而有"集思广益"和"三个臭皮匠,胜过一个诸葛亮"的说法,认为采用一个人的智慧,不如综合多数人的意见。然而,每一个人都有他的智慧、思想和个性,如果意见不一或个性不投缘,往往容易产生对立和冲突,这样一来,力量就会被分散或抵消。一加一等于二,是尽人皆知的算术问题,可在用人上就不同了。配置得当,一加一可能等于三,等于四,甚至等于五;配置不当,人员失和,一加一可能等于零,也可能是个负数。

怎样使人员配置更加合理呢?一般地说,一个单位或一个部门的管理人员,最好不要都配备精明强干的人。道理很简单,假如把十个自认一流的优秀人才集中在一起做事,每个人都有其坚定的主张,那么十个人就会有十种主张,根本无法决断,计划也无法落实。但如果十个人中只有一两个才智出众,其余的人较为平凡,这些人就会心悦诚服地服从那一两位有才智者的领导,工作反而可以顺利开展。所以,经营者用人,不光要考虑其才能,更要注意人员的编组和配合。比如,一个部门有三个经理,他们平级而无主从,此时,最好的安排是:一个富有决断力,一个具有协调的本事,另一个擅长行政事务,由此可组成一个有头脑、善协调、有生机的领导集体。如果三个都擅长决断,意见相左时,势必各行其是,谁也不听谁的;如果三个都具有行政能力,遇事就难有人出来拍板,而陷于琐碎事物中;如果三个人都只有协调能力,既无人决策,也没人做实际工作,也干不成事。

让下属团结,是对用人者的一个基本要求。封建军阀安排人事总要故意树立对立面,其出发点是怕下属机构形成铁板一块,从而失去控制,这种"组阁"办法造成决策机构内耗和下属之间的同床异梦。这种"权术"万万不可用于企业,企业需要班子团结一致,同心同德。团结就是力量。如果一个企业出现多头马车而无所适从的情形,就应立即施行"手术",以减少内耗。当然,人员调配并不是一件容易的事,由于每个人都重视自己的意见和观点,相互排斥和对立的现象时时都会发生,而解决对立又能使公司高效率运转的最有效办法,就是在事前进行合理调配,别让能人扎堆儿。

(http://www.hqew.com/File/NewsHTML/20099/20099410323586361.htm)

【材料二】

虚拟团队

一、虚拟团队兴起的背景

虚拟团队的产生并非偶然,其快速发展更是为了应对全球化的需要,同时,先进的信息和通信技术为这种新型的组织形态的兴起和发展奠定了技术基础。

(一)经济全球化需要虚拟团队这种新型的组织形式

全球化的主要标志是全球性的客户、全球性的公司、全球性的工作,以及知识作为全球性的产品。随着全球化程度的日益加深,必然导致竞争的激烈性、环境的复杂性和组织的开放性。为了应对环境的快速变化,就要求出现虚拟团队这种新兴的组织形态。虚拟团队的大量涌现,不仅提高了组织的局部效率,而且从根本上改变了组织的构造和运作方式,提高了组织的整体运作效率。虚拟团队这种新兴的组织形式,能够满足全球化、组织间协作以及有效配置资源的需求。

(二)先进的信息和通信技术为虚拟团队的兴起和发展奠定了技术基础

虚拟团队是伴随着信息和通信技术的发展以及企业经营环境的相应变化而兴起和发展的。因为信息和通信技术为团队成员之间进行迅速、便捷的沟通提供了技术支撑,尤其是自20世纪90年代以来,计算机网络技术的蓬勃发展更是为虚拟团队这种新型组织的快速发展提供了技术平台,从而大大提高了虚拟团队成员之间的合作效率。同时,它也引起了生产方式、组织形式和管理模式的变革,从而促使组织结构和组织行为必须发生相应的变革,这在客观上要求虚拟团队这种新型组织快速发展以适应这一要求。

计算机网络技术之所以能够对个人、团队和整个社会生产深远的影响,主要是因为网络具有三个特点:一是相对打破了人们沟通上的时间和空间障碍,有助于来自不同职能、不同部门、不同地域范围的知识工人进行有效的协调和沟通;二是网络世界是一个"比特"世界,通过网络传送的信息都是经过数字化、编码化的,可以做到无成本或者低成本复制,而完全满足用户的需要;三是最大地改善了信息不对称状态,极大地提高了社会资源的配置效率,有利于实现帕累托改进。这些特点使得虚拟团队跨越时间、空间或组织边界的合作成为可能。充分发挥虚拟团队的成本优势,并大大提高虚拟团队的沟通效率和效果。

由此可见，先进的信息和通信技术不仅为虚拟团队的兴起和发展奠定了技术基础，而且进一步促进虚拟团队这种新型组织的快速发展。

二、虚拟团队的优势

（一）人才优势

现代通信与信息技术的使用大大缩短了世界各地的距离，区位不再成为直接影响人们工作与生活地点的因素，这就大大拓宽了组织的人才来源渠道。组织可以动态地集聚和利用世界各地的人才资源，这为获得通常很难招聘到的具有专业技能的人才创造了条件，同时也减少了关键人才的流失。

（二）信息优势

虚拟团队成员来源区域广泛，能够充分获取世界各地的技术、知识、产品信息资源，这为保持产品的先进性奠定了基础。同时，成员可以采集各地顾客的相应信息，反映顾客的需求，并能及时解决客户的相关问题，从而能够全面地了解顾客，有利于组织尽快设计和开发出满足顾客需求的产品和服务，建立起良好的顾客关系。

（三）竞争优势

虚拟团队集聚世界各地的优秀人才，他们在各自的领域内都具有知识结构优势，众多单项优势的联合，必然形成强大的竞争优势。同时，通过知识共享、信息共享、技术手段共享等，优秀成员好的经验、灵感能够很快在数字化管理网络内得以推广，实现优势互补和有效合作。网络内良好的知识采集、筛选、整理、分析的工具和机制，使众多不同渠道的零散知识可以迅速整合为系统的集体智慧，转化为竞争优势。

（四）效率优势

团队是高效组织应付环境变化的有效手段之一，而虚拟团队利用最新的网络、邮件、移动电话、可视电话会议等技术实现基本的沟通，在技术上的诱惑力更是显而易见的，团队成员之间可以及时地进行信息交流，防止信息滞留，从而缩短了信息沟通和交流所用的时间，确保及时做出相对正确的决策。

（五）成本优势

虚拟团队打破了组织的界线，使得组织可以大量利用外部人力资源条件，而减轻了组织内部人工成本压力。在此基础上，组织可以大力精简机构，重新设计组织构架，使人员朝有利于组织发展的方向流动，促使组织结构扁平化。此外，团队柔性的工作模式减少了成员的办公费用、为聚集开会而支付的旅行费用等，也减少了重新安置员工的费用，从而降低了管理成本。

虚拟团队和实体团队比较分析一览表

	实体团队	虚拟团队
组织结构	垂直化	扁平化
沟通网络结构形式	轮型	全通道型
对信息和通信技术的依赖程度	较弱	极强

(续表)

	实体团队	虚拟团队
主要基础设施	固定资产	硬件、软件
沟通方式	主要是面对面进行沟通	主要是通过电子方式进行沟通(如电子邮件、语音邮件、视听会议等)
边界	未跨越时间、空间和组织的边界	跨越时间、空间或组织的边界
信息和知识	不共享	共享(通过共享数据库)
文化和教育背景	相同或互补的文化和教育背景	不同的文化和教育背景
管理方式	管理者通过对任务的进程进行监控,从而提高对客户需求做出迅速反应的能力	管理者通过对成员进行指导和培训,充分授权,从而提高对客户需求做出迅速反应的能力
作业流程	串行	并行
反应速度	迟缓	迅速
报告关系	单一报告关系	多重报告关系
办公场所	集中	分散
工作模式	刚性	柔性
成员结构	来自组织内部	来自组织内部或者外部(例如客户、合作伙伴、供应商、竞争对手等)
成员关系	固定	流动
成员的邻近程度	地理位置接近	地理位置分散
内容与形式	形式重于内容	内容重于形式

(何瑛编著《虚拟团队管理》,经济管理出版社,2003年版。)

自我测试

你是一位优秀的团队领导吗?

说明

1. 领导艺术是经营管理技能的一个重要方面,它直接影响着团队领导的管理行为及管理效应。请做下列试题,自测一下。假如题中所出现的情况对你来说尚未发生过,则按你将来会处理那些问题时的方法去选择。

2. 本测试由一系列陈述语句组成,请根据你的实际情况,选择最符合自己特征的描述。

3. 在选择时请根据自己的第一反应回答,不要做过多的思考。

4. 每道题目只回答一项符合你实际情况的,请在答案前的字母上画"√"。

如果你对这个测试的规则已经明白,请开始答题。
1. 在下列三种职业中,你最喜欢哪一种?
   A. 做某种组织的发言人
   B. 做某个组织的领导
   C. 做某支军队的指挥官
2. 你认为权力下放有何益处?
   A. 有利于提高个人能力
   B. 可以让上级领导集中精力于高层管理
   C. 减轻上级领导的工作负担
3. 当你做出某项与下属的工作密切相关的决定时,你是否事先征求了他们的意见?
   A. 是的,因为我一贯重视下属的意见
   B. 我不认为管理者有权作决定
   C. 不一定,要看我是否有时间
4. 你授予下属多大权限?是否希望他们:
   A. 先斩后奏
   B. 每做重要决定时都征求你的意见
   C. 由下属自行决定是否征求你的意见
5. 你希望下属参与制订工作计划吗?
   A. 不,因为他们只会劝告我把指标定得低低的
   B. 是的,因为这样才能使他们发扬奉献精神,努力完成任务
   C. 有时候,但重大项目除外
6. 如果某位下属在完成一项艰巨任务的过程中表现出色,你是否:
   A. 立即向他祝贺
   B. 不加评论,避免他趁机要求加薪
   C. 遇到他顺便赞扬几句
7. 如果某位一向表现不错的员工突然走下坡路,你是否:
   A. 尽快与他促膝谈心,找出问题所在
   B. 态度强硬地威胁他,逼他改正
   C. 上报人事部门,请他们去调查
8. 如果你将向全体下属员工宣布一项重要的新措施,是否:
   A. 发一份简报,将新措施方案刊载其中
   B. 安排一位助手去向大家解释
   C. 召开一次会议,向每位下属解释新方案
9. 如果某位下属因未获提升而情绪低落,你是否:
   A. 告诉他那个职位本来就不适合他
   B. 教他改进的方法,以便在下次提升时脱颖而出
   C. 劝他别伤心,谁都会有挫折
10. 如果你对某位下属提出的过激方案不感兴趣,是否:

A. 指出这个方案的缺陷,同时鼓励他重新考虑新方案
B. 告诉他这个方案不合适,成本太高,不实用
C. 表示你将认真考虑他的意见,随后却丢进档案柜

评分标准:
1. 选择A得0分,B得10分,C得5分。
2. 选择A得0分,B得5分,C得10分。
3. 选择A得10分,B得0分,C得5分。
4. 选择A得5分,B得0分,C得10分。
5. 选择A得0分,B得10分,C得5分。
6. 选择A得10分,B得0分,C得5分。
7. 选择A得10分,B得0分,C得5分。
8. 选择A得5分,B得0分,C得10分。
9. 选择A得0分,B得10分,C得5分。
10. 选择A得10分,B得5分,C得0分。

结果分析:

80~100分:你是一位出色的领导,很善于调动下属的积极性,使他们发挥自己的最大潜力,你领导的团队一定气氛融洽,每一位团队成员都富有朝气和干劲;

55~75分:你能正确认识经营管理的职责,不过有时还不够大胆,不能充分认识经营者的职责,不能充分相信群众;

25~50分:你的保守束缚着下属的发展;你不仅需要增强自信心,也需要增强别人的自信心;

0~20分:你的经营管理素质还需要大幅度地提高。

(孟汉青等编著《团队建设操作实务》,河南人民出版社,2002年版。)

案例分析

曙光医疗设备公司问题出在哪?

曙光医疗设备公司是一家大型国有企业,公司主要产品是X光机等大型医疗设备。公司上市后迅速组建新的领导班子。这一天会议的主要议题是检查销售的进展情况及缩减生产成本。出席会议的除了以上六位以外,还有公司董事长。

财务经理首先介绍了本年度计划完成情况,他认为目前的担心是本年度销售额预计会减少1.5个亿,这将是公司40年历史上首次完不成年度财务目标,而且更严重的后果将是造成公司流动资金周转困难。因此,这次会议的主要目的:一是看能不能督促营销部门努力完成年度销售计划,二是争取让生产部门降低成本。在公司财务经理汇报完了以上情况之后,公司总经理讲了完成今年销售计划对公司的重要性。"我们不仅需要这笔钱来实现我们今后的发展计划,而且由于我们是上市公司,必须保持公司财务状况的稳定性。因此,我们一方面要力争完成今年的销售计划,另一方面要压缩所有可有可无的开

支。下面请大家讨论一下,有什么困难没有?"

北方区营销总经理说:"困难很大。大家知道,今年的经济危机已经对国内市场产生了严重影响,现在国内需求严重不足,这是导致我们营销任务难以完成的最重要因素。其次、我们营销部门所得到的支持太少了。例如,不管生产部门生产的质量好坏,我们都要销售出去,这有些太难为我们的销售人员了。"总经理接着提出一些建议,但北方区营销总经理都认为不可行。最后,经过施加压力,北方区营销总经理许诺可以填补上 1.5 亿缺口中的 5 000 万,再多就不行了。

西南区营销总经理,他好像在西南地区遇到了较大的阻力,那个地区是本公司产品与其他公司产品竞争更激烈的地区,所以公司主要把最新开发的一些新产品拿到那儿去销售。西南区营销总经理不肯承诺增加任何销售额,他唯一的回答是回去后与下属商量后再回答。会议气氛愈来愈凝重了。矛头于是转向了最后一个地区张智武所在的东南区,这是一个在去年销售中取得了不错业绩的地区。

谈话又持续了十几分钟,直到董事长也施加了一些压力,东南区营销总经理才肯答应再增加 5 000 万。可是上午的时间快完了,任务还远未完成。接着又进行了下一个议题,但是生产部总经理却对削减生产费用产生了很大意见。会议最后终于不欢而散了。这种情况在公司已经司空见惯。董事长一开始以为是新班子需要磨合呢,可是他们已经干了大半年,还是这样,而且情况好像有继续恶化的趋势。

这个领导班子究竟发生了什么问题?

是什么造成这个班子无法成功地解决问题呢?很显然,领导班子的成员在相互拆台,各地区总经理都在尽力保护自己的地盘,强调开拓新业务的困难而不是它所带来的机会,而且他们不愿相互合作。事实上,他们是站在总经理与财务经理的对立面上;后者越是压他们,他们越是反抗;但他们越是抵制,总经理越是不放。这肯定不是一个有效班子的办事方式。

为什么会出现这种情况呢?是不是因为这个班子是一群眼光短浅、害怕承担责任的人呢?也许并非如此。这种情况与其说是反映了个人的缺点,倒不如说该领导班子作为一个团队在运作方面存在着诸多问题。这些问题是在每个团队中都有可能发生的,它们大多表现为以下几个方面。

首先,班子的运转方式像是个"临时性联合体"。班子成员将他们的首要职责界定为代表各自的部门,而不是投身于共同的事业。他们更像是一个各自独立而非合作的各个部分的联合体,而不是一个统一的整体。对公司总体好坏负责任的似乎只有总经理一个人。

其次,解决问题的过程处置不当。具体地说,他们没人找出问题所在,就急不可待地抓住一个解决办法并力图付诸实施。

再次,未按一个领导班子或团队应有的方式和规范审议和处理问题。尽管每个成员私下都指责相互拆台的行事方式,但在班子中这种行为既没有被提出也没有受到重视。班子成员没能分析一下他们自己的行为准则能否行得通。所起的作用是否得当以及活动方式是否像是一个决策群体。

因此,在这种团队中,在重大决策上各人都存在着严重的"本位主义",企业决策迟缓,会议桌上充满了相互指责,公司的内部斗争日益复杂、企业管理工作即将陷入瘫痪状态。企业遇到以上问题应该怎么办呢?

曙光医疗设备公司的董事长找了一家咨询公司,组成专家组深入该公司进行调查,发现了问题实质所在,于是就向曙光医疗设备公司推荐了团队建设活动。在咨询公司的精心策划下,班子成员参加了一系列团队建设活动,通过这些活动,他们掌握了沟通技巧、明确了高层管理者的角色作用、树立了工作规范、强化了集体决策意识、缓解了心理压力,最终使企业管理工作步入正轨,公司当年的销售额也基本完成了。事后,董事长高兴地说:"过去,他们开会时,总是争吵。有事都直接来找我。现在,大家在会议上都能站到公司整体上去看了,遇到事情也都知道自己先去讨论和协调解决了,相互间支持性言行越来越多。现在,我可以真正脱身去干自己该干的事了。真没想到团队建设的作用有这么大。"

(http://press.idoican.com.cn/detail/articles/20100224129A056/)

问题:

1. 看了本案例,你有什么想法?请简单做一评述。
2. 一个好的企业中需要有竞争和合作的平衡,就此而言,你认为总经理和财务经理的工作方法上是否有问题,有什么问题?
3. 团队在企业中的作用是很重要的,针对本案例谈一下你对成功团队建设的见解。
4. 根据所学知识,结合上述案例,你觉得应如何建立有效的团队?

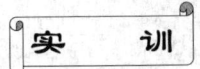

实 训

【内容一】

穿越雷区

游戏程序

1. 选一块宽阔平整的游戏场地。
2. 安排不想参加游戏的人做监护员。当参加游戏的人较多时,游戏场地会变得非常喧闹。这是一个有利因素,因为这会使穿越地雷阵的人无所适从,难以分清听到的指令是来自自己的同伴,还是来自其他小组的人。
3. 让每个队员找一个搭档。
4. 给每对搭档发一块蒙眼布,每对搭档中有一个人要被蒙上眼睛。
5. 眼睛都蒙好之后,就可以开始布置地雷阵了。把两根绳子平行放在地上,绳距约为 10 米。这两根绳子标志着地雷阵的起点和终点。
6. 在两绳之间尽量多地铺上一些报纸(或是硬纸板、胶合板等)代表地雷阵。
7. 被蒙上了眼睛的队员在同伴的牵引下,走到地雷阵的起点处,挨着起点站好。他的同伴后退到他身后两米处。
8. 致游戏开场白,开场白示例如下:

几天前,你和你的同伴因叛乱而被捕,被一起关在一间牢房里。黎明前。你的同伴侥幸逃了出去。可糟糕的是,他非常不熟悉牢房外面的情况。这是一个没有月亮的夜晚,外面一片漆黑,伸手不见五指。为了逃离危险,你的同伴必须穿过一个地雷阵。你很清楚地雷阵的布局和每个地雷的位置。可是你的同伴不知道,你需要以喊话的方式,在他穿越的时候为他指引方向。如果你的同伴在穿越的过程中碰到或撞到了地雷阵中的其他人,他必须静止30秒后方可移动。如果他不小心碰了"地雷",那么一切就都结束了,你们小组将被淘汰出局。天很快就要亮了,你的同伴必须尽快穿过地雷阵。一旦天亮,哨兵就会发现地雷阵中的人,并开枪将他们击毙。赶快开始行动吧!祝你们好运!

9. 游戏结束后,安排学生进行讨论,讨论问题可参考:

哪个小组率先通过了地雷阵?

做完了这个游戏,大家感受如何?

你的同伴能做到指令清晰吗?

游戏过程中遇到了什么问题?

如何将这个游戏和我们的实际工作联系起来?

<u>游戏规则</u>

1. 人数至少12人,越多越好。
2. 游戏时间为15~30分钟。

<u>注意事项</u>

1. 这个游戏也可以在室内进行,可以使用胶带来标记地雷阵的起点和终点。
2. 可以使用诸如拼图板、捕鼠器之类的物品来代表地雷。
3. 留意那些被蒙住了眼睛的人,他们不知道自己会走到哪里去。

【内容二】

辩论赛

1. 辩题:团队建设更注重共性还是个性?
2. 以自愿为原则,8~10人组成一组,分为两组。
3. 选出1位同学做主持人,再选出6位同学和老师组成评委团,其他同学组成观众。
4. 评委给出分数后,班级同学之间组织一次交流。
5. 就辩题写一份个人对团队建设的感想,不少于800字。

【内容三】

团队建设体验

每个模拟公司在分析现有基础的情况下,制订一份团队建设方案,其中可包括团队精神的设计及建立、团队成员的角色安排以及冲突的解决方案等。各模拟公司之间进行交流,并对如何建设一个高绩效团队的问题进行探讨。

第八章 目标管理能力

⁂ 重点知识要求 ⁂

- 了解目标管理的含义
- 了解目标管理的类型
- 了解绩效评估的障碍
- 熟悉目标管理的实施与运用
- 掌握 SMART 原则和 SWOT 分析法

⁂ 重点能力要求 ⁂

- 培养制定目标的能力
- 培养运用目标管理方法管理自己学习和工作的能力

导入案例

> 印度国王哈里什和儿子打猎途经一个城镇,空地上有三个泥瓦匠正在工作。哈里什国王问那几个匠人在做什么。
> 第一个工人粗暴地说:"我在垒砖头。"
> 第二个工人有气无力地说:"我在砌一堵墙。"
> 但是第三个泥瓦匠热情洋溢、充满自豪地回答说:"我在建一座宏伟的宫殿!"
> 哈里什国王回到皇宫后,立刻召见了第三个泥瓦匠,并给了他一个总督的职位。国王的儿子不明白,父亲为什么这样欣赏第三个工匠?
> "一个人有多成功,最终是由他做事的目标和态度决定的,"哈里什国王回答说:"目标是人前进的动力,有了目标才会有克服困难的动力。"
> 这三个泥瓦匠若是在现代,第一个泥瓦匠仍然只是会"垒砖头",第二个人可能成为一个工程师。第三个人会拿着图纸指指点点,因为他是前面两个人的老板。
> (http://book.qq.com/s/book/0/2/2902/35.shtml)
> 思考题:你认为在一个组织中,目标的设计有必要吗?

目标是一个组织各项管理活动所指向的终点。每一个组织都有自己的目标。尽管不同的组织有不同的目标,但有一点是共同的,那就是追求效率。如果一个组织不能始终做到这一点,就会丧失自己的存在价值。但究竟什么是目标管理呢?

第一节 目标管理概述

一、目标管理的概念

目标管理是以目标的设置和分解、目标的实施及完成情况的检查、奖惩为手段,通过组织中的上级和下级一起共同制定组织的目标,并由此决定上下级的责任和分目标,然后把这些目标作为经营、评估、奖励每个单位和个人贡献的标准的一种管理方法。

一般来说,目标管理包括以下四个方面的特点。

(1) 组织目标是共同协商的,而不是上级下达指标,下级提出保证。

在传统管理中,组织目标的制定是组织中最高管理者的特权,下级管理者和一般职工只有执行的义务,目标的制定和目标的执行是相分离的。目标管理则强调目标的制定要由上下级共同协商制定,目标的制定方式是"由上而下"和"由下而上"的结合,目标的执行也是上下级共同努力的结果。

(2) 根据组织的总目标决定每个部门和个人的任务、责任及应达到的分目标。

下级的目标必须与上级的目标一致,而且必须是根据上一级的目标分解而来的。所有的下级目标合并起来应等于或大于上一级的目标。需要注意的是,目标的一致并不是十分容易的事情,因为在目标向下分解的过程中,有可能出现目标的错位、变形、偏离。

(3) 通过反馈和指导,确保一切活动都围绕既定目标展开。

没有反馈和指导就没有目标管理。反馈就是将下属的工作状况与设定的目标进行比较,并将比较的结果告诉下属,使下属自己纠正偏离的行为。指导就是上级帮助下属提高工作能力及在工作中指明前进的方向。

目标管理过程中,上级在下属实现目标的过程中不再是下命令、做指示,而是劝告、指导、建议。

(4) 将目标作为对部门和个人的考核依据。

以目标作为考核各级人员的标准和依据。传统的绩效考核主要是以被考核对象的品质、态度等为依据来进行,考核是上级单方面的权利,下级并无发言权;目标管理则强调考核要以工作实绩为依据,职工自己首先对照目标进行业绩的自我检查,然后上下级共同确定考核结果,并以此作为奖惩的依据。

二、目标管理的意义

1. 导向作用

目标管理的导向作用,也就是为组织的管理工作指明方向。从某种意义上说,管理是一个为了达到同一目标而协调集体所做努力的过程,如果不是为了实现一定的目标,就无须管理。组织目标对组织活动具有导向作用,为管理指明了方向。

2. 凝聚作用

组织是一个社会协作系统,必须有凝聚力。组织凝聚力的大小受到多种因素的影响,其中的一个因素就是组织目标。当组织目标充分体现了组织成员的共同利益,并能够与组织成员的个人目标取得最大程度的和谐一致时,就能够极大地激发组织成员的工作热情、献身精神和创造力。如果组织能确立科学有效的总目标,然后进行层层分解,在工作中各单位及相关人员根据总目标要求,进行合理调整,就可以知道本部门的工作定位,合理安排自己的进度,同时也可以有效地与其他部门配合,从而产生组织目标的凝聚作用。

3. 激励作用

组织目标的激励作用主要体现在提供鼓舞、支撑和满足感等方面。组织目标设定之后,该目标就可以成为员工自我激励引导的标准。一方面个人只有明确了目标,才能调动起潜在能力,创造出最佳成绩;另一方面个人只有达到了目标后,才会产生成就感和满意感。组织目标也可以成为组织团队激励的基础,激发员工的合作意识。组织确立目标之后,就使组织团队成员有所遵循,当所有的团队成员皆在同一目标下共同工作时,团队的凝聚力必然加强,就会产生团队激励的效果,培养团队成员的合作意识与团队精神。

4. 考核评价作用

组织目标为单位、个人工作绩效的考评提供正确的标准和准绳。大量管理实践表明,以上级的主观印象和对下级成员人员的价值判断作为对员工绩效的考核依据是不客观、不科学的,因而不利于调动员工积极性。正确的方法应当是根据明确的目标进行考核。当工作完成后,有关人员即可依据原定目标加以考核,看其工作成果是否与原定目标相符。这种考核比较客观公正,考核结果也较具有可靠性和说服力。

三、目标管理的过程

目标管理是通过目标网络,层层分解下达目标,使任务到人、责任到岗的一种管理方法;目标管理中的目标不是上级强加的,而是由员工和下属部门在上级的协助下自己制定的;目标的完成是员工自我管理的结果,上级只通过和员工一起协商制定的标准来检查、控制目标的完成情况;目标管理的核心是让员工自己当老板,自己管理自己。

因此,目标管理的工作过程包括以下五个程序。

1. 制定目标

制定目标包括制定组织的总目标、部门目标和个人目标,同时要制定达到目标的标准,以及达到目标的方法和完成这些目标所需要的条件等多方面的内容。

2. 目标分解

建立企业的目标网络,形成目标体系,通过目标体系把各个部门的目标信息显示出来,就像看地图一样,任何人一看目标网络图就知道工作目标是什么,遇到问题时需要哪个部门支持。

3. 目标实施

要经常检查和控制目标的执行情况和完成情况,看看在实施过程中有没有出现偏差。

4. 检查实施结果及奖惩

对目标按照制定的标准进行考核,目标完成的质量可以与个人的升迁、报酬等挂钩。

5. 信息反馈及处理

在考核之前,还有一个很重要的问题,即在进行目标实施控制的过程中,会出现一些不可预测的问题。如:目标是年初制定的,年尾发生了亚洲金融危机,那么年初制定的目标就不能实现。因此在进行考核时,要根据实际情况对目标进行调整和反馈。

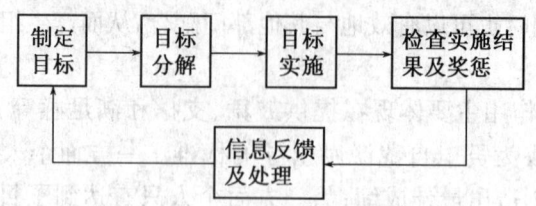

图8-1 目标管理流程图

四、目标管理的类型

从最终目的进行分类,目标管理可以分为"提高业绩型"目标管理和"提高个人能力型"目标管理两种。

(一)提高业绩型目标管理

提高业绩型目标管理是根据组织的结构体系,采用自上而下的方式,通过逐级分层制定目标,形成上下贯通、左右呼应的目标链锁,保证组织的任务分解到人,责任到人,从而共同实现业绩提高的一种目标管理方式。

【案例8-1】 金得利公司的目标管理改革

金得利糖果公司是一家生产销售中式糖果的企业,随着西风东渐,他们发现我国人民的嗜好已经发生了改变,光靠经营中式糖果无法实现公司的长期发展计划。为此,公司决定明年新增西式糖果业务,并通知全公司所有部门和员工做好准备。于是,技术部研究了现行设备和技术,对需要新添的设备和技术做了调查;销售部调查了市场,讨论了现行营销体系的优缺点;财务部对资金状况摸了底。年底总经理签发了明年西式糖果经营总目标,各单位根据总目标制定了各自的小目标,并将小目标分配给基层单位和员工,依此类推,形成了一个目标体系。

(http://www.xingkoo.com/view_info/view_info-4973.html)

思考题:你认为提高业绩型目标管理要遵循哪些步骤?

(二)提高个人能力型目标管理

提高个人能力型目标管理是通过目标刺激和诱导员工发挥自身潜能,充分发挥员工自主性与创造性,提高工作能力,更好地为组织目标而努力,与此同时个人能力也得到进一步开发。

与提高业绩型目标管理相比,提高个人能力型目标管理的重点是提高个人能力,目的是通过提高员工个人能力来改进工作,进而为组织的目标服务。

【案例8-2】 武汉商业银行的目标管理改革

武汉商业银行发现柜台营业员的服务态度对提高客户存款额至关重要,因此决定改进服务。他们将营业员召集在一起,讨论目前柜台服务存在的问题。之后,总部对讨论结果进行整理和补充后发放给每一个营业员,要求对症下药,制订出改进自身服务的个人计划并上报领导,由领导对个人计划提出意见后返给员工。在考虑领导意见后,员工制定正式的个人微笑服务目标,经上级核批后正式执行。

(http://wenku.baidu.com/view/31fe8c116c175f0e7cd13776.html)

思考题:你能否对自己进行提高个人能力的目标管理?

第二节　目标的制定和分解

一、目标的设置

目标管理的第一阶段是确定总目标。组织的总目标关系到整个组织的成败,总目标不对,具体目标实施再好,也补偿不了总目标偏离带来的损失。总目标一般是指在一定时期内(一般为一年)组织活动的期望成果,是组织使命在一定时期内的具体化。由于组织活动是个体活动的有机叠加,因此只有每个员工、各部门的工作对组织活动做出期望的贡献,组织目标才可能实现。所以,如何使全体员工、各个部门积极主动、想方设法为组织的总目标努力工作是管理活动有效性的关键。这一阶段可以分为以下三个步骤。

(一) 准备工作

制定目标,首先要做好充分的准备。准备工作要紧紧围绕制定目标的依据进行,概括起来有两点:一是在制定目标之前,要从本单位的具体情况出发,既看到优势,又看到劣势,既看到潜力,又看到困难,才能做到心中有数,扬长避短,充分利用现有资源,挖掘自身潜力,从而制定出既先进又可行的目标。二是还要考虑单位的外部环境因素。环境是系统赖以存在的条件,它制约着管理系统的结构和功能。只有对外部环境因素做深入广泛的了解,全面掌握信息,正确认识形势,才能做到知己知彼。

【案例8-3】　鲸鱼搁浅报道的正解

我们时常听到关于不少鲸鱼搁浅海滩的报道,有些新闻说是这些鲸鱼在集体自杀,并对它们自杀的原因感到困惑。鲸鱼研究专家在对鲸鱼进行跟踪研究的过程中发现,它们之所以被搁置在海滩甚至暴死滩头,是因为它们追逐沙丁鱼的缘故,是这些微小的沙丁鱼群将这些庞大的鲸鱼引入死亡的歧途。现代管理学者认为,鲸鱼是因为追逐眼前的小利而死亡的,他们经不起蝇头小利的诱惑,将自己巨大的潜能和力量耗费在没有多少意义的小事情上,结果葬送了自己的生命。可见,不论动物的体型、种类,如果目标选得不好,结局是一样的悲惨。

(http://www.jobcn.com/hr/News_content.jsp?ID=161889)

思考题:通过这个案例,你认为目标的设定在目标管理中处于什么地位?

(二) 提出目标

在做好准备工作的基础上,可以先提出初步设想。目标设想提出后,要拿到下面广泛征求意见,提交各级、各部门酝酿讨论,征求下级的意见。组织全体成员共同参与目标的制定,可以使上下级之间了解相互的期望,使下级充分理解组织目标进而认同制定的目标,从而最大限度地调动下属的工作热情和积极性。在征求意见的过程中,可能会引起很多争议,同时也可能会收到很多批评和建议。最后,对各种意见进行归纳整理,并依此提出目标的初步方案。

【案例8-4】 王总的目标管理法

北方公司王总经理在一次管理技能培训中学习到一些目标管理的知识。他对于这种理论逻辑上的简单清晰及其预期的收益印象非常深刻。因此,他决定在公司内部实施这种管理方法。首先,他需要为公司的各部门制定工作目标。王总认为:由于各部门的目标决定了整个公司的业绩,因此应该由他本人为他们确定较高目标。

确定了目标之后,他就把目标下发给各部门的负责人,要求他们如期完成,并口头通知在计划完成后他要组织人员亲自对落实情况进行考核和奖惩。但是他没有想到的是中层经理在收到任务书的第二天,就集体上书表示无法接受这些目标,致使目标管理方案无法顺利实施。王总感到很困惑。

(郑立梅主编《管理学基础》,清华大学出版社,2006年版)

思考题:王总的做法存在哪些问题?他应该怎样设置目标并让下属接受?

(三)方案论证

方案论证就是论述各种方案产生的依据、原则、过程,以及方案要达到的目的和实现方案的对策措施等,证明其科学性、先进性和可行性。论证多采用论证会、研讨会的形式,吸收各方面有关专家、各部门负责人和群众代表参加。研讨会要做到各抒己见、畅所欲言。要让大家充分发表不同观点和意见,对各种方案进行论证。论证发言要力求观点明确、论据充实、说理清楚。

二、制定目标的原则——SMART原则

组织在制定自己的目标时,应充分了解组织的实际情况和外部条件,从实际出发,定出合适的目标。制定目标看似一件简单的事情,每个人都有过制定目标的经历,但是如果上升到技术的层面,则必须学习并掌握 SMART 原则。

SMART 是由五个英文单词的首写字母组成。

(一)Specific——明确性

所谓明确就是要用具体的语言清楚地说明要达成的行为标准。明确的目标几乎是所有成功团队的一致特点。很多团队不成功的重要原因之一就因为目标定得模棱两可,或没有将目标有效地传达给相关成员。

目标设置要有项目、衡量标准、达成措施、完成期限以及资源要求,使考核人能够很清晰地看到部门或科室计划期限要做哪些哪些事情,计划完成到什么样的程度。

(二)Measurable——可衡量性

可衡量性就是指标可以量化、可以衡量。目标的可衡量性就如同一把尺子,可以明确地衡量目标是否达到。如果没有一个衡量标准,具体的执行者就会心中无数,不知道工作必须做到什么程度,个别人还会投机取巧。因此,目标的设定该有一组明确的数据,作为衡量是否达成目标的依据,如果制定的目标没有办法衡量,就无法判断这个目标是否

实现。

目标的衡量标准遵循"能量化的量化,不能量化的质化"。使制定人与考核人有一个统一的、标准的、清晰的可度量的标尺,杜绝在目标设置中使用形容词等概念模糊、无法衡量的描述。对于目标的可衡量性应该首先从数量、质量、成本、时间、上级或客户的满意程度五个方面来进行,如果仍不能进行衡量,其次可考虑将目标细化,细化为分目标后再从以上五个方面衡量,如果仍不能衡量,还可以将达到目标的工作进行流程化,通过流程化使目标可衡量。

【案例8-5】 可以量化的指标

某公司人力资源部制定2010年度目标之一是"为所有的新进员工安排进一步的管理培训",培训主题是能力素质与职业素养。在这个课程结束后,学员的评分需在85分以上,低于85分就认为效果不理想,高于85分就是所期待的结果。

思考题:你认为上述两个目标的制定,差异在何处?

(三) Attainable——可实现性

目标是要可以让执行人实现、达到的。如果上司利用一些行政手段,利用权力性的影响力一厢情愿地把自己所制定的目标强压给下属,下属典型的反应是一种心理和行为上的抗拒:我可以接受,但是否完成这个目标,有没有最终的把握,这个可不好说。一旦有一天这个目标真完成不了的时候,下属有一百个理由可以推卸责任:你看我早就说了,这个目标肯定完成不了,但你坚持要压给我。

"控制式"的领导喜欢自己定目标,然后交给下属去完成,他们不在乎下属的意见和反映,这种做法越来越没有市场。今天员工的知识层次、学历、自己本身的素质,以及他们主张的个性张扬的程度都远远超出从前。因此,领导者应该更多地吸纳下属来参与目标制定的过程,即便是团队整体的目标。

目标设置要坚持员工参与、上下左右沟通,使拟定的工作目标在组织及个人之间达成一致。既要使工作内容饱满,也要具有可达性。可以制定出跳起来"摘桃"的目标,不能制定出跳起来"摘星星"的目标。

(四) Realistic——实际性

目标的实际性是指在现实条件下是否可行、可操作。可能有两种情形:一是领导者乐观地估计了当前形势,低估了达成目标所需要的条件,这些条件包括人力资源、硬件条件、技术条件、系统信息条件、团队环境因素等,以至于下达了一个高于实际能力的指标。二是可能花了大量的时间、资源,甚至人力成本,最后确定的目标根本没有多大实际意义。

部门工作目标要得到各位成员的通力配合,就必须让各位成员参与到部门工作目标的制定中去,使个人目标与组织目标达成认识上的一致。目标一致,既要有由上到下的工作目标协调,也要有员工自下而上的工作目标的参与。

【案例8-6】 不切实际的早餐目标

某餐厅经理制定的下个月目标是:早餐时段的销售在上月早餐销售额的基础上提升15%。可是过了2个月,这个目标依然没有达到,这位经理陷入了尴尬的处境。他的助手提醒他:"这个目标,可是一个几千块钱的概念,但为完成这个目标的投入要花费多少?这个投入比起利润要更高。而且作为早餐来讲,提高15%的销售额,这就是一个不太实际的目标,就在于它花了大量的钱,最后还没有收回所投入的资本。它是一个很难达到的目标。"

(http://baike.baidu.com/view/277214.htm)

思考题:助手讲得对吗?

(五) Timed——时限性

目标的时限性就是指目标是有时间限制的。制定任何一个目标,都需要规定一个期限,规定在什么时间之内完成任务或实现目标。明确时间计划,可以有效追踪目标的完成情况。如果没有一个预先设定好的时间限定的话,每个人对各自的任务就会有不同的理解。

目标设置要具有时间限制,根据工作任务的权重、事情的轻重缓急,拟定出完成目标项目的时间要求,定期检查项目的完成进度,及时掌握项目进展的变化情况,以方便对下属进行及时的工作指导,以及根据工作计划的异常情况及时地调整工作计划。

【案例 8-7】 时间就是商机

某公司为了尽快提高产品的竞争能力,占领国内市场,总经理命令科研部门在2010年8月份前必须完成生产线的改造,以期早抢占国内市场。

思考题:时限性在目标管理中重要吗?

总之,无论是制定团队的工作目标,还是员工的绩效目标,都必须符合上述原则,五个原则缺一不可。制定的过程也是对部门或科室先期的工作掌控能力提升的过程,完成计划的过程也就是对自己现代化管理能力进行历练和实践的过程。

三、目标制定的方法——SWOT 分析法

SWOT 分析的主要目的在于对组织的综合情况进行客观公正的评价,分析内部情况,主要是找出组织的优势(strengths)和劣势(weaknesses);分析外部环境,主要是找出组织的机遇(opportunities)和威胁(threats)。将这四种因素综合起来进行分析,就简称为 SWOT 分析。

SWOT 分析的基本思路是:第一步通过对组织内部环境的分析,明确组织所具有的优势与劣势;第二步通过对组织所处外部环境的分析,发现当前或将来可能出现的机遇与威胁,详见表 8-1。在 SWOT 分析完成后,组织所具有和面临的优势和劣势、机遇和威胁都已确定后,管理人员就可以开始正确制定企业的发展目标。

表 8-1 SWOT 分析表

内部因素＼外部因素	机遇(opportunities) 市场需求量激增 新的市场发展机遇 国外市场局面的打开 研发出新的产品 政府出台新的优惠政策 ……	威胁(threats) 国外竞争者大量涌入 经济形势下滑…… 替代产品出现…… 国内市场的残酷竞争 市场需求趋于饱和 ……
优势(strengths) 充足的资金来源 良好的企业形象 研发能力强 良好的品牌知名度 强大的营销网络 广告攻势强 先进的流水生产线 能力极强的营销团队 ……	SO 战略	ST 战略
劣势(weaknesses) 设备老化 管理混乱 缺乏资金 产品单一化 缺少核心技术 部门之间争斗复杂 缺少科研人员 运输费用过高 ……	WO 战略	WT 战略

【案例 8-8】 康佳的 SWOT 分析

1. 优势

——品牌优势

持续的名牌战略，使得康佳品牌具有极高的知名度和美誉度。据有关机构评估，康佳品牌价值 78.87 亿元，居国内品牌第六位，并被国家工商局认定为"中国驰名商标"。品牌这一巨额的无形资产成为康佳对外扩张的有力武器。

——融资渠道

康佳 A、B 股同时上市，资信优良，是各大商业银行的黄金客户和银行合作对象。1997 年、1998 年、1999 年中国银行分别向康佳提供 38 亿元、42 亿元和 50 亿元人民币的融资额度；1999 年，康佳新增发行 8 000 万 A 股，筹资 12 亿元人民币。加上母公司和各级政府鼎力扶持，公司实力雄厚，融资渠道广阔。

——营销网络

康佳在全国各中心城市设立了 60 多家销售分公司，与全国 95％以上的地市级大商场开展工商合作，终端销售商达到乡镇一级，建立了 300 多家特约维修站、3 000 多个外联维修点,形成了覆盖全国的市场销售网络和售后服务体系。

——成熟管理

康佳作为中国首家中外合资电子企业和第一批公众股份制公司,很早就按现代企业制度和市场竞争机制运作,形成了规范、高效的管理体系和运行机制。特别是在质量管理和生产组织方面,康佳是我国彩电行业首家通过IS9001质量管理体系、ISO14001环境管理体系国际国内双重认证的企业。

2. 劣势

彩电属于劳动密集型行业,康佳地处深圳特区,相对于长虹等内地竞争对手而言,生产成本、管理成本、运输费用要更高。并且,如果仅立足深圳,康佳的市场辐射半径难以覆盖全国,特别是一些地方彩电品牌所在的区域市场,康佳难以打进。

3. 机遇

内地一些国有彩电生产企业,拥有优良的厂房、设备,高素质的干部、工人,低廉的生产成本,一定区位的市场,但是由于机制、市场等方面的原因,在愈来愈激烈的竞争中无可避免地败下阵来,债务积压,工人下岗,设备闲置,人心思变,急于寻找出路。当地政府欢迎康佳这样的优势企业来收购、兼并,搞活困难企业,国家也鼓励东部沿海企业到中西部投资、交流,并出台了相关优惠政策。

4. 威胁

竞争对手长虹等依靠其规模和成本优势,不断挑起价格战;高路华、彩星等"新面孔"以超低价挤进业已竞争激烈的彩电市场;东芝、索尼、三星、飞利浦等跨国公司一改单纯进口的方式,纷纷以合资的形式进入中国彩电市场,实现本土生产,本土销售;中国即将加入WTO。

通过上面的分析,康佳根据市场布局,利用品牌、融资、管理、营销等方面的优势,与内地彩电企业展开合作,利用其现有的厂房、设备,以达到降低成本费用、扩大经营规模、缩短运输距离、抢占区域市场的战略目的。

(http://hi.baidu.com/louwengying/blog/item/586aa619a27e74138618bfd0.html)

思考题:结合自己的实际情况,运用SWOT分析法制定出你自己的职业生涯规划。

四、目标分解

目标确定之后,为了便于实施,在付诸实施之前,要进行目标分解。目标分解是目标决策与实施之间的一个重要环节,是使目标得以实现的基础。目标分解,就是将总体目标从上到下层层展开,在纵向、横向或时序上分解到各级、各部门以至每个人,形成自下而上层层保证的目标体系的过程。它是将总体目标分解为部门目标,再将部门目标分解为小组目标,最后将小组目标分解为个人目标,形成一个层层支撑,环环相扣,责、权、利明确的三级、四层次目标体系,详见图8-2。这一阶段可以分为以下四个步骤。

(1) 管理者向下属说明团队和自身的工作目标。在这一过程中,要增强下属的参与感,使其避免产生被迫同意上级目标的感觉;充实下属各自应分担的工作,使每个人承担最大的合适工作量;对共同承担的任务要明确每个人在其中的职责。

(2) 重新审议组织结构和职责分工。目标管理要求每一个分目标都有确定的责任主体。因此制定目标之后,需要重新审查现有组织结构,根据新的目标分解要求进行调整,明确目标责任者和协调关系。

(3) 确立下级的目标。首先上级明确组织的规划和目标,然后制定下级的分目标。在讨论中上级要尊重下级,平等待人,耐心倾听下级意见,帮助下级发展一致性和支持性目标。分目标要具体量化,便于考核;分清轻重缓急,以免顾此失彼;既要有挑战性,又要有实现可能。每个员工和部门的分目标要和其他分目标协调一致,支持本单位和组织目标的实现。

(4) 上级和下级就实现各项目标所需的条件以及实现目标后的奖惩事宜达成协议。

分目标制定后,要授予下级相应的资源配置的权力,实现权责利的统一。由下级写成书面协议,编制目标记录卡片,整个组织汇总所有资料后,绘制出目标图。

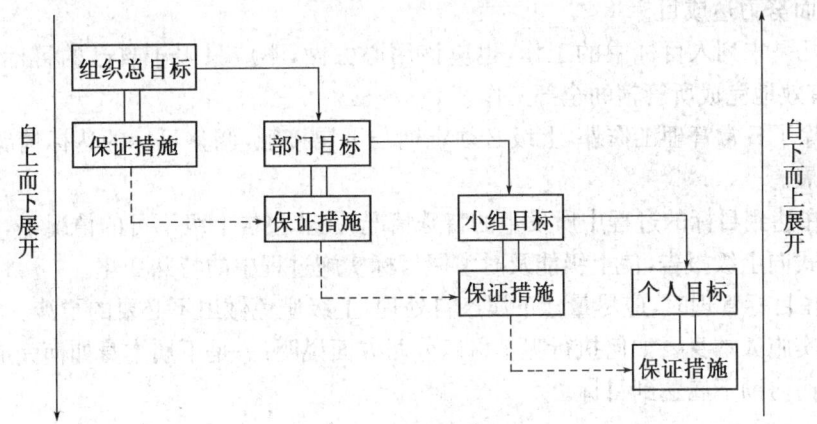

图 8-2 目标展开示意图

【案例 8-9】 马拉松运动员的故事

山田本一是日本著名的马拉松运动员。他曾在 1984 年和 1987 年的国际马拉松比赛中,两次夺得世界冠军。记者问他凭什么取得如此惊人的成绩,山田本一总是回答:"凭智慧战胜对手!"

大家都知道,马拉松比赛主要是运动员体力和耐力的较量,爆发力、速度和技巧都还在其次。因此对山田本一的回答,许多人觉得他是在故弄玄虚。

10 年之后,这个谜底被揭开了。山田本一在自传中这样写道:"每次比赛之前,我都要乘车把比赛的路线仔细地看一遍,并把沿途比较醒目的标志画下来,比如第一标志是银行,第二标志是一棵古怪的大树,第三标志是一座高楼……这样一直画到赛程的结束。比赛开始后,我就以百米的速度奋力地向第一个目标冲去,到达第一个目标后,我又以同样的速度向第二个目标冲去。40 多公里的赛程,被我分解成几个小目标,跑起来就轻松多了。开始我把我的目标定在终点线的旗帜上,结果当我跑到十几公里的时候就疲惫不堪了,因为我被前面那段遥远的路吓着了。"

(http://blog.sina.com.cn/s/blog_60a18d410100gawa.html)

思考题:你能制定今年的学习目标并进行分解吗?

第三节　目标管理的实施

目标管理是一种自我管理，目标的实施主要由组织成员自己来完成，但这并不是说上级在目标执行过程中完全处于旁观的地位，而是应该给下属执行目标提供协助。同时，组织还必须建立一定的制度，保证目标切实得到实施。

在目标管理制度下，由于目标已经设定，对个人需进行的方向与进度已有明确的规定。在实施阶段中，组织成员应注意如下事项：

（1）必须随时记住总目标，以及自己的目标和工作进度，并有效地运用自己的权限，自我控制而努力达成目标。

（2）凡是未列入目标中的工作，也应该用心去做，不应只限于自己的目标工作。这样，才能有效地完成所管辖的全部工作。

（3）除了日常管理工作外，上级必须定期与下属接触，调整目标的达标情况，使业务能平衡发展。

（4）在达到目标的过程中所发生的特殊情况，在非报告上级不可的情况下，应尽量以最快的方式向上级报告，使上级能及时掌握目标实施过程中的特殊变化。

（5）在目标管理时，应尽量让下属亲自处理，上级避免做出不必要的干涉。

目标实施人本身要如何执行呢？可以分两方面说明：一是下属本身如何完成目标，二是上级如何协助下属达到目标。

一、下属应该如何执行目标

1. 要了解整体目标、上级目标、个人目标

了解组织的整体目标，才能明白行进方向；通过目标体系图，也才能明白自己的目标在整体目标中的位置，从而更加努力完成组织目标。

了解上级的目标和工作方针及其对于部门目标的影响，下属才能知道应该如何遵循，同时对于个人的目标如何达成，如何控制，才有更彻底的认识与执行的意愿。

2. 自我管理

整体目标告知了下属，上级的目标及方针被下属充分了解，同时下属的目标明确并且形式具体、定量，那么下属就能通过自我管理实现其目标。达成目标的方法由各人自行处理，可以激发各人的工作意愿，发挥独创性来达成目标。

3. 自由裁量

目标应达到的成果，由达成目标的员工自由裁量决定，这是目标管理的重点之一。员工在充分了解目标之后，就拥有自由决定其工作方式的权利，上级不再事事干涉。工作中发生的小差错，由下属自行发觉并改进；若出现违反规定的重大差错，脱离常规，上级需及时给予纠正。

当然，强调自由裁量、容忍错误，并不是说员工就可以为所欲为，管理者仍会通过公司的管理手段，要求员工定期报告工作推展进度，从而对目标实施情况有所掌握。

4. 权限委让

员工要顺利完成工作,达成目标,必须拥有一定的权限。不同的企业对权限委让的规定不同,尤其牵涉部门间的协调事项,变化复杂。如何授权下属,上级需要运用自己的判断能力,根据下属的目标大小、能力高低以及双方事先的约定综合进行判断。

5. 自我学习

在实现目标的过程中,员工必定会遇到许多预料不到的事,必须由自己来克服、完成,并从结果中得知自己的判断是否恰当。员工通过不断总结经验教训,可以培养其判断事物的能力及处事的决断力,从而提高工作效率。因此上级的授权式管理,让部下控制达成的过程,可以起到让下属自我启发、自我成长的作用。

二、上级如何协助下属执行目标

目标一经设定,上级应按照工作计划,自己负责推行。要知道目标的达成,需要依靠组织全体成员由下而上将执行成果累积起来。因此,如何协助下属,通过下属的努力来达到既定的目标,并接受最后的成果与责任,是每个上级的职责。上级可以通过下列方式来协助下属执行目标任务。

(一) 适当地授权

下属设定目标后,上级人员就应将所属职务范围内的决策权力及责任,尽量授权给下属。这样,下属才会有被重视的感觉,从而产生工作的意愿与荣誉心。但在发生突发事件时,管理者多半都会收回这些权限,这是因为下属不习惯利用权限,一旦突然得到权限,内心反而不安。如果只是认为"下属不愿意负责,自己就收回权限"的话,则下属就会丧失成长的机会,而管理者则只能独自不断地繁忙了。

(二) 提高下属的工作意愿

上级人员的基本任务,在于借助下属的力量,完成组织的工作目标。

上级若失去下属的合作,好像一个人失去了手脚,行动艰难,难以完成公司所赋予的使命。所以上级人员需要获得下属的拥戴与合作,并进而提高下属的工作意愿,以便圆满达成目标。

虽然,上级人员与下属之间,对工作意见有时难免不一致,但只要上级诚恳、耐心地与下属切磋探讨,问题症结必可迎刃而解。况且,每一个人都希望得到别人的尊重和信任,因此上级应执行下列工作:

(1) 上级对下属的态度,应以"朋友"情谊取代"主从"关系。

(2) 上级对下属的领导,应以"诱导"代替"干预"或"命令"。

(3) 上级对下属的获得,应以"交换意见"的方式来代替"质问"的方式。

(4) 上级对下属的分配,应以"启发"下属自动自发地来工作,而不是"命令"、"给予"下属。

通过上述的执行方式,上级一方面能把握目标执行的全部进展,另一方面又可使下属工作意愿高涨,从而达到目标管理的效果。

(三) 给予下属支援与协调

在实施目标管理的过程中,上级要根据下属的实际工作条件,给予必要的人力、物力上的支援与协助。此种支援与协助通常基于下属的请求或其执行目标遭遇困难，避免造成下属认为上级干预或者妨碍其自主的权力。此外，下属所定的目标能否达成，还有赖于其他单位能否提供支援，上级应协助进行"横向联系"，以便协调部门间的团队合作，共同达到目标。

在目标设立之初以及实施过程中，上级可以根据实际情况及时对目标予以调整。假如下属之间的目标相互密切关联，一旦无法保持关联性，那么必然将影响目标达成的效果。因此上级要不断地从整体的立场来查看目标达成的情况，一旦危及整体均衡，就应该迅速予以协助，或者提供建议来调整。

【案例8-10】 组织领导的宏观协调

某公司制造部经理的目标是"提高产量40%"，但生产进度却因材料不能及时到货而无法按计划进行；而销售部接受客户订单时又不充分考虑生产周期，致使均衡生产无法实现，有时出现不能及时交货的情况。所以制造部经理为完成"提高产量40%"的目标，就必须与采购部经理、销售部经理互相协调，对各自的目标进行适当调整，以免生产失去平衡，影响交货。上级（生产副厂长）亦应主动协助下属（制造部经理）与相关单位（采购部经理、销售部经理）进行沟通、讨论。

(http://wenku.baidu.com/view/89e34922aaea998fcc220e3a.html)

思考题：在目标管理活动中，领导应该扮演什么角色？

（四）适时适地交换意见

目标管理要求执行人以自主的精神去推动工作，并不代表上级可以放手不管。

目标管理要求下级定期报告工作进展，但上级仍应适时适地与下属交换意见，这是达到目标不可或缺的条件。为使目标执行正确，管理人员必须承上启下，除充分了解直属上级的方针、目标与下属的目标内容外，还应当对客观形势的发展充分掌握。否则，将难以应变进而影响工作目标进展。所以上级一方面应主动与下属交换意见，另一方面应该积极表示欢迎下属提供意见，以便掌握情报，发掘问题。只有这样，才能给予下属及时的支援，协助其顺利达成目标。

（五）适当地控制

目标管理强调授权，强调下属的自我控制，但是并不是说目标执行人的上级可以放手不管。"自我控制"并不是说上级可以袖手旁观，不加以过问，而是上级应采用"例外管理"的原则来从事管理活动。上级应集中注意那些执行结果发生偏差者，并协助下属采取补救或纠正措施。上级虽然对下属工作的细节不予干涉，但对其工作的完成情况，则需要正确地把握，发现有偏离目标的情况，则要予以指出，并指导下属及时纠正，以免造成不利后果。目标的执行责任虽在于执行人（下属），但上级仍要承担达成目标的责任。因此上级在整体目标的指引之下，应对下属做合理的监督与控制。假如整个组织一切正常，上级管理人员就不必干预工作的进展；但当下属碰到一系列棘手的问题或者下属的能力及权限无法解决时，上级管理人员应适时给予适当的协助，帮助其解决困难。

总之，上级应信赖下属有实现目标的能力，原则上，要求下属每隔一段时间做一次综合性报告，但也不要忽略经常性的沟通工作。

第四节　目标管理的反馈控制与绩效考核

一、目标管理的反馈控制

为保证组织目标的顺利实现,管理者必须进行目标控制,随时了解目标实施情况,及时发现问题并协助解决问题。

(一)反馈控制的作用

1. 检查目标决策

目标管理的成效,关键在于目标决策是否正确。目标决策正确与否,可以用反馈控制方法进行检查。任何管理人员,都应当学会运用反馈控制进行双向沟通,而不能只是从上到下的单向沟通。否则,他们的政策可能是建立在完全误解下属人员掌握的事实基础上的。

决策者把管理预期达到的成果定为目标,根据目标制订实施方案,通过对方案的分析和论证,找出目标方案的利弊和改进意见,这是局部反馈,其作用是在决策前纠正可能出现的偏差,以保证方案尽可能周密。经过论证后做出正式决策并付诸实施,再将执行结果与原定目标相比较,以影响下一步决策,这是主反馈,其作用是检查目标决策是否符合实际,以便采取措施,或修改目标,调整方案,或改进实施手段和方法,以保证目标的实现。

2. 检查计划制订

实施目标管理,必须有周详的计划。计划制订得是否符合实际,也可以用反馈控制方法进行检查。在企业中,计划部门和销售部门构成一个反馈控制系统。计划部门根据市场预测确定计划指标,然后由企业组织生产。把生产出来的产品供应市场,多余的产品入库保存(入库量可以是负值,以表明该产品供不应求)。根据计划指标和库存情况,可以检查原定计划是否符合实际。

一个企业的管理系统中有一个库存反馈,一个市场反馈,同时给出反馈信息。如销售快、库存少,则应增加生产计划量;反之,市场萧条、库存积压,则应减少生产计划量。这样,才能保持产销平衡,取得良好的经济效益。

3. 稳定目标管理系统

目标管理系统,是保证目标层层落实的多级递阶控制系统。这种系统运用多级反馈控制,使系统处于稳定状态。

对于一个复杂的组织,如果不采用分级反馈控制,信息高度集中,受环境干扰因素的影响较大,易使系统出现不稳定状态。因此,采取多级反馈控制,能较好地适应环境变化,保持系统稳定状态,顺利实现目标。

(二)反馈控制的步骤

反馈控制的一般过程包括以下三个基本步骤:确定控制标准;根据标准,衡量执行情况;纠正实际执行中偏离标准或计划的误差。

1. 确定控制标准

这是控制过程的起点。计划是控制的依据,但计划一般内容详尽、环节复杂,各级管理人员在实际管理活动中,往往不便于掌握其中的每一个细节,因而需要建立起一套科学的控制标准。这些标准是衡量工作成果的尺度,是在一个完整的计划中选出的衡量工作成果的关键点。

在目标管理中,要根据管理组织所要达到的目标来选择关键点。这个目标,可以是管理组织的总目标,也可以是各个部门以至各个人的分目标。由于目标责任者所负责的最终成果是衡量计划完成情况的最好尺度,因而建立起一个可考核的目标体系,也就获得了一个控制标准体系。只要掌握了这些标准,也就掌握了计划的基本进程和最终目的。

2. 衡量成效

这是反馈控制过程的第二个步骤。这一步是依据标准衡量执行情况,把实绩与标准进行比较。对工作做出客观评价,按照标准衡量实际成效,最理想的是在偏差尚未出现之前就有所觉察,并采取措施加以避免。富有经验的管理者一般是这样的。但是,光凭管理者的经验是远远不够的,必须凭借切实可行的控制标准和测定手段,才能客观评价实际的或预期的执行情况。

为准确地测定执行情况,还必须考虑衡量的精度和频率问题。所谓精度,是指衡量结果能够在多大程度上反映出被控对象的变化。精度越高,越能准确反映被控对象的状态,但同时衡量工作也就越复杂,并且在一些情况下没有必要了解得过细。因此,总的原则是衡量精度要适度。所谓频率,是指对控制对象多长时间进行一次测量和评定。频率越高,越能及时掌握状态变化,但同时增加了监测机构的工作量,或者有时根本做不到。因此,总的原则是测频要适当。这样,测得的情况准确,通过与标准的比较而得到的偏差才是真实的。

3. 纠正偏差

这是控制过程的第三个步骤。这一步是在衡量工作成效的基础上,针对被控对象状态相对于标准的偏离程度,及时采取措施予以纠正,从而使其恢复为正常状态。

纠正在实际执行中所产生的偏差,既可以看成整个管理系统工作的一部分或控制工作的一个步骤,也可以理解为控制工作与其他工作的结合点。这是因为管理系统只有不断发现并纠正执行中的目标差,才能最终地实现目标。同时,纠正目标差又需要其他工作的配合,视不同情况,采取不同的纠偏措施。有时可以通过加强指导或领导工作来纠正偏差,也可以通过组织职能,如重新明确职责,加强人员培训或重新委派得力人员来纠正偏差;有时还可以通过计划职能,重新修订计划或修改目标来纠正偏差。

总之,上述的反馈控制过程的三个基本步骤,实际上形成了一个完整的反馈控制系统,完成一个循环周期。通过每一次循环,使目标差不断缩小,保证目标管理活动向目标方向健康发展。

二、目标管理的绩效考核

目标管理的特性,是目标由员工完成,一旦执行,组织应配合考核制度加以评估。有考核,使员工从考核中得到奖惩,获得激励;若无考核,无从了解努力成果,不能调动员工积极性。实施目标管理不但是有利于员工更加明确高效地工作,更为未来的绩效考核制定了目标和考核标准,使考核更加科学化、规范化,更能保证考核的公开、公平与公正。

(一)目标绩效评估的重要性

以往的员工考核,是由上级凭借着对下属平常的印象,届时而临时所做的决定,因此主观的评估色彩较为浓厚,难免失之公允。而且传统的考核,所加评语总有浓厚的人文气息,例如"尚可""优秀"等,缺乏具体尺度,被评估人员无从得知有待努力事项与如何努力以争取绩效。

目标管理在考评时将实绩与目标对照,则完成程度就能算得出来。被评估人不但知道该做什么,而且知道该做多少。上级能根据目标,观察下属平时努力程度,并考核目标执行的成果。因事前有确实的标准,作为衡量绩效的尺码;事后有具体的数据及记载,可以佐证目标的达成程度。如此,所做的员工考核成绩自然比较可靠、合理。

通过对目标管理的绩效考核,可以加强责任观念,保持目标管理的正常功能,并能使执行者了解上级是如何关心他们的绩效和困难,有助于满足个人需求及成就感;检讨工作同时可用于衡量执行者的短期绩效,而有助于其管理技巧的改进。评估结果可作为薪酬与奖金的参考;也可作为人事方面的升迁与调整之参考;在训练方面也可作为能力开发的参照。

(二)绩效考核的目的

对员工绩效或部门绩效的考核,包括直属上司对员工工作的观察和评价,如果程序中有"自我考核"部分,则也包括了员工的自我观察和评价。

大体而言,绩效考核的动机与目的,由下列三大项构成。

1. 作为人事决策的指标

传统上,绩效考核是做人事决策时重要的参考指标,诸如升迁、任免、调遣、加薪等人事决策,都牵涉绩效的评估。所以,任何与人事决策相关的管理人员,都必须知道如何合理而有效运用绩效考核的结果。就管理上的作用而言,绩效考核使得人才能适得其所。此外,人事决策如加薪、晋级等,也鼓励员工,激发他们力求表现的动机。

2. 员工的回馈与发展

绩效考核最积极的目的,应该是使员工了解绩效目标与组织期望之间的关系。管理者为何要将考核结果回馈给员工知道呢?第一,因为管理者越来越相信,下属有权知道自己是如何与组织站在同一条线上的;第二,回馈可帮助组织成员认识自己的潜力,从而知道如何发展自我;第三,管理者相信,回馈可以使组织成员了解努力与奖酬之间大有关系,因而鼓励下属发展自我。将精确的回馈告诉下属是有用的。假如下属能够善用回馈的信息,就能将能力发挥得更有效率;假如下属根本不懂得如何去运用信息,那回馈根本就无用。因此,管理者们应通过训练,教导协助下属明确回馈的意义,并进而发展自我。

3. 作为组织政策与计划的评估

组织政策与计划的评估也涉及员工的绩效考核。例如要评估一项新的管理计划时,一定要参考执行的成员在工作改变前后的绩效,或将该部门的绩效与类似部门(未采用新计划者)的绩效做对比等。所以,绩效考核对组织政策的拟订、修正是绝对必要的。另外,在人力资源活动上,有两件事尤其需要借重绩效考核的结果,一是组织成员的甄选,二是组织成员的训练。

简言之,绩效考核的目的与动机是多重的。可归为下列诸点:

(1) 作为一般人事决策的参考,如升迁、轮调或资遣等。
(2) 确认训练与发展的需要。
(3) 作为甄选及训练计划的标准依据。
(4) 提供给组织成员信息,使组织成员了解组织对其绩效的反应。
(5) 作为评估、甄选及工作指派的标准。
(6) 作为奖酬分派的基础,如加薪、晋升及其他报酬。
(7) 了解个人及部门对高层次目标的贡献程度。
(8) 提供信息作为工作时序计划、预算编制及人力资源规划的依据。

(三) 影响绩效考核的三大障碍

如前所述,绩效考核的好处很多,理当普遍运用才是,然而,在施行过程中,某些先天性的问题会使其效益大打折扣。

1. 组织方面

在考核过程中,难免有情绪上主观的评价,一旦形诸笔墨,便成为长久记录,影响员工资历甚为深远,难怪上级常避之不及。

另外,组织常运用考核结果做多方面用途,如奖励或惩戒下属。管理者基于这些顾虑,往往措辞委婉,不愿确实考核,通常一项考核事件的曝光频率愈高,管理者所遭受的压力也愈大、困扰也愈多。

最后,考核工作一不谨慎,往往落人口实,甚至诉诸法律。若考核过程中不小心牵涉与工作无关的个人,如性别、种族、宗教等,则考核文件必然担负法律责任,管理者更敬而远之。

2. 管理者方面

大多数管理者都不愿扮黑脸,做反面评估,因此只要遭遇头痛人物,便设法延缓评估工作,幻想问题会自行消失。对下属而言,延缓考核似乎等于认可其偏差的表现,导致他因偏差行为而洋洋得意,更误导他人。

有些管理者还顾虑另一问题:被评为劣等表现会对下属造成负面回馈,打击工作信心和士气。在管理人员如此不甘愿的心态下,所做的考核必是含糊混淆,无法对下属进行正面、有效的引导。

3. 下属方面

管理者的偏见可使下属成为牺牲品。由于主观的成见或下属无心等小差错,都足以产生绩效考核的错误。就下属本身而言,多数认为绩效的考核过程不够周密,往往自己最好的一面难有机会以常态呈现给上级。因此,他们常认为中等评价,如"普通""差强人意""合乎标准"等,只不过是应付了事,令人泄气的评语罢了。

(四) 有效地解决途径

绩效考核对组织、上级和员工三方面都深具意义,身为上级,就应采取一些措施来避免绩效考核的风险及诸多前述先天上的缺失,发挥其应有的作用。以下列举十种减少风险的途径:

(1) 总结简评常态表现。以总结评论之形态作绩效的考核,定期实施,以求简要而持续地兼顾下属常态的表现。

（2）奖赏示范推动风气。对实施绩效考核成效卓著的上级加以奖赏，并鼓励资深管理者示范考核方式，借以推动组织风气。

（3）实例取代抽象字眼。多运用明确特定的实例。评估等级只属抽象字眼，列举实例却能有效地解释考核结果如何达成，又兼具启发作用，使下属有所学习或有所警惕。

（4）下情上传减少借口。建立双方的对话，在考核过程中让下属本身积极参与，必能减少其辩护借口，增进对上级的信任，又兼具下情上传的功效。在此双向管道中，管理者的角色与其说是裁判，不如说是教练来得更贴切。

（5）针对工作无关个人。考核内容只涉及工作本身。应明确评定工作施行的进度，避免无关个人品质的含糊影射。

（6）随时校正偏离尺度。依据原定工作计划的目标作为绩效考核的标准，随时让下属知晓其工作是否偏离目标，使其有机会不断自我修正。

（7）过程结果记录为凭。绩效考核的过程和结果应记录成文件。在下属本身所参与的考核中，正式的文件成为双方协议的记录，可供日后参考和追踪改进。

（8）责任感以身作则。评价各管理者实施绩效考核工作的状况，使各管理者得以明白责任所在，明白以身作则是绩效考核发挥效益的重要影响因素之一。

（9）技巧信心双管齐下。开授训练课程，指导绩效的考核项目和技巧，以增进上级进行绩效考核的能力和信心，并推展成考核风气。

（10）制定目标相得益彰。应分别制定上级和下属个别的独特工作目标，如此方能同绩效考核工作相辅相成、相得益彰。

复习思考题

1. 什么是目标管理？目标管理的特点是什么？
2. 目标管理有哪两种类型？
3. 目标管理的实施过程分为几个阶段？
4. 什么是 SMART 原则？
5. 请阐述 SWOT 分析方法，并举例运用。
6. 绩效评估有什么意义？
7. 影响绩效考核的因素有哪些？
8. 扫除绩效考核障碍的有效途径有哪些？

管理定律

1. 吉格勒定理：设定高目标等于达到了目标的一部分

【内容】

不少人认为天才或成功是先天注定的。但是，世上被称为天才的人，肯定比实际上成就天才事业的人要多得多。为什么？许多人一事无成，就是因为他们缺少雄心勃勃、排除万难、迈向成功的动力,不敢为自己制定一个高远的奋斗目标。不管一个人有多么超群的能力,如果缺少一个认定的高远目标,他将一事无成。设定一个高目标,就等于达到了目标的一部分。

【启示】

开始时心中就怀有一个高远的目标,意味着从一开始你就知道自己的目的地在哪里,以及自己现在在哪里。朝着自己的目标前进,至少可以肯定,你迈出的每一步都是方向正确的。一开始时心中就怀有最终目标会让你逐渐形成一种良好的工作方法,养成一种理性的判断法则和工作习惯。如果一开始心中就怀有最终目标,就会呈现出与众不同的眼界。有了一个高远的奋斗目标,你的人生也就成功了一半。如果思想苍白、格调低下,生活质量也就趋于低劣;反之,生活则多姿多彩,尽享人生乐趣。

2. 破窗效应:及时矫正和补救正在发生的问题

【内容】

美国斯坦福大学心理学家菲利普·辛巴杜于1969年进行了一项实验,他找来两辆一模一样的汽车,把其中的一辆停在加州帕洛阿尔托的中产阶级社区,而另一辆停在相对杂乱的纽约布朗克斯区。停在布朗克斯的那辆,他把车牌摘掉,把顶棚打开,结果当天就被偷走了。而放在帕洛阿尔托的那一辆,一个星期也无人理睬。后来,辛巴杜用锤子把那辆车的玻璃敲了个大洞。结果呢,仅仅过了几个小时,它就不见了。以这项实验为基础,政治学家威尔逊和犯罪学家凯琳提出了一个"破窗效应"理论,认为:如果有人打坏了一幢建筑物的窗户玻璃,而这扇窗户又得不到及时的维修,别人就可能受到某些暗示性的纵容去打烂更多的窗户。久而久之,这些破窗户就给人造成一种无序的感觉。结果在这种公众麻木不仁的氛围中,犯罪就会滋生、繁荣。就把人的这种心理命名为"破窗效应"。

【启示】

从"破窗效应"中,我们可以得到这样一个道理:任何一种不良现象的存在,都在传递着一种信息,这种信息会导致不良现象的无限扩展,同时必须高度警觉那些看起来是偶然的、个别的、轻微的"过错",如果对这种行为不闻不问、熟视无睹、反应迟钝或纠正不力,就会纵容更多的人"去打烂更多的窗户玻璃",就极有可能演变成"千里之堤,溃于蚁穴"的恶果。

3. 踢猫效应:不对下属发泄自己的不满,避免泄愤连锁反应

【内容】

某公司董事长为了重整公司一切事务,许诺自己将早到晚回。事出突然,有一次,他看报看得太入迷以至忘了时间,为了不迟到,他在公路上超速驾驶,结果被警察开了罚单,最后还是误了时间。这位老董愤怒之极,回到办公室时,为了转移别人的主意,他将销售经理叫到办公室训斥一番。销售经理挨训之后,气急败坏地走出董事长办公室,将秘书叫到自己的办公室并对他挑剔一番。秘书无缘无故被人挑剔,自然是一肚子气,就故意找接线员的茬。接线员无可奈何,垂头丧气地回到家,对着自己的儿子大发雷霆。儿子莫名其妙地被父亲痛斥之后,也很恼火,便将自己家里的猫狠狠地踢了一脚。

【启示】

一般而言,人的情绪会受到环境以及一些偶然因素的影响,当一个人的情绪变坏时,潜意识会驱使他选择下属或无法还击的弱者发泄。受到上司或者强者情绪攻击的人又回去寻找自己的出气筒。这样就会形成一条清晰的愤怒传递链条,最终的承受者,即"猫",是最弱小的群体,也是受气最多的群体,因为也许会有多个渠道的怒气传递到它这里来。

【延伸阅读】

【材料一】

人对目标的期望强度

目标对您人生的影响?美国潜能大师伯恩·崔西曾经说过:"成功就等于目标,其他的一切都是这句话的注解。"

哈佛大学有一个非常著名的关于目标对人生影响的跟踪调查,对象是一群智力、"学历"、环境等条件都差不多的年轻人。调查结果发现:

◇ 27%的人,没有目标;
◇ 60%的人,目标模糊;
◇ 10%的人,有清晰但比较短期的目标;
◇ 3%的人,有清晰且长期的目标。

经过25年的跟踪研究,发现他们的生活状况及分布现象十分有意思:

◇ 3%的有清晰且长期目标的人,25年来几乎都不曾更改过自己的人生目标。他们几乎都成了顶尖成功人士。
◇ 10%的有清晰短期目标者,大都生活在社会的中上层。如医生、工程师等。
◇ 60%目标模糊的人,几乎都生活在社会的中下层面。
◇ 27%的那些25年来都没有目标的人群,他们几乎都生活在社会的最底层。

所以,目标的威力就是:

◇ 给人的行为设定明确的方向,使人充分了解自己每一个行为的目的;
◇ 使自己知道什么是最重要的事情,有助于合理安排时间;
◇ 迫使自己未雨绸缪,把握今天;
◇ 使人能清晰地评估每一个行为的进展,正面检讨每一个行为的效率;
◇ 使人能把重点从工作本身转移到工作成果上来;
◇ 使人在没有得到结果之前,就能"看"到结果,从而产生持续的信心、热情与动力。

今天的生活状态不由今天所决定,它是我们过去生活目标的结果!写下你的目标,对照一下,自问:我有多想要?看看结果再问:我能得到吗?期望强度自我检查对照如下。

(1)如果期望强度为0,那么它相应的表现特征就有两种情况,一种是真的不想要;另一种是找借口,但真实原因是不敢想,不知为什么要,害怕付出和失败,害怕做不到别人会笑话。我们将此定义为不想要,当然他的结果是得不到!

(2)期望强度为20%~30%,表现特征是空想,整天做白日梦,光说不做,不愿付出,不知从何开始,连自己都不敢相信会变为事实。将这一类定义为瞎想,其结果是过不了几天就会忘记自己曾经这样想过。

(3)期望强度为50%,表现为有最好,没有也罢,努力争取一段时间之后便会放弃,凡事3分钟热度,碰到困难就退缩,成天幻想着不付出就能得到。这一类被定义为想要,但十有八九不成功!

(4)期望强度为70%～80%,确实是他真正的目标,但似乎决心不够,尤其是改变自己的决心不够,等待机遇,靠运气成功,即使得不到也不会转为安慰自己:曾经努力过,也算对得起自己,马上再换另一个目标。这一类定义为很想要,有可能成功,因为运气而成功,也因为运气而失败!

(5)期望强度为99%,潜意识中那一丝放弃的念头,决定他关键时刻不能排除万难,坚持到底,直到成功;对他而言,也许付出100%的努力比达不到目标更为痛苦,其实第99步放弃与此时的100%之间的差别不是1%而是100%!

(6)期望强度为100%,其表现特征为不惜一切代价,不达目的死不休,没有任何退路可言,对于他们来说,达不成目的的后果很严重,达不成比死还可怕。这一种的定义是一定要,所以他们一定有办法得到!结果,没什么比死、比达不成更难受的,因此他一定有办法得到。

快速达成任何目标的九大步骤:
◇ 步骤一,决定要成功。
◇ 步骤二,写下已量化的目标,并列出10个以上为何要实现它的理由。
◇ 步骤三,用多叉树制订计划,分解目标,倒退至今天,拟订计划,设定时间表。
◇ 步骤四,列出所有必要条件及充分条件,注明解决方法。
◇ 步骤五,告诉自己:要实现什么样的目标,自己就必须变成什么样的人。
◇ 步骤六,运用潜意识的力量,自我暗示,永远积极思考。
◇ 步骤七,行动第一,立即行动,开始忙起来。每一分、每一秒做最有生产力的事情。
◇ 步骤八,每天睡觉前做自我检讨,衡量进度,做积极修正。
◇ 步骤九,坚持到底,永不放弃,直至成功。

总是记住你听到的充满力量的话语,因为所有你听到的或读到的话语都会影响你的行为。

所以,总是要保持积极、乐观。

而且,最重要的是:

当有人告诉你你的梦想不可能成真时,你要变成"聋子",对此充耳不闻!

要总是想着:

我一定能做到!

(http://blog.myspace.cn/e/403204537.htm)

【材料二】

惠普：绩效管理七步法

惠普的绩效管理是要让员工相信自己可以接受任何挑战，可以改变世界，这也是惠普独特的车库法则的主要精神所在。（车库法则的名字来源于惠普创始人Bill Hewlett和David Packard是在硅谷的一个车库中建立惠普公司的。）

惠普的绩效管理可以分作两个内容：一是组织绩效管理，管理的对象是公司绩效；二是员工绩效管理，以员工作为绩效管理对象。

（一）组织绩效管理

惠普用四个指标来衡量组织绩效管理，分别是员工指标、流程指标、财务指标和客户指标。

员工满意度调查是员工指标中的重要一项。在总结各种影响员工工作表现的因素以后，惠普提出了一个待遇适配度（offer fit index，OFI）、满意度（satisfactory，SAT）和重要性（importance，IMT）并重的员工满意度分析方法。薪资并不是员工唯一的需求，员工的工作行为还取决于老板素质、岗位的适配性、能力的增长性、工作挑战性和休假长度及质量等其他因素。问题的关键是怎样来衡量这些指标，惠普的方法是：对每一项指标，都要从适配度、满意度和重要性三个方面用具体的可比较的数据做出衡量，比如员工对目前岗位的认可度，对直接老板的认同度，对工作前景的展望，公司都会把这些看起来无法衡量的指标化为数据进行比较。这些数据是从平常众多的调查表中总结出来的，具有非常高的有效性和可靠性。

中国惠普的管理层基本上每年都要做员工满意度调查。在今年5月份进行的调查中，惠普发现公司在人力资源上有所紧缺，分析原因，发现是因为IT业发展放缓，公司对于员工的招聘非常慎重，由此造成了暂时的紧缺。对于这样的问题，公司当然不会通过紧急聘用人员来解决，而是通过岗位的调动或者工作的再分配，使每位员工的工作效率最大化。调查同时还发现公司在对优秀员工的培训方面有所不足，在薪资和福利上也尚有改进的余地。这样的调查能让惠普找到目前公司在员工满意度方面的不足，并结合当前的经济环境对各个问题有针对性地做出调整和改进。

组织绩效评估的员工指标除了员工满意度以外，还有优才流失率和员工生产率等因素，这些因素看起来无法衡量，但却可以从平时的工作中做出记录，从而有计划地招聘新员工。点点滴滴，都可以汇成大海。

组织绩效评估中另一个指标是客户指标，其中又包括市场份额、老客户挽留率、新客户拓展率、客户满意度和客户忠诚度等几个因素。以客户忠诚度为例，惠普每年都要对现实客户和潜在客户进行调查，比如一个客户（集体客户或个人客户）明年要采购的打印机是多少台，计划从惠普采购的是多少台，到年底再次调查，看客户实际从惠普购的打印机又是多少台，这样公司就能把客户的忠诚度化为一组组可衡量的数据。这种把客户忠诚度直接和公司销售业绩用具体数据相关联的做法，能使公司上下对忠诚度这一很难衡量的指标有了现实的直接感受，也就能促使公司去努力提高客户忠诚度。

惠普的组织业绩评估尚有其他两个指标：流程指标和财务指标。流程指标包括响应周期、总缺陷率、成本改进率和产品开发周期四个因素,而财务指标则包括销售收入、经营利润和经济附加值三个因素。

(二) 员工绩效管理

惠普的员工绩效管理框架包括四个步骤,通过这四个步骤的测评,惠普员工绩效管理最后要达到的目标是:造氛围(培养绩效文化)、定计划(运筹制胜)、带团队(建设高效团队)、促先进(保持激发先进)、创优绩(追求卓越成果)。可分为以下七个方面。

(1) 制定上下一致的计划。一个公司有许多不同职位上的人员,惠普要求每个层面上的人员都要做各自的计划。股东和总执行官要制订战略计划,各业务单位和部门要制订方针计划,部门经理和其团队要制订实施计划,通过不同层面人员的相互沟通,公司上下就能制订出一致性很高的计划,从而有利于发展步骤的实施。惠普有一个独特的企业计划十步法,颇值得学习。

(2) 制定业绩指标。对于员工的业绩指标,公司用六个英文字母来表示:SMTABC。具体的解释是:S(specific,具体性),要求每一个指标的每一个实施步骤都要具体详尽;M(measurable,可衡量),要求每一个指标从成本、时间、数量和质量等四个方面能做综合的考察衡量;T(time,定时),业绩指标需要指定完成日期,确定进度,在实施的过程中,管理层还要对业绩指标做周期检查;A(achievable,可实现性),员工业绩指标需要和老板、事业部及公司的指标相一致且易于实施;B(benchmark,以竞争对手为标杆),指标需要有竞争力,需要保持领先对手的优势;C(customer oriented,客户导向),业绩效指标要能够达到客户和股东的期望值。

(3) 向员工授权。经理是这样一些人,他们通过别人的努力得到结果,同时达到公司期望的目标,所以惠普特别重视经理怎样向员工授权。惠普强调的是因人而异的授权方式,根据不同的员工类型、不同的部门类型和不同的任务,惠普把授权方式分为五种,分别是:Act on your own(斩而不奏)、Act and advise(先斩后奏)、Recommend(先奏后斩)、Ask what to do(问斩)、Wait until told(听旨)。不同的员工要用不同的授权方法,因人而异。

(4) 教导员工。根据员工的工作积极性和工作能力,惠普把员工分成五个类型,分别采用一种方法进行教导。最好的员工既有能力又有积极性,对于这样的员工,惠普公司的管理层只是对他们做一些微调和点拨,并且很注重奖励,以使员工保持良好的状态;第二等级的员工有三种,一是工作能力强但工作积极性弱,这样的员工,公司主要对他们做思想上的开导和鼓励,解决思想问题,还有的员工工作积极性强但能力弱,公司教导的重点就在教育和训练上,还有的员工能力和积极性都处在中等,这样的员工,公司需要就事论事地对他们进行教导,以使得他们在能力和积极性上都有所提高;最坏的员工是既无能力又无积极性的,公司要对这样的员工做出迅速的处理,要么强迫他们提高能力或增长积极性,要么毫不犹豫地开除。

在具体的教导员工的方法上,惠普还有一个GROW模型

(5) 处理有问题的员工。和其他公司一样,惠普公司也会有一些表现不好的员工,面对这些员工,迅速地做出反应是很重要的,一般处理时间在60至90天之间。惠普希望迅速而永久地解决不可接受的差员工,不让他们在公司过久停留。一旦公司发现哪个员工

表现不好,就会向他们发出业绩警告,当年不会涨工资也不会有股票期权。经过一番教导以后,当发现员工的表现没有显著改善时,就要进入留用察看期,除了不涨工资、不配授股票或期权以外,这些员工还不能接受教育资助,也不允许内部调动工作。如果一段时间的教导以后,员工的表现仍未提高,公司就要立刻行动,开除这些员工。

(6) 确定员工业绩等级。在评定员工业绩时,惠普要综合考虑以下一些指标:个人技术能力、个人素质、工作效率、工作可靠度、团队合作能力、判断力、客户满意度、计划及组合能力、灵活性、创造力和领导才能。在评定过程中,惠普会遵循九个步骤:协调评定工作,检查标准,确定期望,确定评定时间,进行员工评定,确定工作表现所属区域,检查分发情况得到最终许可,最后将信息反馈给员工。

(7) 挽留人才。惠普通过体制、环境、员工个人事业和感情四个方面来挽留人才。惠普试图通过自己良好的公司体制来吸引员工,在平时的管理中,对员工的工作目标有很明确的界定,对各人的工作职责和工作流程有明确的划分,对不同表现的员工奖惩分明,这些体制上的优点都有可能促使员工对公司产生好感而不愿离开。在工作环境方面,公司倡导开放和平等的工作气氛,强调员工和管理人员间的相互信任和理解,同时积极营造活泼自由的工作氛围。公司尽量让员工跨部门轮换工作,从而增加员工的工作履历和工作经验,为员工的发展打造基础,并且提供大量的培训机会,让员工感觉到自己的事业能够得以迅速发展。公司还通过亲和的上下关系和对员工家庭、健康等全方位的关怀来取得员工对公司的依赖感,增强员工对公司的感情,让员工不愿意离开公司。

(http://finance.sina.com.cn/leadership/case/20051008/14512016926.shtml)

自我测试

目标激励能力测试

说明:目标激励能力是指管理者通过目标设置激励下属,从而激发下属潜能并让其积极行动的能力。请通过下列问题对自己的该项能力进行测评。

1. 你通常会多久和下属谈论一次目标?
   A. 一周　　　　　　B. 一个月　　　　　　C. 一个月以上
2. 有了组织总目标,你是否会制定阶段性目标?
   A. 每次都制定　　　B. 多数情况下制定　　C. 偶尔制定
3. 你如何帮助下属提高工作效率?
   A. 为其制定明确的目标
   B. 为其安排适当的任务
   C. 对其加强培训
4. 你通过何种方式为下属制定目标?
   A. 与下属共同制定
   B. 由员工制定,我负责审核
   C. 根据组织目标由员工自己制定

5. 你为下属制定了什么样的目标?
   A. 既有总目标,又有阶段性目标
   B. 只有阶段性目标
   C. 只有总目标
6. 你如何认识目标达成的难度?
   A. 有挑战性,但通过努力可达成
   B. 达成的难度不应过大
   C. 目标越高越好
7. 你如何理解对下属进行目标激励的作用?
   A. 引导和激励下属前进
   B. 能激发下属的潜能
   C. 让下属明确前进方向
8. 当你的下属面对比较大的目标时,你如何激励他达成这一目标?
   A. 进行目标分解,一步步激励
   B. 鼓励他,和他一起去做
   C. 许诺优厚的物质利益
9. 当你的下属达成阶段性目标时,你如何激励他?
   A. 兑现承诺
   B. 告诉他与最终目标的距离并给予鼓励
   C. 鼓励其再接再厉
10. 当你的下属超额完成了目标,你如何激励他?
    A. 把更重要的任务分配给他
    B. 将他树立为标杆和榜样
    C. 鼓励他下次继续超越自己

选 A 得 3 分,选 B 得 2 分,选 C 得 1 分。

24 分以上,说明你的目标激励能力很强,请继续保持和提升。

15~23 分,说明你的目标激励能力一般,请努力提升。

14 分以下,说明你的目标激励能力很差,急需提升。

(周鸿编著《激励能力培训全案》,人民邮电出版社,2009 年版)

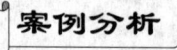

翔宏机床厂的目标管理

翔宏机床厂从 1981 年开始推行目标管理。为了充分发挥各职能部门的作用,充分调动一千多名职能部门人员的积极性,该厂首先对厂部和科室实施了目标管理。经过一段时间的试点后,逐步推广到全厂各车间、工段和班组。多年的实践表明,目标管理改善了企业经营管理,挖掘了企业内部潜力,增强了企业的应变能力,提高了企业素质,取得了较好的经济效益。

按照目标管理的原则,该厂把目标管理分为三个阶段进行。

第一阶段:目标制定阶段

1. 总目标的制定

该厂通过对国内外市场机床需求的调查,结合长远规划的要求,并根据企业的具体生产能力,提出了19××年"三提高""三突破"的总方针。所谓"三提高",就是提高经济效益、提高管理水平和提高竞争能力;"三突破"是指在新产品数目、创汇和增收节支方面要有较大的突破。在此基础上,该厂把总方针具体化、数量化,初步制订出总目标方案,并发动全厂员工反复讨论、不断补充,送职工代表大会研究通过,正式制定出全厂19××年的总目标。

2. 部门目标的制定

企业总目标由厂长向全厂宣布后,全厂就对总目标进行层层分解,层层落实。各部门的分目标由各部门和厂企业管理委员会共同商定,先确定项目,再制定各项目的指标标准。其制定依据是厂总目标和有关部门负责拟订、经厂部批准下达的各项计划任务,原则是各部门的工作目标值只能高于总目标中的定量目标值,同时,为了集中精力抓好目标的完成,目标的数量不可太多。为此,各部门的目标分为必考目标和参考目标两种。必考目标包括厂部明确下达目标和部门主要的经济技术指标;参考目标包括部门的日常工作目标或主要协作项目。其中必考目标一般控制在2~4项,参考目标项目可以多一些。目标完成标准由各部门以目标卡片的形式填报厂部,通过协调和讨论最后由厂部批准。

3. 目标的进一步分解和落实

部门的目标确定了以后,接下来的工作就是目标的进一步分解和层层落实到每个人。

(1) 部门内部小组(个人)目标管理,其形式和要求与部门目标制定相类似、拟订目标也采用目标卡片,由部门自行负责实施和考核。要求各个小组(个人)努力完成各自目标值,保证部门目标如期完成。

(2) 该厂部门目标的分解是采用流程图方式进行的,具体方法是:先把部门目标分解落实到职能组,任务级再分解落实到工段,工段再下达给个人。通过层层分解,全厂的总目标就落实到了每一个人身上。

第二阶段:目标实施阶段

该厂在目标实施过程中,主要抓了以下三项工作。

1. 自我检查、自我控制和自我管理

目标卡片经上级副厂长批准后、一份存企业管理委员会,一份由制订单位自存。由于每一个部门、每一个人都有了具体的、定量的明确目标,所以在目标实施过程中,人们会自觉地、努力地实现这些目标,并对照目标进行自我检查、自我控制和自我管理。这种"自我管理",能充分调动各部门及每一个人的主观能动性和工作热情,充分挖掘自己的潜力,因此,完全改变了过去那种上级只管下达任务、下级只管汇报完成情况,并由上级不断检查、监督的传统管理办法。

2. 加强经济考核

虽然该厂目标管理的循环周期为一年,但为了进一步落实经济责任制,即时纠正目标实施过程中与原目标之间的偏差,该厂打破了目标管理的一个循环周期只能考核一次、评定一次的束缚、坚持每一季度考核一次和年终总评定。这种加强经济考核的做法,进一步调动了广大职工的积极性,有力地促进了经济责任制的落实。

3. 重视信息反馈工作

为了随时了解目标实施过程中的动态情况,以便采取措施、及时协调,使目标能顺利实现,该厂十分重视目标实施过程中的信息反馈工作,并采用了两种信息反馈方法。

(1)建立"工作质量联系单"来及时反映工作质量和服务协作方面的情况。尤其当两个部门发生工作纠纷时,厂管理部门就能从"工作质量联系单"中及时了解情况,经过深入调查,尽快加以解决,这样就大大提高了工作效率,减少了部门之间不协调现象。

(2)通过"修正目标方案"来调整目标。内容包括目标项目、原定目标、修正目标以及修正原因等,并规定在工作条件发生重大变化需修改目标时,责任部门必须填写"修正目标方案"提交企业管理委员会,由该委员会提出意见交上级副厂长批准后方能修正目标。

该厂长在实施过程中由于狠抓了以上三项工作,因此,不仅大大加强了对目标实施动态的了解,而且,更重要的是加强了各部门的责任心和主动性,从而使全厂各部门从过去等待问题找上门的被动局面,转变为积极寻找和解决问题的主动局面。

第三阶段:目标成果评定阶段

目标管理实际上就是根据成果来进行管理的,故成果评定阶段显得十分重要。该厂采用了"自我评价"和上级主观部门评价相结合的做法,即在下一个季度第一个月的10日之前,每一部门必须把一份季度工作目标完成情况表报送企业管理委员会(在这份报表上,要求每一部门自己对上一阶段的工作做一恰如其分的评价);企业管理委员会核实后,也给予恰当的评分,如必考目标为30分,一般目标为15分。每一项目标超过指标3%加1分,以后每增加3%再加1分。一般目标有一项未完成而不影响其他部门目标完成的,扣一般项目中的3分,影响其他部门目标完成的则扣分增加到5分。加1分相当于增加该部门基本奖金的1%,减1分则扣该部门奖金的1%。如果有一项必考目标未完成则扣至少10%的奖金。

该厂在目标成果评定工作中深深体会到:目标管理的基础是经济责任制,目标管理只有同明确的责任划分结合起来,才能深入持久,才具有生命力,从而取得最终的成功。

(http://www.docin.com/p-19254012.html)

问题:

1. 在目标管理过程中,应注意一些什么问题?

2. 目标管理有什么优缺点?

3. 增加和减少员工奖金的发放额是实行奖惩的最佳方法吗?除此之外,你认为还有什么激励和约束措施?

4. 你认为实行目标管理时培养完整严肃的管理环境和制订自我管理的组织机制哪个更重要?

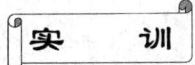

【内容一】

目标管理小游戏

游戏程序

1. 教师首先按照"1、2、1、2……"的方式,将所有学员分为两组。同时请辅助人员调整两组学员的高度,使其尽量一致。

2. 请两个小组都来到跳高设备前面依次排好,告诉他们第一个目标是一起跳过1米。都完成以后,接下来,教师对第一组说:"你们的第二个目标是跳过1.2米。"这时让第二组暂时离开现场,然后对第二组说:"你们能够跳得更高。"经过练习后,让他们分别去跳。

3. 根据结果,教师引导学员进行讨论。

游戏规则

1. 人数不限。

2. 游戏时间为5~10分钟。

【内容二】

自我SWOT分析

游戏程序

1. 教师给每位学员发一张SWOT分析表,然后让学员把自己的优势、劣势、机遇及威胁填在SWOT分析表中。

2. 与小组的其他成员分享。

3. 教师引导学员进行讨论。

当你为自己做了SWOT分析之后,是否对自己的认识更加深刻了?

与小组的其他成员分享之后呢?

4. 讨论后,运用SWOT分析法,自己制订一份职业生涯规划或者大学生涯规划。

游戏规则

1. 总人数不限,每组人数不超过6人。

2. 游戏时间为10分钟。

【内容三】

目标管理体验

各模拟公司运用SMART原则和SWOT分析法,制定公司一年的总目标,然后对总目标进行分解,形成部门目标和个人目标,组成目标体系,并制定绩效考核方案。各模拟公司相互探讨,评价哪个公司制定的目标体系更好,绩效考核方案更完善。

参考文献

[1] 伊恩·梅兰特.时间管理.上海:上海人民出版社,2006
[2] 吉姆·斯特芬.有效的时间管理.北京:机械工业出版社,2006
[3] 杰弗里·迈耶.时间管理.北京:机械工业出版社,2004
[4] 张彦忠.一分钟的价值.广州:中山大学出版社,2007
[5] 何常明.用好时间做对事(第二版).北京:人民邮电出版社,2006
[6] Tim Ang.我的时间管理课堂.上海:上海交通大学出版社,2008
[7] 蒋永忠等.管理学基础.北京:清华大学出版社,2007
[8] 贺彩玲等.管理学原理与方法.北京:中国财政经济出版社,2008
[9] 单凤儒.管理学基础(第二版).北京:高等教育出版社,2004
[10] 季辉等.管理学原理.北京:北京大学出版社、中国林业出版社,2007
[11] 汪峰彬等.管理学教学案例精选(修订版).上海:复旦大学出版社,2009
[12] 张晨辉等.新编实用管理心理学.北京:清华大学出版社,2007
[13] 朱吉玉.管理心理学.大连:东北财经大学出版社,2007
[14] 沈莹.管理心理学.北京:化学工业出版社,2008
[15] 潘彦维.公共关系学.北京:北京大学出版社,2007
[16] 苏勇.管理沟通.上海:复旦大学出版社,2007
[17] 周鸿.激励能力培训全案.北京:人民邮电出版社,2008
[18] 张文光.人际关系与沟通.北京:机械工业出版社,2009
[19] 劳伦斯·霍普.管理团队.北京:企业管理出版社,2001
[20] 贾硕林等.团队精神.上海:上海财经大学出版社,1999
[21] 张国才.团队建设与团队领导(第二版).厦门:厦门大学出版社,2008
[22] 彼得·圣吉.第五项修炼.上海:上海三联书店,1996
[23] 松下幸之助.智慧用人.哈尔滨:黑龙江人民出版社,2002
[24] 何瑛.虚拟团队管理.北京:经济管理出版社,2003
[25] 姚裕群.团队建设与管理(第二版).北京:首都经贸大学出版社,2009
[26] 苗青.团队管理.杭州:浙江大学出版社,2007
[27] 吴崑.企业管理实务.北京:高等教育出版社,2007
[28] 孟汉青等.团队建设操作实务.郑州:河南人民出版社,2002
[29] 王丽平.通用管理知识概论.北京:北京大学出版社、中国林业大学出版社,2007
[30] 闫国庆.国际商务.北京:清华大学出版社,2006
[31] 王绪君.管理学基础.北京:中央广播电视大学出版社,2003
[32] 池丽华等.现代管理学.上海:上海财经大学出版社,2008
[33] 郑承志等.管理学基础.北京:中国科学技术大学出版社,2008

[34] 朱林等.管理原理与实训教程.北京:北京邮电大学出版社,2008
[35] 梁清山.管理学基础教程.北京:化学工业出版社,2008
[36] 黄宗仁.目标管理实务.广州:广东经济出版社,2001
[37] 宋振杰.自我管理.北京:北京大学出版社,2007
[38] 郑立梅.管理学基础.北京:清华大学出版社,2006
[39] 成刚.自我管理.上海:华东理工大学出版社,2008